图说"二战"战役

大洋血拼

申文平◎主编

吉林出版集团股份有限公司

图书在版编目（CIP）数据

大洋血拼／申文平主编 . 一长春：吉林出版集团
股份有限公司，2019.7（2024.6重印）

ISBN 978-7-5581-6687-7

Ⅰ . ①大… Ⅱ . ①申… Ⅲ . ①第二次世界大战－海战
－史料 Ⅳ . ① E195.2

中国版本图书馆 CIP 数据核字（2019）第 090198 号

大洋血拼
DAYANG XUEPIN

主　　编　申文平
策划编辑　齐　琳
责任编辑　张继玲
封面设计　映象视觉
开　　本　710mm×1000mm　1/16
字　　数　240 千
印　　张　18
版　　次　2019 年 12 月第 1 版
印　　次　2024 年 6 月第 2 次印刷

出　　版　吉林出版集团股份有限公司
电　　话　总编办：010-63109269
　　　　　发行部：010-81282844
印　　刷　三河市同力彩印有限公司

ISBN 978-7-5581-6687-7　　　　　　　定价：79.00 元

目 录

第七章

德军兵败大西洋

第一章

问鼎大西洋

巨舰大炮时代

"无畏"号战舰的问世，使所有的海洋国家开始了新一轮的军备竞赛。

19世纪，英国在海上军备竞赛中名列第一，英国拥有强大的战列舰队，成为世界霸主。拥有舰队的英国不仅仅是一个国家，而是整个大英帝国。

英国建立了人类历史上最大的殖民帝国，殖民地遍布世界各大洲，世界上1/4的面积和人口屈从于英国的统治。

19世纪末，美国海军的崛起，引起了海上霸主英国的警惕。英国虽然摆出对美国不屑一顾的姿态，但明显地感到了威胁。英国政府秘密建造新型战舰。

由于冶金业的发展，钢代替了铁，海军的火炮、船身和装甲从铁变成钢，装甲舰的装甲更加坚固。随着装甲强度的增强，火炮的威力也在增强。设计者们把火炮集中在舰体的中央，将火炮周围的装甲大大增厚，并采用炮塔的形式，炮塔的装甲覆盖舰炮并随之旋转。

装甲也无法抵御炮火，因此船身被分割成若干水密隔舱，降低了舰艇在被击中后沉没的风险。

1892年，英国建成世界上第一艘钢质战列舰"皇家君主"号以及7艘钢质战列舰。"皇家君主"号航速达到18节，超过所有的战列舰。

"皇家君主"号拥有4门343毫米口径的主炮，10门15毫米口径的副炮，长125米，宽22.8米，动力装置为双螺旋桨和三联式发动机。

英国又建造了"早期无畏舰"的新型战舰。第一艘战舰名为"声望"号，排水量为1.2万吨。英国又建造了"威严"级战列舰，在排水量和装载大炮的数量上超过"声望"号，还装备了 450 毫米口径的鱼雷发射管。

19 世纪，一个又一个的欧洲国家被拖入战争之中。随着欧洲一些帝国的衰落，新的帝国出现了。英国每年拨出巨款维持庞大的舰队，1900 年英国爆发经济危机。新兴的工业强国，威廉二世统治的德国出现了。威廉认为，德国必须建造舰船，征服世界。面对德国的挑战，英国政府被迫追加海军拨款，保持战列舰的数量。

1905 年 10 月初，英国人费歇尔监制了装甲舰"无畏"号。"无畏"号的排水量为 1.5 万吨，采用先进的合金技术，应用先进的推进系统，装备最先进的武器系统。"无畏"号装备了先进的涡轮发动机，航速达到 21 节。

1906 年 2 月，成千上万的英国人聚集在朴茨茅斯造船厂，人们屏住了呼吸。随着"无畏"号庞大的身躯威严地出港，英国人民举国欢庆。

经过八个月的训练，3000 名官兵使"无畏"号变成海上堡垒。这艘令人称奇的战列舰，使德国战列舰黯然失色，一夜之间使许多战列舰都过时了。"无畏"号引发了新一轮的军备竞赛，最后以世界最大规模的海战而告终。

"无畏"号战列舰的问世，使所有的海洋国家开始了新一轮的军备竞赛。首先迎接英国挑战的是德国，德国开展了"造舰运动"，追赶英国的海上霸主之位。1907 年，德国成为世界上第二大海军强国，德国正一步步走向战争。要想成为世界上最强大的国家，这是唯一的做法。美国、日本纷纷把本国的最大财力投入到建造超级战列舰上。

超级战列舰在第一次世界大战中，成为海战的真正霸主。可是，飞机和潜艇的快速发展，对逞威海洋几个世纪的霸主造成了巨大的阴影。

19 世纪之前，英国拥有世界上最强大的海军并统治着海洋。那个时代，战列舰是海战中的巨无霸，英国人为此耗费巨额资金。"无畏"号引起了世界各国海军建造"无畏"级战列舰的竞赛，也使英国陷入备战中。

20 世纪初，财力雄厚的英国表现得很自信。爱德华接过占地球 1/4 的大英帝国。他接管的这个大英帝国，凭借的是强大的作战舰队。大英帝国最大的威胁就是经济腾飞的德意志帝国。

德国皇帝威廉二世继承了英国皇室的极度自尊。英国的"无畏"号下水后，威廉二世感到愤怒。

德国要么选择竞赛，要么甘拜下风。威廉二世接受了挑战，开始用"无畏"舰武装德国海军。

当每艘新战舰建成下水时，都要举行盛大的庆祝仪式，威廉二世都要到现场发表讲话。

1908 年上半年，英国海军部得到关于德国造舰计划的秘密文件。费歇尔上将警告政府，德国将建造大批"无畏"舰，而英国必须提高军费以迎接挑战。英国政府对费歇尔的警告置之不理，而且还削减了海军预算。

意大利等国分别建造了 4 艘"无畏"舰，英国的海军优势受到了挑

英国"无畏"号战列舰

战，英国人心惶惶。1909 年，欧洲的战争气氛越来越浓。

"意大利人干劲十足，英国人虚度光阴，英国内阁奇怪的海军政策""德国人建造……"报纸上的标题使英国人变得躁动不安。在急功近利的政客和评论家的推动下，费歇尔的权力得到了加强。

英国政府只好向费歇尔妥协，费歇尔要求政府建造 8 艘"无畏"舰，通过把每年造舰计划翻番的方式，使英国海军永远立于不败之地。

后来，英国人发现德国没有建造大批的战舰。人们纷纷指责费歇尔，说他编造了"海军威胁论"。费歇尔在秘密文件中解释了这一点：为了维护英国的造船业，他宁愿忍受人们的指责。后来，威廉二世挑起了第一次世界大战，证明费歇尔的"海军威胁论"不是编造的。

1911 年，德国威廉二世与英国乔治五世举行了会晤，他们是一对表兄弟，特殊的血缘关系缓和了两国之间的战争气氛，而英国人的恐慌消失了。

不久，温斯顿·丘吉尔出任海军大臣，他力排众议推动战列舰的建造。同时，丘吉尔改变了"伊丽莎白女王"系列战舰上的动力。

丘吉尔的这个决定不是偶然的，因为动力问题长期以来一直困扰着英国海军。

那时军舰的动力来自蒸汽机，但煤运输起来既费时又费力。从巨大的烟囱里冒出的黑烟会暴露战舰。

"伊丽莎白女王"系列战舰成为世界上第一批燃油战列舰，以煤为动力的战列舰落伍了。为此，英国购买了中东油田的大量股份，以保证石油的供应。

"伊丽莎白女王"系列战舰成为当时威力最大的战舰。每艘战列舰上的 8 门 380 毫米口径的舰炮，能够发射 908 公斤的炮弹，射程在 20 公里以上。它们将在未来的两次世界大战中扬名立威。

在英、德进行激烈的造舰竞赛时，美国和日本也奋起直追，投入巨大的财力进行"无畏"级战列舰的建造。

世界各国政府对军备竞赛的态度，表明了各国要牢牢控制海洋的强烈欲望。

这时候，一项改变未来海战命运的新技术，伴随着飞机的问世闯入了海战之中。航空母舰诞生了。航空母舰最初的用途是运载水上飞机，又称飞机搭载舰，对其用途开发最早的是英国。

英国舰队是世界上第一个把航空母舰编入军事力量的舰队。当时，英国海军和空军对此争执不休，航空母舰涉及有关空军领导权等一系列问题。英国海军不了解飞机对舰队的作用。当时，水上飞机主要起到帮助舰队找到敌舰、观察炮弹降落地点和帮助大炮击中目标的引导作用。

尽管争议不休，但英国人想走在航空技术的前端，就必须在新技术上占据优势。经过反复努力，1912 年 1 月，英国海军中尉桑普森架机第一次从战舰上起飞成功。

起飞成功后，英国防务委员会于 5 月成立了陆军飞行队和海军飞行队。两年后，海军飞行队改组为"海军航空兵"，在第一次世界大战中发展很快。

1912 年底，海军大臣丘吉尔派人把老式的巡洋舰"竞技神"号改建成航空母舰。"竞技神"号的舰首为飞行甲板，待机甲板位于舰尾，只搭载过一架折翼飞机。后来，丘吉尔把一艘商船改建成水上飞机搭载舰。这艘搭载舰建有货舱和上下运送飞机的升降机，起飞系统应用了带轮电车，帮助飞机起飞。丘吉尔亲自为它起名为"皇家方舟"号，"皇家方舟"号为英国海军立下了赫赫战功。

当英国海军忙着改造"皇家方舟"号时，各国海军也在研制水上搭载舰。

1912 年，法国人把"闪电"号鱼雷供应舰改造成水上飞机搭载舰。1913 年，意大利人在"但丁"号上搭载一架水上飞机。1913 年底，日本人把商船"若宫丸"号进行改装，可搭载 2 架水上飞机。

早期的航空母舰"兰利"号

在第一次世界大战爆发以前，各国的主要精力是建造"无畏"级战舰，航空母舰除了搭载水上飞机外，在设计上的突破缓慢。

第一次世界大战爆发后，航空母舰参加了海战。在英国与德国的海战中，航空母舰一会儿让人欢欣鼓舞，一会儿让人感到气愤。各国海军惊喜地发现，航母在海战中所发挥的作用存在着巨大的空间。

第一次世界大战中，德军对英国进行了小规模的空袭，吓坏了英国

人。英国人普遍认为，必须用新技术武装空军。

从成立那一天开始，英国空军就不断地向世人证明存在的合理性，确立自己的独立地位。英国空军为了保证空军的独立存在，故意忽视与陆军或海军的合作。空军与陆军或海军陷入了争论。

英国海军并不保守，他们正在用轰炸机对德国战舰进行攻击试验。试验结果证明，大型战列舰没有空中支援，容易受到毁灭性打击。海军的试验结果公诸于英国，引起了英国人的广泛争论。空军认为，轰炸机造成的破坏只是针对静止的战列舰，而对活动的舰只，不会有那么坏的结果。

空军还要求取消战列舰，海军奋起反驳。

当时，英国的战列舰以重炮武装，由厚达380毫米的钢板保护。船体太重，使得航速仅为24节。而战列巡洋舰的速度比战列舰至少快一半。

英国海军部把没有造好的战列巡洋舰改造成航空母舰，这样，"无畏"号、"光荣"号和"勇士"号相继服役了。

"无畏"号的烟囱位于舰尾，仿佛整个舰只正在燃烧。排气管道排出的废气，使舰员们感到酷热难耐。舰身肮脏不堪，烟囱增加了军舰的重量。经过一番争论，海军设计师们把烟囱改建在舰身一侧，又出现了平衡问题。吸取了改建的经验教训后，1924年，英国人建成"赫尔墨斯"号航空母舰，这是世界上第一艘龙骨向上的航母。

墨索里尼意欲垄断地中海

随着西班牙内战和各种国际危机以及意大利军队对阿尔巴尼亚的侵占，意大利海军舰队始终担负着海战的重任。

1919年6月，协约国针对德国的和约在巴黎签订了！意大利人认为，参战时英、法曾答应把一些奥匈帝国的领土划归意大利，但美国却不准。不满情绪在意大利社会各界人士中蔓延着，250万军人复员后，造成了普遍的失业，经济接近崩溃。

意大利的独裁者墨索里尼正是在这种背景下应运而生的。1883年7月29日，墨索里尼出生于意大利东北部乡村的石屋中。他的父亲亚历山大·墨索里尼是社会党人，贫困潦倒，是个铁匠。黑索里尼看到那些养尊处优的富人，发誓说："总有一天，会让他们给我让出一块空地。"几十年后，他说："饥饿是良师益友，激励人奋进的作用不亚于监狱和敌人。"

墨索里尼身强力壮，聪明过人，是村里公认的"孩子王"。

1890年，墨索里尼到邻村去上学，他的聪明是出众的。教师们都夸他是栋梁之材。一天，市政府开音乐会，不让他进去，他翻窗进去抢了一个座位。在老师们的教诲下，他开始用功学习。有一次口试，他说了半个小时，教员只给他打了零分，但夸他的口才好。放假时，他经常练习演讲。母亲问他为什么，他说："长大后，我要领导意大利。"

墨索里尼在福林波波利的师范学校毕业后，在哥尔替瑞的一个地方谋到了一个乡村小学校长的位置。他教了一年书后，决心到各国去实地考察。

1902年的某一天，墨索里尼先到基亚索，又到瑞士西部。

在瑞士，他当过泥瓦匠、脚夫、缝工、帮厨等。他对搞建筑很感兴趣。墨索里尼既不借债，也不向他人乞求，靠自己的劳动维持生活。他经常到洛桑大学旁听政治经济学和哲学课。

墨索里尼有时在公众场合发表演说，因得罪了瑞士当局，被赶回意大利。墨索里尼参加了巴萨列里奥的联队，士兵们的帽子上都有绿色羽毛。长官突然通知他：母亲病危！墨索里尼赶头班车回去。回家后，母亲不久就死去了。墨索里尼悲痛万分，他写信给军中的一位朋友说："我代表家人，谢谢你的好意。我应该服从母亲的教诲，好好当兵，才可以

救国。"

墨索里尼在部队服役期满后，来到瑞士。他经常给意大利、瑞士的报纸写文章，在大庭广众下演说社会主义，得到很多人的欢迎。墨索里尼研究了帕雷托的著作后，反对全民政治："全民政治实行起来，人的个性发展会受到限制。"他喜欢尼采和索雷尔的哲学。

一次，法国社会主义者绍雷斯在日内瓦做关于基督主义的演说。墨索里尼举手表示反对，激起了群众的公愤。墨索里尼大喊："我也有发表意见的权利。"绍雷斯让大家安静，让墨索里尼发表意见。

墨索里尼讲教会对于罗马帝国的罪恶，条理分明，赢得了观众的掌声。瑞士警察局把他赶出国境。

1908 年，墨索里尼来到奥地利，在《特伦托新闻报》当编辑，后在《人民报》当助理编辑。《人民报》是巴蒂斯蒂创办的。巴蒂斯蒂劝特伦托人民脱离奥地利。墨索里尼利用报纸抨击奥地利的宗教势力，主张恢复意大利已经失去的国土。不久墨索里尼被捕入狱，被驱逐出境。

墨索里尼回到弗利，结束了漂泊的生活，娶了一名漂亮的女子为妻，但他那狂热的政治活动没有停下来，他决心办报纸，争取民心。报纸名为《阶级斗争报》，是弗利社会党的机关报。

1912 年，意大利社会党在勒佐伊弥利亚举行全国代表大会，人们推举墨索里尼当《前进报》的总编辑。

墨索里尼接管《前进报》后，发行量猛增到 10 万多份。党员由 5 万人发展到 15 万人。

1914 年 8 月，墨索里尼过着幸福的生活，妻子拉凯莱聪明贤慧，与他同甘苦，共患难。女儿爱达非常可爱。

1914 年 11 月，意大利社会党在米兰开会。墨索里尼在台上说："从此，我与不主张参战的人势不两立。"人们大喊："打死他！打死他！"墨索里尼说："诸位可以赶我出去，但不能赶我的思想出去，现在参战有利于扩大意大利的国土！"几天后，社会党开除墨索里尼的党籍，撤销他的总编辑职务。

11月15日，在资产阶级朋友的捐助下，墨索里尼的《意大利人民报》问世了。墨索里尼引用了两句名言，一句是布朗基说的："谁有铁，谁就有面包。"一句是拿破仑说的："革命是一种理想，需要用刀枪维持。"

墨索里尼说："意大利有很多没有收复的国土，只能靠流血来收复河山。"墨索里尼认为，意大利人往往装聋作哑，总希望别人替他吃苦冒险。

墨索里尼成为主战派的首领，成为资产阶级的代言人。

意大利与德、奥结盟了。为了撕毁盟约，墨索里尼创建了革命同志会。1915年1月，革命同志会成员达到5000多人。一次，墨索里尼对他们说："各位都是血气方刚的青年，是能干大事的人。我要意大利参战有两个目的：打倒奥匈帝国，收复意大利的河山；把法西斯思想传播到俄、德两国，这对于世界革命是有贡献的。"

4月11日，墨索里尼在罗马被捕，几天后被释放。5月15日，墨索里尼发表社论说："意大利到了生死存亡关头，人民应该自己决定。或者是战争，或者是单命。"此举得到了意大利著名诗人邓南遮的响应，他呼吁意大利支持英、法，反对德、奥。一时间，意大利人民沸腾了。

1915年3月，奥匈帝国表示愿意交出小部分领地，作为对意大利保持"中立"的报酬，但领地没有兑现。意大利除了要特兰提诺、提罗尔、的里雅斯特、伊斯特利亚和达尔马提亚沿岸等地外，还要阿尔巴尼亚中部、非洲的一些殖民地和一些土耳其领地。英、法、俄三国立即满足了意大利的要求。

1915年5月23日，萨兰德拉出任意大利首相，对德、奥宣战。

在战场上，墨索里尼奋勇顽强，一次战斗中他受了重伤，先后动了27次手术，从身上取出44个弹片。

墨索里尼于1919年3月，成立"战斗的法西斯党"。垄断资产阶级

支持墨索里尼建立专政来巩固地位。"战斗的法西斯党"得到了英、美垄断组织和梵蒂冈基督教会的大力支持。墨索里尼为了招募拥护者，展开民族沙文主义的煽动性宣传。"战斗的法西斯党"诞生后，他们对革命团体和工人阶级进行了恐怖活动。

墨索里尼制定了党旗、党徽。意大利法西斯党的标志是一束棒子捆在一起，中间捆着斧头，棒子象征人民，斧头象征领袖。法西斯党规定必须行罗马式敬礼，墨索里尼用"信仰、服从、战斗"，代替"自由、平等、博爱"。

主战者、退伍军人、暴徒、军官和阿尔地特手榴弹大刀队，纷纷投奔墨索里尼。

法西斯党规定：必须服从墨索里尼的命令；不准空口说白话；要不顾一切地去为胜利而战；等等。

1916年6月，协约国针对德国的和约在巴黎签订了！不满情绪在意大利社会各界人士中蔓延着，250万军人复员后，造成普遍失业，经济大衰退。意大利人认为，参战时英、法曾答应把一些奥匈帝国的领土划归意大利，但美国却不赞成把它划归意大利。意大利人和南斯拉夫人都要求得到亚得里亚海的港口阜姆。

1919年9月，意大利著名诗人邓南遮募集了大批法西斯，向阜姆进发。

1919年11月16日大选揭晓，法西斯党没有一个人被选入国会。

邓南遮等人占领阜姆15个月，在英美列强的压力下被迫撤出。

为了激起人民的战斗意志，墨索里尼揭露尼蒂政府在巴黎谈判中丧权辱国。有谣传说，南斯拉夫人要占领亚得里亚海岸，意大利的学生、教授、工人、市民举行了游行示威，要求政府收复达尔马提亚和阜姆。

尼蒂政府倒台，饶里蒂继续组阁。工人阶级占领工厂，象征苏维埃的镰刀和斧头的红旗，四处飘扬。

法西斯的战斗小分队到处活动，对人民群众进行恐吓、抢劫、殴打、

1924 年 4 月，墨索里尼在意大利选举中确立了他的地位，图为选举现场

枪杀共产党人。

1921 年，墨索里尼的选票骤增到 17.8 万。法西斯党在国会的 535 席中占 35 席。墨索里尼亲自参加决斗，利用剑术击败政敌西科蒂·斯克日斯和巴斯吉奥。

1922 年，意大利最大的银行——国家银行倒闭。一天，支持墨索里尼的军官菲德烈克·佛罗瑞阿中将被部下刺杀了。在公共场所，法西斯党徒们开始枪杀反对派。墨索里尼大喊："誓将红色的党团击碎。"

法西斯党徒都穿着黑色制服，号称黑衫党。在大街上，经常听到他们"杀！杀！杀！"的喊叫声。

1922 年 11 月 1 日，法西斯的武装党徒发展到 50 万人，党员有 100 万人，其他人员 250 万人。10 月 24 日，在那不勒斯，墨索里尼对党代表们说："如果我们不能和平接受国家政权，就用武力夺取政权。"

法西斯大军劝告军警不要与他们作战，劝告有产者别害怕，声明要保护工农的权益，对皇室尽忠，只是推翻统治阶级。法西斯大军一路出击，沿路军队和警察保持中立。各资产阶级政党纷纷投降。

墨索里尼正在发表演讲

　　10月29日，国王传召墨索里尼前来罗马组阁。11月1日，墨索里尼进入罗马。墨索里尼对监狱的犯人进行大赦，把法西斯黑衫军改编成"国家保安志愿民团"。

　　1924年4月6日，墨索里尼参加大选。法西斯党徒强拉选票，墨索里尼在大选中获胜。5月24日，墨索里尼召开第27届国会。

　　1925年10月，墨索里尼集党权、政权、军权于一身，成为独裁者。

自诩为凯撒大帝的墨索里尼十分了解凯撒在建立丰功伟业的过程中武力的重要作用，墨索里尼强烈地认识到，必须利用时机先吞并一个国家，以便证明意大利在自己的领导下已经成了一个强国。

埃塞俄比亚的战略地位十分重要，地处红海西岸，拥有南部出海口，领土辽阔，资源丰富。如果意大利吞并了埃塞俄比亚，就能把意大利的东非殖民地厄立特里亚和意属索马里连成一片，从而威胁英国和法国通向东方的海上交通要道，为意大利进一步在非洲扩张奠定基础。

1935 年 10 月 3 日，意大利不宣而战。30 万意军从厄立特里亚和意属索马里出征，兵分三路入侵埃塞俄比亚。战争的规模在逐渐扩大，然而英国和法国却不愿冒同意大利开战的风险。1936 年 5 月 9 日，墨索里尼宣布，埃塞俄比亚及其人民并入"意大利王国和完整的主权之中"。

1937 年 9 月，德国、意大利和日本在德国首都柏林签订了《反共同盟协定》，组成了轴心国。

1939 年，意大利军队占领阿尔巴尼亚。阿军由于缺乏现代化的武器装备，无力抵抗，最后战败了。

1940 年 6 月 10 日，墨索里尼宣布意大利对英法宣战。一心想建立新罗马帝国的墨索里尼下令展开军事行动：东非的意军攻打英属索马里，占领红海南部的出海口；北非的意军攻打埃及，占领苏伊士运河。意大利一旦战胜，地中海就成了"新罗马帝国的内海"。

埃塞俄比亚战役爆发以来，意大利海军第一次完全动员起来了。随着埃塞俄比亚战争的结束，海军消减了一些辅助部队。

1936 年末，意大利海军舰队处于不断壮大的状态。随着西班牙内战和各种国际危机以及意大利军队对阿尔巴尼亚的侵占，意大利海军舰队始终担负着海战的重任。

由此引来的一系列战争，使意大利海军的战斗舰艇受到相当大的耗损，影响了海军扩军计划的推行。

1940 年 6 月 10 日，意大利海军突然奉命参加二战，比原先预定的最早日期 1942 年提前了两年。

根据原定计划，有 4 艘新式战列舰原定于 1942 年建成，另有 4 艘旧式战列舰原定于 1942 年完全现代化。由于大战提前爆发，12 艘轻巡洋舰和一批驱逐舰、护航舰、潜水艇和其他小型舰只正在建造中。

若再有 2 年的准备，那些意大利海军在夜战、鱼雷发射、雷达和水中听音器等新发明方面将有很大突破。意大利科学家从 1936 年起就掌握了雷达和水中听音器的技术原理，当战争过早爆发时，这两种装置正在实验阶段。

结果，在二战中，英舰队有效地运用新发明，而意大利海军却没有做好抗击的准备，特别是缺乏雷达使意大利海军在海战中几乎成了瞎子。这些较小的缺点，却使意大利海军付出了沉重的代价，经常使意大利海军无法利用有利的战机。

意大利海军曾经把除了燃油以外的多种补给品的储备列入战备工作之中，战争爆发时，很多项目都足以应付每一种补给品的需要。

比如，意大利海军船厂在整个二战中没有停工过。1943 年，意大利投降后也没有停工。所有的器材几乎都是二战爆发前储备的。

二战中，北非沙漠战争频繁地要求意大利海军把北非各个港口完全进行装备，意大利海军全部需要从库存中拿出器材来满足这些要求。意大利海军还对空军和陆军进行了大量的补给。

不幸的是，意大利海军燃油必须从国外进口，补给严重不足。1940 年 6 月，意大利海军库存的燃料油仅为 180 万吨，这还是用海军的少量外汇一点一滴地换来的。海军估计在战争状况下每月至少用油 20 万吨。因此，战争爆发时，其存油只够用 9 个月。

但是，墨索里尼还认为海军的燃油储存额太多了，他认为只需 3 个月就能结束战争。二战爆发后，墨索里尼几次强迫海军把总数 30 万吨的燃油送给空军和工业。

当战争超过 3 个月后，海军被迫限制军舰的活动以维持战争的需要。1943 年第一季度，每月限用 2.4 万吨燃油。把这个数量与预定的每月最低限度 20 万吨相比较，就能了解意大利海军的处境有多么艰难了。

墨索里尼向海军保证说战争只是短暂的，还说北非在 6 个月内不需要海军进行补给。开战后仅 3 天，墨索里尼就接到利比亚的紧急申请，要求运送大量的补给。这个任务，只能由海军来完成，而这些任务逐渐地像雪球一样越滚越大，成为意大利海军的主要活动，造成海军兵力的严重分散。

意大利海军的主力是 2 艘现代化的旧战列舰和 19 艘巡洋舰。而英、法在地中海共拥有 11 艘战列舰、3 艘航空母舰和 23 艘巡洋舰。英军在地中海地区以外还有很多舰队，总体上，意大利军舰共有 69 万吨，而英军军舰的数量是其 4 倍以上。

战争爆发后，意大利海军用士气来抵消重重困难。意大利海军遵循其传统，大体上顶住了法西斯主义的政治渗透。也就是说，意大利海军仍然是训练有素的。

直到签订停战协定，意大利海军整整奋战了 39 个月，处于世界上最强大的英、美海空部队的打击之下，却仍然完全"站得起来"、组织仍然完好。在意大利空军和陆军土崩瓦解时，海军却仍然高举旗帜。

意大利新政府成立的基础是拥有一支仍然服从命令的海军，海军是意大利新政府与盟国讨价还价的唯一砝码。

如果意大利海军已经灭亡，那么意大利就会被指控为破坏停战协定，意大利会因为违反停战条款的这一事实而沦为占领区，就像日后的德国一样。同时意大利就得不到那些政治上和军事上、物质上和精神上的巨大利益，而这些利益之所以能够取得，都是由于意大利海军和盟军协同行动的缘故。

德国的"生存空间论"

希特勒上台后发誓要报这一箭之仇，以极快的速度重整军备，他鼓吹要为德国争取"生存空间"。

第一次世界大战结束后，英、法、美、俄等战胜国进入相对和平的时期。德国倾家荡产，巨额战争赔偿使德国的经济崩溃了。

在德国经常出现人们争抢物资的场面，无数衣衫破旧的德国人在排队领取政府提供的救济食物。德国的政治经济形势是非常严峻的，德国输掉了世界大战，从前的敌人仍不肯放过德国。

就在德国人抱怨还不起战争赔款时，美国大资本家们给德国人发放贷款，用于重建德国，德国经济开始复兴。巨额的贷款有些被当成军费而挪用到战舰的制造方面。

德国人无法躲避战舰的诱惑。他们采用新的焊接技术代替铆接技术，能够绕过《凡尔赛条约》的限制。德国的海军设计师使每艘战舰的重量减轻 500 吨，减下来的重量用于安装火炮或者加厚装甲。1929 年，德国开始建造万吨级以下的战列舰，即"袖珍战舰"。

就这样，"德意志"号、"斯比伯爵"号和"舍尔将军"号战列舰相继服役，港口人满为患，德国人长时间地欢呼着，发泄着自一战以来所有的不满。

德国人建造的战舰体积只有巡洋舰大小，但它们的排水量却高达 1.4 万吨，远远超过《凡尔赛条约》规定的数量。德国政府称它们只用于护航，但它们的航速却高达 26 节，航程近两万海里。

德国人称它们为装甲巡洋舰，英国人称它们为"袖珍战舰"，只有少数最高级别的英海军主力舰才能击毁这些"袖珍战舰"。由于受到《华盛顿条约》的限制，曾拥有70艘战列舰和战列巡洋舰的英国舰队舰只数量锐减，服役的只有12艘主力舰，还有5艘正在建造，英国海军从来没有脆弱到这种地步。

"袖珍战舰"激怒了法国人。马奇诺防线的修建，使得法国财政拮据，但仍然新建了两艘战列舰："敦克尔克"号和"斯特拉斯堡"号，吨位是"袖珍战舰"的两倍，航速达30节，火力大大超过了德舰。

德国挑起造舰竞赛，各海洋国家纷纷建造战列舰。

大英帝国的殖民地人民掀起了民族解放的浪潮，英国的殖民地经济逐渐萎缩，但国民的恐慌迫使一艘艘新战舰下水。英国人下决心建造更多的战列舰，他们面对的敌人太多了。

1937年，2艘战列舰正在建造之中。它们将装备380毫米厚的装甲。战舰上装的是350毫米口径的主炮，英国海军不能为建造400毫米口径的主炮再等一年了。

那段时期，德国造出了超级战列舰"俾斯麦"号，英国建造了"乔治五世国王"号与之匹敌。

"俾斯麦"号主炮的口径为380毫米，"乔治五世国王"号仅为350毫米。英舰的火炮力量差，但准确率高，优于"俾斯麦"号。

各国都要赢得战争，更要打到底，都想使用最先进的武器。

第一次世界大战以后，德国海军制造出奇特的潜艇。有些潜艇装备重炮，有些以蒸汽作为动力，有的能够起飞飞机。德国海军把潜艇用于搜索、侦察、收集情报。

在雷达出现以前，战舰上配有巨大的平台，耸立在甲板上，作为目视控制中心。战舰在目视范围内对打，观察员站在平台上透过薄雾和细雨，在朦胧的光线中侦察，或者使用望远镜和双目镜远望。他们经常会出现疑问——那是什么？

在海战中，片刻的迟疑就会受到致命的打击。当雷达技术应用到战舰上时，英国海军兴奋了好长时间。

英国海军将军们认为战列舰是赢得战争的利器，他们希望航母为战列舰提供空中掩护。英国海军在新造的航母上，装上了厚重的装甲。

20世纪30年代中期，欧洲成为帝国主义的大本营。

在德国，纳粹党领袖希特勒执政，以铁血政策统治着德国。希特勒说："我不怕什么条约，我只关心实力。"这位只痴迷于建造战列舰的元首认为，战列舰是国家的象征，是控制海洋的利器。

"嗨！希特勒！"德国人为新战舰而疯狂。希特勒不停地抬起右臂，他的演讲经常被人群中爆发的欢呼声淹没。

1889年4月20日，阿道夫·希特勒出生在奥地利的西北边境小镇勃劳瑙。他的父亲叫阿洛伊斯，是奥地利海关的小职员。母亲叫克拉拉·波尔兹尔，是阿洛伊斯的第三个妻子，又是他的堂外甥女。

希特勒青年团的成员戴着头盔和防毒面具进行拔河比赛

1913 年春季，希特勒离开维也纳，来到德国。他上书巴伐利亚国王，请求国王恩准他加入巴伐利亚军队。国王批准了。

1914 年 12 月初，他被上司奖励一枚二级铁十字勋章。1918 年 8 月，希特勒得到一枚一级铁十字奖章，这是最高的荣耀。直到死，他都把奖章挂在胸前。

1919 年春，希特勒回到慕尼黑，被第二步兵团雇佣，负责侦察各政党和组织。不久，希特勒到慕尼黑军区司令部的新闻和宣传处工作。

1919 年，希特勒成为德国工人党委员会的第七名委员。希特勒拥有杰出的政治才华，无数德国人拜倒在他的脚下。1920 年，为了拉拢底层人民，希特勒把党的名称改成"国家社会主义德国工人党"，简称纳粹党。

希特勒为纳粹党设计了一面用红、白、黑三色构成的纳粹旗。这面旗帜吸引着德国民众跟着元首（希特勒）的步伐行动起来。

1921 年，希特勒纠集退伍军人组成"冲锋队"，镇压敌对分子和袭击其他政党。他们从国防军那里得到了武器。

1923 年，希特勒发动"啤酒馆政变"，政变失败。希特勒把法庭当成讲坛，他的名字传向全世界。

根据德国《刑法》第 81 条规定，希特勒应被处以无期徒刑。但他仅被判处服刑 5 年。在强大的压力下，主审法官改判，希特勒服刑 6 个月后就能申请假释。

在狱中，希特勒奋笔疾书，创作他要改造德国、征服欧洲的自传——《我的奋斗》，其中写道："……法国将要灭亡，奥地利、捷克斯洛伐克、波兰要并入德国版图，再征服俄国……凡是不属于优良种族的人都是垃圾，他们是犹太人、斯拉夫人，是垃圾就应该被清理掉。"

《我的奋斗》1933 年售出 100 万册，1940 年狂售 600 万册，希特勒的思想迷惑人心。

希特勒出狱后，纳粹党徒对他更加崇拜了。

1929 年，纳粹党发展到将近 18 万人。希特勒的冲锋队拥有几十万队员。

希特勒又建立了党卫队，后来党卫队统治着整个德国，在整个欧洲，成为令人闻风丧胆的团体。

1930 年纳粹党徒猛增到 35 万人，纳粹党获得 600 多万张选票，成为第二大党。

1930 年，许多年轻军官希望通过希特勒来洗刷战败的耻辱，提高陆军的地位。希特勒向陆军的将军们保证，一旦纳粹党的社会主义夺取政权，决不会削弱陆军，还会以国防军作为基础，大规模扩军。

1930 年，希特勒为了在选举中获胜，希特勒秘密会见掌握经济命脉的大资本家们，向他们保证纳粹党的反社会主义性质，说纳粹党是计划经济和国营经济的敌人。希特勒闭口不谈反犹主义、没收资本和国有化等问题，围绕着建立强大的德国、恢复工业家的权威等问题而展开。垄断资本家慷慨解囊，向纳粹党捐款。

就这样，希特勒收买了陆军、大资本家和群众。

在 1932 年总统选举和国会选举中，纳粹党获得 1370 万张选票，在国会中占 230 席，成了第一大党。

1933 年，希特勒出任德国总理。2 月，宣布禁止共产党的示威运动。2 月 27 日，希特勒策划了"国会纵火案"，诬陷共产党，当晚逮捕了 1 万多名反法西斯者，在"纵火案"的第二天，希特勒取消了工会和一切政党。

1934 年，德国总统兴登堡逝世。希特勒接管国家元首和武装部队总司令的权力。

第一次世界大战，德国战败，被迫割让大片领土，但泽割让给波兰，通向波罗的海的"波兰走廊"将德国分为两块，在"走廊"东面的东普鲁士成了远离德国本土的"孤岛"。

希特勒上台后发誓要报这一箭之仇，以极快的速度重整军备，他鼓吹要为德国争取"生存空间"。

希特勒发现，这个世界竟有 100 多个国家，这是绝对不能允许的，希特勒想征服世界。而这绝对不是侵略，因为希特勒找到了"科学根据"：亚利安人，尤其是日耳曼人是最优秀的民族，而强者统治弱者是上帝赋予的权利。因此，德国理应成为地球的主人，这就是希特勒"为德国争夺生存空间"的思想的简单叙述。

希特勒实行的是"先大陆，后海洋"的扩张政策，在他看来，在未来的战争中德国先要打败的是法国等大陆强国，而不是躲在三座小岛上的英国。

1932 年 11 月，德国海军一年的海军军费只有 1.8 亿马克。1933 年，德国海军只有 1 艘装甲舰、3 艘定期班轮、5 艘轻型巡洋舰、12 艘鱼雷艇和其他船只。

希特勒上台后，马上追加海军军费，至 1939 年海军军费达到 23 亿马克。

1939 年初，希特勒主持了德国两艘主力舰——"俾斯麦"号和"提尔皮茨"号的剪彩仪式。希特勒希望这两艘战舰就像前首相俾斯麦和海军大臣提尔皮茨一样，成为德国的象征。

"俾斯麦"号战舰下水仪式

1935 年，"格拉夫·齐柏林"号航空母舰开始建造，空军的地位受到挑战。1936 年，德国海军司令雷德尔计划建造第二艘航母，由于空军元帅戈林的反对，这个计划搁浅。

"格拉夫·齐柏林"号主机功率为 20 万马力，航速 33.75 节，可搭载 40 架舰载机。德国在空军和陆军的建设方面领先于世界，但海军建设尤其是航空母舰建设需要投入巨大的人力、物力和财力，这是德国难以承受的，再加上戈林的百般阻挠，"格拉夫·齐柏林"号最终没有建成。

到 1939 年，德国在各方面都做好了打一场短期战争的准备，但是还没有做好与西方国家进行长期战争的准备。

6 年前，希特勒刚刚上任时，德国经济萎缩，军事力量脆弱，而现在，德国既有性能先进的武器，又有在西班牙练就了一身胆略和技术的飞行员和坦克指挥员。

尽管德国和德军都没有做好完全的准备，但是在战术理论家看来，德国的弱势不会在战争初期暴露出来，于是德国决定发动一场征服性的战争。

"绥靖政策"扑不灭大西洋战火

张伯伦的绥靖政策多次受到挫折，但他仍然希望同希特勒的谈判取得成功，这导致他在英国不断威信扫地。

在欧陆争霸问题上，英国一贯认为："英国没有永久的同盟者和永久的敌人，只有永久的利益，我们的行动应该以利益为准则。"

一战结束时，《凡尔赛条约》确立了法国对德国的优势，奠定了法国在欧陆的霸权地位。法国拥有欧洲最强大的陆军，成为英国最大的敌人。扶德抑法，在法德之间确立相互冲突的关系，维护英国在欧洲的仲裁国地位，是英国在"一战"后很长一个时期内所追求的目标。

但对德国乃至世界来说，最不幸的事就是希特勒这个战争狂人的诞生及上台。

"一战"后，德国极度混乱的政治经济形势，使得希特勒登上了政治权力的巅峰，开始实践他那可怕的理论：在德国建立恐怖极权统治，用武力征服欧洲乃至全世界，只有"纯种的雅利安人"才应该生存下来，而所谓"劣等民族"则应被"最后解决"。这套疯狂理论的实践，就是人类最大的悲剧——"二战"的爆发！

1935 年，德国政府巧妙利用英法争霸这一深刻矛盾，争取英国的支持，撕毁了《凡尔赛条约》，明目张胆地疯狂扩军备战，迅速地完成了扩军计划。

1937 年 5 月 28 日，内维尔·张伯伦出任英国首相。丘吉尔为了进入内阁，在发言中称赞张伯伦是杰出的议员和活动家。

但张伯伦担心丘吉尔在政府中可能变得势力过于强大，因此不断排斥丘吉尔。

张伯伦主张推动德国与苏联交战，这样既可以消灭苏联，也会削弱德国。丘吉尔却到处演讲说，德国是英国最大的威胁。

1938 年 2 月 15 日，在军事压力下，奥地利政府本来对英法两国政府抱着一线希望，但英国对德国致奥地利最后通牒的反应只是提出外交上的抗议，法国政府一直未采取什么行动。

奥地利向德国屈服了。2 月 20 日，希特勒向国会发表演说，他明白无误地向世人宣告，今后拥有 700 万奥地利人和 300 万捷克斯洛伐克人的苏台德区的日耳曼人的前途将维系于德意志。

就这样，希特勒不费一枪一弹，便为德国增加了 700 万臣民，大大加强了德国的战略地位，使捷克斯洛伐克处于德国的三面包围之中。

3 月 13 日，希特勒作为大英雄回到维也纳，受到奥地利人的狂热欢

迎。奥地利人待希特勒以如瀑似花般的称颂与赞美。希特勒出生于奥地利，政治生涯也是从维也纳开始的。

3月14日，张伯伦在英国下院辩论时说："无可动摇的事实是，没有什么事情能制止奥地利发生的事情。"3月17日，他还拒绝了苏联关于举行一次四国会议以讨论制止德国进一步侵略的办法的建议。这表明，英国不仅不愿使用武力，更不愿和其他国家一起来制止德国的侵略行动。

4月24日，英、法就建立军事同盟问题在巴黎举行会谈。双方认为，必须建立一个由两国官员和军事首脑组成的战争领导组织，制定配合的补给、运输和生产计划；确定发起行动的共同指令。在法国面临战争的情况下，英国必须承担援助法国的义务。

德国要求瓜分捷克斯洛伐克，法国重申了它对捷克斯洛伐克的义务，警告德国的侵略行径。张伯伦表示英国不愿帮助捷克斯洛伐克。

5月20日下午，在贝奈斯总统的主持下，捷克斯洛伐克政府举行紧急会议。会议决定，军队进驻边防筑垒工事。法国重申增援捷克斯洛伐克的诺言，苏联表示将向捷克斯洛伐克政府提供援助，英国再三向德国指出局势的严重性。面对一些欧洲国家的反对，德国退却了。5月26日，德国恢复同捷克斯洛伐克政府的谈判。

6月8日，德驻苏大使舒伦堡向柏林报告说，苏联"不可能出兵保卫一个资产阶级国家"——捷克斯洛伐克。

波兰只顾眼前利益，不愿让苏联军队借道增援捷克斯洛伐克，而且对捷克斯洛伐克的特青地区垂涎三尺。

8月3日，张伯伦派人赴捷克斯洛伐克"调查"，并充当苏台德危机的"调解人"。实际上，张伯伦的真正意图是为把捷克斯洛伐克的苏台德区转交给德国人铺平道路。

8月23日，德国和与捷克斯洛伐克有领土争议的匈牙利进行谈判。希特勒对匈牙利的摄政霍尔蒂·米克洛什说："谁要想坐下吃饭，至少得帮帮厨师。"

9月5日，捷克斯洛伐克总统贝奈斯召见了苏台德人的领袖孔特，要他书面提出全部要求，不论什么要求，捷克政府都答应接受。

9月12日，苏台德人发动叛乱，捷克人没有惊慌失措，捷克斯洛伐克政府立即派兵镇压，很快平息了叛乱。

9月13日，法国内阁整天开会，法国是否应当根据条约履行对捷义务，内阁意见存在严重分歧。最后，法国总理达拉第要求英国火速同德国谈判。

不帮助德国把苏台德地区搞到手，英、法两国是不肯罢休的。两国公使公开警告捷克斯洛伐克外长不要坚持己见，否则英、法两国就不再过问捷克斯洛伐克的命运。

9月20日，斯洛伐克人向捷克斯洛伐克政府提出实行自治的要求。

9月21日，波兰也趁火打劫，向捷克斯洛伐克政府提出在特青地区举行公民投票的要求。

9月22日，匈牙利向捷克斯洛伐克的卢西尼地区提出领土要求。

墨索里尼、希特勒、张伯伦（右）出席慕尼黑会议

1938年9月底，张伯伦前往慕尼黑，参加了英、法、德、意四国首脑会议。9月30日凌晨，希特勒、张伯伦、墨索里尼签署了慕尼黑协定，把捷克斯洛伐克的苏台德区割让给德国，波兰得到了特青地区，匈牙利得到了卢西尼亚南部地区。

9月30日，张伯伦飞抵伦敦，向人们挥舞《英德宣言》。张伯伦骄傲地说："在我国历史上，这是第二次把体面的和平从德国带回到唐宁街来……这是我们时代的和平。"

在巴黎，达拉第总理受到英雄般的欢迎。捷克斯洛伐克的下场使各国看清了英、法的可憎面目，迫使东欧各国重新考虑同法国结盟的意义，盘算自己的后路，争先恐后地同德国靠近。法国与捷克斯洛伐克、波兰、南斯拉夫和罗马尼亚的同盟土崩瓦解。

1938年11月22日，张伯伦访问巴黎时，迎接他的是"打倒慕尼黑"的口号声。

1938年12月，德国外长里宾特洛甫访问巴黎，并签订《德法宣言》，更深层的意图是离间英、法关系。法国外长梅内一再强调英、法团结的不可动摇性，因为法国不能再失去英国了。

1939年3月15日，德国吞并捷克斯洛伐克，随即要求波兰归还但泽并解决"波兰走廊"问题，遭到了波兰的拒绝。绥靖政策推行的结果是德国强大了，英、法削弱了。

3月23日，立陶宛在德国政府所提条件上签字，德国吞并梅梅尔地区，完成了对波兰的包围。

英法同德意的矛盾逐渐成为主要矛盾，为了既得利益和自身安全，3月23日，英法正式结成军事同盟，并于31日对波兰的安全给予保证。

春夏之际，张伯伦的绥靖政策多次受到挫折，但他仍然希望同希特勒谈判取得成功，这导致他在英国不断地威信扫地。

此时的英国海军已不像"无畏"号战舰下水时那么风光了，在无能的的张伯伦政府领导下，谈判席上的利益"算计"过多，发展军事力量的实质性行动很少，致使英国的海军实力逐步减弱，其海上霸主地位受到挑战。尽管张伯伦奉行绥靖政策，但欧洲大陆的战火必然引发大西洋的海上战争。

"遇见德国舰船就开火"

在国外发生战争的时候，美国对一切交战国实行武器禁运，企图以此来躲避战争。

"一战"结束后，在大洋彼岸的美国一直对欧洲的事情保持着关注。战后在包括对德国的处理等众多欧洲问题上，法国一直处于主导地位，这一直令英国和美国不安。抗衡法国在欧洲大陆的霸权，是美国政府一直都在默默奉行的政策。

"一战"结束后，美国资本大量涌入德国，这些资本的流向及其是否能给美国带来利益，便无时无刻不牵扯着美国政府的神经。扶持德国度过难关，抑制法国的扩张，保证资本快速回流，引诱德国向红色苏联扩张，这也是美国的方针。

1925 年 7 月 3 日，美国总统柯立芝宣布对保证德国边界的主张予以支持。

1935 年，正当欧洲大陆的战争阴影越来越浓的时候，美国本土掀起了孤立主义的浪潮，成千上万的美国人都在祈求战争不要发生，特别不希望美国卷入战争。在美国人看来，美国本土以外的事情最好不要去管它。美国国会通过了《中立法案》，其主要内容是，在国外发生战争的时候，美国对一切交战国实行武器禁运，企图以此来躲避战争。

德国法西斯势力的崛起引起了美国的警觉，1937年10月5日，美国总统罗斯福在芝加哥发表了著名的防疫演说："世界上无法无天的瘟疫（法西斯）正在蔓延，每当一场侵害人体的瘟疫初起时，社会上都赞同对病人实行隔离，以保护居民的健康，防止疫病蔓延。仅仅依靠孤立主义和中立主义是逃脱不了的。"

1938年，在罗斯福的努力下，美国国会紧急通过了《1938年海军法》，批准建立"超一流海军"，计划建造3艘战列舰、2艘航空母舰、23艘驱逐舰和9艘潜艇，海军航空兵飞机增至3000架。这一紧急战前扩军行动是具有战略意义的，奠定了太平洋战争初期美国海军支撑局面的基本实力。

1939年9月3日，罗斯福就欧洲战事发表了著名的"炉边谈话"。罗斯福告诫美国人民："直到二战爆发那一天的清晨，我都在幻想奇迹会出现，期待各国可以阻止战争的爆发。你们必须在一开始就掌握住国际间外交关系中存在的一个简单的原理：只要世界任何一个地方的和平遭到了破坏，那么世界上所有国家的和平也就处于危险之中……在海上航行的每艘船，正在发生的每次战斗，无不与美国的前途息息相关……只要我力所能及，我一定不让和平在美国遭到扼杀。"

9月4日早晨，英国政府正式宣布：就在昨天晚上，英国横越大西洋的"雅典娜"号邮轮被德国的潜艇击沉，共有112人丧生，其中包括28名美国人。

希特勒听到这个消息十分生气，他大发雷霆。对于希特勒来说，他还远远没有做好对付英国和法国的准备，特别是拥有强大海军力量的英国。

9月5日，出于国内孤立主义的压力，罗斯福签署了《中立宣言》，宣布禁止向交战国输出军火和军用物资。

实际上，罗斯福既不相信美国能够逃避战争，也不想真正恪守中立。罗斯福认识到，美国已经不是世外桃源，其他国家的冲突或者战争迟早会波及美国，尤其是大西洋如被敌对国家控制，对美国的危害就太大了。

面对德意日从东西两面的咄咄攻势，美国随时有两洋作战的危险。一旦陷入两洋作战，美国的海军将不堪一击，只有英法才能为美国提供援助。

美国决策者达成了共识，即美国的安全有赖于英法的存在，援助英法符合美国的利益。

随着国际形势的日趋险恶，罗斯福对法西斯的崛起和后果有了清醒的认识，缓慢地引导美国人民走向反法西斯的道路。

罗斯福深深地感到，美国海军现在还无法阻止日本咄咄逼人的攻势。另外，兵员紧缺也严重地困扰着美国海军。美国海军官兵共 12 万人，其中海军陆战队只有 1.94 万人。

1939 年秋，罗斯福总统下令拨款 5 亿美元，使军用飞机增至 1 万架，并建造年产 2.4 万架飞机的航空工厂。这一宣布具有战略威慑的作用，而且美国正在紧锣密鼓地研究扩军计划。

英国"雅典娜"号上的幸存者正在接受采访

1939 年，美国陆军参谋部和海军航空兵司令部动用了 3 亿美元，使航空兵飞机增至 5500 架，其中竟有 3251 架新式飞机，海军航空兵增加 3000 人。

罗斯福与孤立派展开了 300 多天的激烈较量，德国灭亡波兰后两个月，美国国会终于批准了罗斯福的建议，允许交战国在美国购买军火，为美国开辟了大发横财的道路。

1940 年 4 月，德军占领挪威和丹麦，5 月占领荷兰和比利时，6 月占领法国。随着德军的不断推进，罗斯福决定争取连任总统。

7 月 15 日，芝加哥召开了民主党全国代表大会。芝加哥市下水道总管托马斯·F.卡里，在地下室的话筒前大喊："我们需要罗斯福！全世界需要罗斯福！"

人群中传来了长达 20 分钟的拥护罗斯福的欢呼声。民主党选择了罗斯福和华莱士。

共和党推举德尔·L.威尔基为总统候选人。威尔基对选民说："如果你们选择我当总统……没有一个美国人会被送往欧洲的战壕屠宰场。"

罗斯福向选民们说："不言而喻，如果我们遭到袭击，那就再也不是国外的战争了，对吧？难道他们要我保证只有碰上另一次南北战争那样的大事变，我们的军队才能派上战场吗？"

11 月 5 日，罗斯福获得大选胜利。美国允许英国无限制地利用美国的工业资源。罗斯福认为，美国减少损失的最好办法就是帮助英国。英国在战争开始时拥有 65 亿美元储备，已经用掉了 45 亿。

12 月 17 日，罗斯福在记者招待会上说："假设我的邻居失火，而我家里有一条浇花用的水龙带，要是让邻居拿去接上水龙头，我就可以帮他把火灭掉。我怎么办呢？我不会在救火之前就对他说，老兄，这条管子我花了 15 美元，你得照价付钱。我不要 15 美元，我要他在灭火后还我水龙带就是了。"

1941 年 3 月 8 日，国会通过了《租借法》。到第二次世界大战结束时，美国向盟国提供了价值 500 亿美元的货物和劳务。

为了保证对欧洲的供应，美国实行海军护航。5 月 21 日，德国潜艇袭击美国商船"罗宾穆尔"号，27 日罗斯福宣布"全国进入限期紧急状态"。

1941 年夏天，一场空前的巨大风暴正在以惊人的速度席卷整个欧洲，这片大陆上的一个个国家纷纷被卷入到纳粹的铁蹄之下。6 月 22 日，德军突然入侵苏联，苏联在德国 300 万大军的猛攻下丧师失地，野蛮压倒了文明。

战争的阴云使每个国家都无法独善其身，各国纷纷根据新的局势重新制定对外政策方针。美国依然繁荣，宽阔的海洋就像巨大的屏障，保护着美国。这道屏障究竟还能维持多久？此时在大西洋上，美国舰队正遭受到德国潜艇部队日益严重的潜在威胁，从总体上来说，战争给美国带来了暴利，美国源源不断地为交战各国提供工农业产品、武器弹药和能源。

此时，日本正在东亚和东南亚疯狂扩张，英法等国自身难保，而美国孤立主义盛行，严重制约了罗斯福采取必要的手段去遏制日本的攻势。美日争端由来已久。早在 19 世纪末期，日本就开始与美国争夺亚洲和太平洋地区的霸权。

7 月 7 日，美军进驻冰岛。这是罗斯福的一招妙棋，目的在于通过某种事件，惹起德国先进攻美国，以促使美国国会宣布向德国宣战。

7 月 26 日，罗斯福在白宫召开新闻发布会，宣布冻结日本在美国的一切资产，防止日本利用美国的财政金融设备以及日美间的贸易损害美国的利益。会场上立刻像炸开了锅似的。《华盛顿邮报》的记者腾的一下站了起来，大声说："总统先生，你知道这意味着什么吗？日本人会以为我们要开战了。"

同时，英国废除了《英日通商航海条约》、《印日通商条约》和《缅甸日本通商条约》。荷兰废除了《日荷石油协定》。

德军参谋部高级将领研究进攻苏联的计划

7月28日，日本采取报复措施，宣布冻结美英两国在日本的一切资产。

8月1日，美国宣布对所有侵略国家，尤其是对日本实施石油禁运，宣布除了棉花和粮食以外，禁止所有物资出口日本。

8月15日，美国宣布禁止所有货物出口日本，经济封锁对资源匮乏的日本来说是致命的。

日本政府认为，这是美国、英国、中国和荷兰包围日本岛国的最后一步，日本已经到生死存亡的最后关头。

9月4日，美国驱逐舰遭到德国潜艇攻击。11日罗斯福发表演说，把法西斯德国比作响尾蛇。他说："当你看见一条响尾蛇咬人的时候，你不会等到它咬人后才打死它。"罗斯福命令海军遇见德国舰船就开火。

第二章
德国海军出动

炮击但泽

在德国海军发动攻击之后不久，德军地面部队从北、西、西南三面发起了全线总攻。

德国对波兰的侵略战争，是希特勒称霸世界的计划中的一个重要部分。

波兰位于欧洲的东部，东接苏联，西临德国，南靠捷克斯洛伐克，北濒波罗的海。波兰的战略地位十分重要，是当时英法在欧洲诸盟国中军事力量最强大的国家之一。

德国如果占领波兰，不仅可以获得大量的军事经济资源，而且还能大大改善其战略地位；既可以消除进攻英法的后顾之忧，还可以建立袭击苏联的基地。因此，德国在吞并奥地利和捷克斯洛伐克后，下一个侵略目标自然是波兰。

1939年9月1日凌晨4时17分，当剧烈的爆炸声把波兰守军从酣睡之中震醒时，德军特种攻击部队已经蜂拥而至。

停泊在但泽港外的德国海军"石勒苏益格—荷尔斯泰因"号战列舰，以主炮向波兰但泽湾畔的韦斯特普拉特军需库猛烈开火。

当时的但泽是国际联盟管辖下的自由市，市内驻防人员少得可怜。

战火映红了整个海面，这比德国地面部队入侵波兰的行动提前了28分钟。

在此后一个多月里，隆隆的炮声一直持续着。

令人难以相信的是，波兰海军在开战前做出了舰船集体逃亡的决定。

这是因为，波兰和德国的海军力量对比十分悬殊，难以匹敌。

德国海军拥有2艘战列巡洋舰、2艘旧式战列舰、3艘袖珍战列舰、8

艘巡洋舰、17 艘驱逐舰、20 艘鱼雷艇和 57 艘潜艇。而且，德国海军扼守波罗的海的出口，拥有南岸绝大部分海岸线，波兰海军的舰船根本无法与占压倒性优势的德国海军抗衡。

为保存实力，波兰海军部长斯维尔斯基准备在战争爆发的前夜，让海军的主力舰船前往英国和法国避难。英国海军部代表劳伦斯海军上校也向波兰提出了前往英国基地的建议。

战争爆发的前两天，即 1939 年 8 月 30 日，波兰海军总司令约瑟夫·乌恩鲁格接到了华沙海军部发来的绝密电报，开始"逃亡计划"。

8 月 31 日凌晨 2 时 30 分，波兰海军的"暴风雪"号、"雷霆"号、"闪电"号驱逐舰秘密驶出格丁尼亚海军基地，前往海尔基地。

黄昏时分，这三艘驱逐舰结伴而行，高速冲出波罗的海。

午夜，这三艘驱逐舰向波兰海军部发去电报："我们正在穿越卡特加特海峡。"

德国的潜艇在波罗的海发现了这三艘驱逐舰，但没有发动攻击。因为战争尚未爆发。

因此，这三艘驱逐舰得以在 31 日安全抵达苏格兰的利思海军基地。

此前，波兰海军的一艘训练舰和一条帆船也启程前往英国避难。

波兰海军的这种做法也是出于无奈，本意是为了避免正面碰撞、保存实力，但却极大地削弱了波兰海军的实力，使得波兰海军从一开始就处于劣势。

德军海军选在但泽开战也是早有预谋的：

1939 年，德国军队的铁蹄踏入布拉格，波希米西和摩拉维亚被宣布为德国的保护国，斯洛伐克也被置于德国的保护之下。

同时，希特勒还允许匈牙利入侵，吞并东部的卢西尼亚，肢解了捷克斯洛伐克。

希特勒随即要求，波兰把但泽"归还"德国，同时建造一条公路和一

条双轨铁路经过"波兰走廊",把德国同但泽及东普鲁士连接起来。

遭到拒绝后,希特勒极为恼火,他在制定打击波兰的"白色方案"时,提出了"歼灭或者打垮波兰海军"的作战计划。

8月25日,德国海军"石勒苏益格—荷尔斯泰因"号老式战列舰以"纪念一战阵亡将士"为名,对但泽自由市进行"友好访问"。

"石勒苏益格—荷尔斯泰因"号战列舰舰长克雷坎普上校心里很明白此行的真正使命。

在他接到的海军总司令雷德尔海军上将的指示上写道:"在'白色方案'开始后,摧毁波兰海军;封锁波兰海岸,堵塞其港口,破坏波兰的海上航运;确保德国的海上安全。"

德国海军东部战区司令、海军作战部长阿尔布雷赫特海军上将指示克雷坎普将其军舰停泊在但泽市北边郊区、韦斯特普拉特要塞附近的有利位置,等待开战时刻的到来。

韦斯特普拉特是个古老的城堡,位于但泽以北6公里,波兰人在那里有一处军事设施。

此时,驻扎在韦斯特普拉特要塞的波兰军队是隶属于第209步兵团的182名士兵,拥有1门75毫米口径火炮,2门37毫米口径火炮、4门81毫米口径迫击炮和22挺重机枪。

而德军方面要远胜过波兰,他们至少有4门280毫米口径火炮、10门150毫米口径火炮和4门88毫米口径火炮。

为了攻占要塞,德国人除了"石勒苏益格—荷尔斯泰因"号战列舰上的280毫米和150毫米口径火炮之外,还调来了210毫米口径的榴弹炮、105毫米加农炮和空中支援。

德国方面开火后,韦斯特普拉特要塞的波兰守军同德军展开了英勇战斗。

当时波兰军留给韦斯特普拉特要塞仅有的182名波兰驻军的指示是:

"石勒苏益格—荷尔斯泰因"号战列舰

在进行 12 小时象征性的抵抗之后，可以选择体面地投降。

但是，这 182 名波兰守军却借助要塞的巨石原木工事，进行了顽强抵抗。

在战斗中，这 182 名波兰守军多次击退了德国的地面进攻，有 1/3 的战士受了伤，16 人阵亡。而德国方面则付出了 20 倍的代价，依然没有得手。

这 182 名波兰守军一直坚持到 9 月 7 日，即开战的第七天，就当时的形势来讲，继续抵抗已经变得毫无意义，指挥官苏卡尔斯基只好下令投降。

韦斯特普拉特要塞在战后成了波兰的国家圣地，为后人所景仰。

此后，18 架德国轰炸机摧毁了波兰海空军基地普克，摧毁了基地内的设施和全部水上飞机，只有一架水上轰炸机逃脱，但在 10 天后仍被德国空军击落。

在德军空军的袭击下，格丁尼亚海军基地和海尔基地的所有舰只全部疏散到海上，只有老式炮舰"马祖尔"号和"努雷克"号留在格丁尼亚守卫，用它们的 5 门 75 毫米口径火烧火燎炮支援但泽地区的波兰卫戍部队。

在德国海军发动攻击之后不久，德军地面部队从北、西、西南三面发起了全线总攻。德军投入 44 个师，其中 7 个装甲师、4 个轻装甲师、4 个摩托化师，1939 架飞机，2800 辆坦克，总兵力 88.6 万人。当时，波军拥有 7 个集团军、4 个战役集群、870 辆坦克和装甲车、400 余架飞机，共 30 个步兵师、11 个骑兵旅、2 个摩托化旅，总兵力 100 万人。

在海军和空军的配合下，德军趁势以装甲部队和摩托化部队为前导，很快从几个主要地段突破了波军防线，向波兰纵深推进。

德军的 3800 多辆坦克，在其他兵种配合下，一路势如破竹，势不可当。

德军以每天 80 — 97 公里的速度向波兰境内纵横驰骋。这是人类战争史上第一次机械化部队的大进军。

9 月 15 日，德军第 10 和第 3 集团军分别从南方和北方包围了波兰首都华沙。

9 月 26 日上午，在德国第 3 集团军从北面轰炸华沙的同时，第 8 集团军对华沙发起了总攻。

9 月 27 日下午 2 点，驻守华沙的 14 万波军放下了武器。

华沙败降后，驻守华沙北部的莫德林军团仍在顽强抵抗德军。德国将进攻华沙时用的大炮来对付莫德林军团。

9 月 27 日，德军发动了一场渗透到波兰外部防线的总攻。

9 月 28 日由于严重缺水，食品储备也越来越少，莫德林驻军的指挥官汤米将军要求休战。

此后，除少数几支分散的小规模部队仍在波兰的密林丛中坚持游击战

德军机械化部队踏过波兰军民的血肉之躯开进波兰首都华沙

外，波兰唯一抵抗的地方就是波罗的海沿岸了，在这里驻扎着几支拥有防御基地的波兰军队。

　　尽管有关南方波军被摧毁的坏消息频频传来，但他们仍然极为顽强地战斗着。

　　直到 10 月 11 日，海军少将安鲁格接受了德军的投降要求，余下的波军才被迫沿半岛撤退。看来，波兰海军并不像陆军那样以骑兵队狙击德国的坦克，那真的就叫鸡蛋碰石头了。波兰海军为保存实力选择了"逃跑"，余下的接受投降要求，既在 10 多天的抵抗中获得了"体面"，又不致于全军覆没。

　　10 月份的第一个星期，除几场小的战斗以外，德国对波兰的战争已经全面结束了。

丘吉尔大做海上文章

这场"奇怪的战争"是英法推行绥靖政策的恶果，是对波兰等小国利益的背叛。英法两国政府缺乏果敢的气魄，也没有真正打仗的意图。

事实上，英国早在1939年8月25日下午就已经知道了希特勒准备侵占波兰。

9月3日上午9时，英国向德国发出最后通牒，要求德国在上午11时前，提供停战的保证，否则英国将对德宣战。

正午时分，法国向德国发出最后通牒，期限为下午5时。

德国对英、法两国的最后通牒均置之不理，英、法两国被迫相继对德宣战，第二次世界大战爆发。

9月16日，波兰政府出逃罗马尼亚。

苏联宣称：由于波兰政府不复存在，苏波互不侵犯条约失效。"为了保护乌克兰和白俄罗斯少数民族的利益"，9月17日凌晨，苏军越过波兰东部边界向西推进。

9月18日，德苏军队在布列斯特—力托夫斯克"胜利"会师。

让人百思不解的是，英、法两军虽然在德军的西线陈兵百万，却按兵不动，宣而不战，它很快就被称为"奇怪的战争"，而更好的名称是"静坐战"。

莱茵河两岸的德法士兵可以隔河相望，彼此看得很清楚。双方在野战工事或炮兵掩体里乱七八糟地干活儿，不时地停下来"欣赏"一下河对岸敌人的活动。

在一些地方，士兵们在河里洗澡，或者秘密地进行食品交换，法国葡萄酒和德国啤酒换换口味也不错。

为了使防线士兵不致太过无聊，法国政府还给前线设立了军队娱乐服务处，增拨文娱器材，增加酒类供给，并给士兵们送去了 1 万多个足球，巴黎的歌舞明星们频繁地活跃在前线。

"马奇诺防线"成了一个真正的娱乐场。

尽管德法两军对战争的理解有所不同，但对足球的理解却是较为一致的，法国士兵踢球时的精彩动作有时会得到河对岸德军的大声喝彩。

法军高唱着"我们要到齐格菲防线去晒衬衣"的流行歌曲，而严谨的德国人也比较配合，他们不失时机地幽默一下，冲着扩音器喊："英国人是叫法国人打到最后一个人吧！"

一位英国士兵回忆说，当时曾有一支德国宣传部队在前线竖起了大牌子，他们大声喊："北方各省的士兵们（法国士兵），英国大兵正在和你们的妻子睡觉，他们正在强奸你们的女儿！"而法军的回应是："我们是南方人，我们也不想打仗。"

法军从未想过赶走对面工事中的德国人，他们在奉命休息。

有一尊法国 75 毫米口径的大炮，炮口傲然指向天空，对运送军火的德军视而不见。

据法国逃兵讲，前线指挥官不许哨兵往枪里装实弹。

西线的法国和英国的约 110 个师，完全没有用来同德国的 23 个师作战。

这场"奇怪的战争"是英法推行绥靖政策的恶果，是对波兰等小国利益的背叛。英法两国政府缺乏果敢的气魄，也没有真正打仗的意图。

1940 年 4 月 9 日清晨，德军闪击丹麦。1 小时后，丹麦投降。同时，德军闪击挪威。6 月 10 日，挪威军队投降。荷兰、比利时两国天真地相信，只要自己严守中立，不去触怒德国，就可以避免这场战争。

不料 5 月 10 日，德军入侵荷兰、比利时和卢森堡。

在战略方面，英国认为自己是海上霸主，主要负责对德国实施海上封锁和战略轰炸，地面作战应由主要盟国法国承担。法国却认为德国在占领波兰后，下一个目标是苏联，而进攻法国至少是四五年以后的事情。

德军步步进逼，法国和英国的关系恶化，法国政府不断谴责英国见死不救，而英国本身也逐渐陷入被动的局面。

早在 1936 年 3 月底，丘吉尔就向公众提出了一个问题：现在到底哪一个国家是最强大的并且能够统一欧洲呢？丘吉尔认为："德国正在大规模扩充军备，很快就被迫在经济财政崩溃或者发动战争这二者之间作出抉择，德国的战争如果取胜的话，其唯一的结果，就是德意志化的欧洲。"

丘吉尔主张在这种情况下，英国应该联合法国、苏联和其他欧洲小国来约束、抑制德国的强大。

丘吉尔加入政府后，持续不断地批评张伯伦的绥靖政策，他提出的批

1938 年 9 月，英国首相张伯伦在慕尼黑会议结束后，到达赫斯顿机场发表演说

评多为日后的事实所证实。丘吉尔在英国声名鹊起，英国人把他看作是抵抗德国侵略的旗帜。

1939 年 9 月 1 日，德军入侵波兰，第二次世界大战爆发。战略形势的急剧变化打通了丘吉尔通往政权之路。

怒不可遏的英国人民群起而攻之，要求张伯伦"辞职""滚蛋"的吼声响彻大不列颠群岛。

当天，丘吉尔接到首相张伯伦的邀请，请他晚上赴唐宁街 10 号。会见时，张伯伦建议丘吉尔进入内阁工作，丘吉尔立即同意了。

在与张伯伦商谈战时内阁的人选问题时，丘吉尔趁机把几个追随者也拉入内阁。

9 月 3 日，丘吉尔在战时内阁中出任海军大臣，这是英国海军的幸运，因为丘吉尔是一位务实且主战的人物。丘吉尔不满足于此，他想获得首相职位。在战争中，丘吉尔对张伯伦的"静坐战""奇怪战争"十分不满，但他没有公开反对张伯伦。

"奇怪战争"期间，英国海军虽积极备战，但海上仍"无战事"。在丘吉尔的领导下，把大部分商船队编入护航运输队，制订对德国的海上封锁计划，组织海军扩建计划。

丘吉尔相信自己迟早会当选首相，因此需要熟悉海军以外的情况。丘吉尔与美国总统罗斯福取得了联系。罗斯福富有远见，他也认为英国的未来属于丘吉尔。从那时起，丘吉尔和罗斯福开始长期通信。

本来，张伯伦希望德国和苏联交战，但没有想到的是波兰被德国和苏联瓜分，芬兰被苏联占领，接着，德国吞并挪威和丹麦。

1940 年春天，多数下院议员强烈要求张伯伦辞去首相职务。

丘吉尔以极大的声望成为首相无可争议的继承人，此时，张伯伦想让哈利法克斯继任首相。可是，一旦丘吉尔拒绝加入新政府，愤怒的英国议员们会掀翻政府的。

5月9日，张伯伦约见哈利法克斯和丘吉尔。张伯伦问丘吉尔是否同意加入哈利法克斯的政府。

丘吉尔沉默不语，以示反对。哈利法克斯识趣地说："在战争时期，首相必须是下院议员，我作为上院议员是不适合组织内阁的。"

张伯伦想握住首相大权不放，他宣称在战争紧急的情况下，任何人不准强行改组政府。但在英国下院对政府的信任投票中，张伯伦遭到惨败。

张伯伦被迫来到白金汉宫向英国女王递交辞呈。英国女王于1940年5月10日下午授权丘吉尔组建新内阁。

这时候，战争阴影笼罩着整个英国：入侵、轰炸、背叛、化学战和细菌战……英国能打赢这场战争吗？

丘吉尔终于得到了梦寐以求的大权，这并不值得庆幸，因为女王的授权不谛于临危受命。5月13日，丘吉尔在下院发表了演说："我没有什么，只有鲜血、辛劳、眼泪和汗水贡献给你们。你们要问，新政府的政策是什么？那就是投入全部力量在海上、陆上和空中进行战争。你们要问，英国的命运会怎样？那就是胜利！不惜一切代价去战胜德国，无论道路多么艰难，也要坚持下来。"

在丘吉尔的内阁中，亚历山大出任海军大臣，辛克莱出任空军大臣。丘吉尔还成为下院领袖和国防大臣。大权在握，运筹帷幄，丘吉尔要继续完成他在海军大臣之位上的未竞事业，大做海上文章，这从他亲点亚历山大继任海军大臣中可见其强海之用心。

丘吉尔规定的工作制度令政府官员们难以忍受：所有的重要会议都在晚上召开，常常开到深夜以后。白天，丘吉尔躺在床上向各部口授命令和指示。

丘吉尔命令海军出动，牵制德国海上力量，千方百计地延长法国的抵抗时间，为英国加强国防赢得时间。

英国的陆军很少，但空军力量强大，法国政府一再要求英国派遣新的飞行大队去法国。

丘吉尔多次飞往法国举行会谈。会谈中，法国总是要求空中支援，而丘吉尔主张法国依靠现有装备坚持作战。

1940 年 5 月 15 日凌晨，丘吉尔忽然接到法国总理雷诺打来的电话："我们打输了！"

丘吉尔急忙问："不会吧！"

雷诺说："色当防线崩溃了！德军机械化部队扑了过来。"

丘吉尔惊讶地大喊："什么？强大的法兰西军队哪去了？"

5 月 16 日，丘吉尔飞抵巴黎，法军总司令甘末林说："大批德军杀了过来。"

丘吉尔问："战略预备队呢？"

甘末林说："一个都没有。"

5 月 19 日，根据丘吉尔的指示，英国陆军部决定：必要时在加来、布洛涅和敦刻尔克撤退。

为防万一，陆军要求海军部尽快做好撤退的准备，并命令在多佛基地任职的拉姆齐海军中将负责指挥这次行动。

5 月 22 日，加来和布洛涅港受到德军装甲部队的围攻，只剩下敦刻尔克了。

拉姆齐先后筹集了 693 艘舰船，加上盟国的船只，共 860 多艘，编成舰队，准备驶向敦刻尔克。

5 月 25 日，英国远征军把在阿拉斯受到威胁的各师撤向敦刻尔克，准备从海上逃回英国。整个盟军防线崩溃，北线的法国军队随后也向敦刻尔克方向撤退。

5 月 26 日晚 6 时 57 分，敦刻尔克大撤退开始。海滩上，英法联军走进齐胸的海水里，由小船上的人把他们拉上去。

第一批出发的船只有 129 艘。

第一艘前往敦刻尔克的是"莫纳岛"号，它在 26 日晚 9 时驶离多佛尔港，午夜抵达敦刻尔克的盖尔海岸。

27 日日出时分，"莫约岛"号满载 1420 名英国士兵返航。

"莫纳岛"号先后受到德军远程炮火和 6 架飞机的袭击，尾舵被炸掉，致使 23 人死亡，60 人受伤。

27 日中午，这艘靠螺旋桨前进的船终于驶进多佛港，35 海里的行程它竟花了 11.5 小时，通常只需 3 小时。

27 日早晨，有 5 艘运输船因德军炮火猛烈而无法靠岸，只得空船返回。

其他救援船只也不同程度地受到了德军炮火的轰炸，其中有 2 艘小船在接近法国海岸线时，1 艘被击沉，另 1 艘救起落水船员，穿过敌人的炮火向英国返航。

受沙洲和布雷区的影响，多佛到敦刻尔克的最短航线是"Z"字型航线，有 34 海里，轮船需紧贴敦刻尔克以西几海里的海岸线航行，经 6 号浮标直达多佛。

但是，这条航线已经被德军炮火封锁。拉姆齐将军及其参谋人员只好修改计划。

在"Z"航线的东北处有一条"Y"航线，全长 76 海里，易于航行，水雷较少，且不会遭到德军的炮击袭击。

但这条航线的航程是原计划的 2 倍多，想撤出同样多的人，需要 2 倍以上的船只。

5 月 27 日这天，驶抵敦刻尔克的船只总共撤走了 7669 人。照此速度计算，要把全部远征军撤回国内起码需要 40 天。

兵多船少又成了撤退中亟待解决的问题，尤其是容易靠岸的小船极为短缺。

这是因为从敦刻尔克到拉潘尼的整个海滩是渐次倾斜的，即使在海水涨潮时，大船也很难靠岸，更何况大船转舵不灵，容易造成拥挤堵塞。所以，小船的需求量猛增。

为解决这一难题，英国海运部把泰晤士河两岸的各种小船场的驳船、帆船、摩托快艇和渔船都征集过来，组成预备队。

为加强对"Y"航线的掩护，击退德军空袭，保证运输线的畅通，拉姆齐向海军部发出紧急呼吁，取消驱逐舰的其他任务，专为敦刻尔克撤退行动护航。

5月28日，他们撤走17804人，29日撤走47310人，30日撤走53823人，前4天总共撤走126606人，大大超出了海军部原来希望的4.5万人。

英法联军从敦刻尔克港撤退

5月29日，法国第1集团军奉命正式撤退。英军最初拒绝让法军登上英国的船只，因为附近没有法国船只，这就等于将法国人丢在那里。雷诺知道后甚感不安。

5月31日，在巴黎召开的盟军最高军事会议上，雷诺坚决主张英法联军共同撤退。丘吉尔表示同意共同撤退，并说："仍在敦刻尔克的3个英国师，将同法国人在一起，直到撤退完成。"

5月31日和6月1日是"发电机"行动成绩最显著的两天，尽管德军连续不断地炮击和轰炸，英国船只白天不便靠近敦刻尔克，仍撤出了13.2万人。

但是，在撤退过程中，船只的损失很大。仅6月1日这天，就有31艘舰船沉没，11艘舰船被击毁。有2艘满载2700名法国士兵的英国运输舰沉没，舰上人员只有2100人被小船救走。

听到这个消息后，丘吉尔发电报给雷诺，建议"于今夜（6月1日）停止撤退"。雷诺大为发火，坚决要求英军至少留下3个师来。

此时，德军的包围圈收得更紧了，德军的炮火已延伸至敦刻尔克附近海域，撤退只好改在天黑后进行。

6月2日、3日夜间，余下的英国远征军和6万名法军冒着敌人的炮火撤了出来。

在法国的坚决要求下，英国同意将"发电机"行动延长到6月4日。

6月4日早晨，阿布里亚尔和拉姆齐在多佛城堡见面，都同意撤退工作告一段落。当天上午11时，法国政府也批准了该决定。下午2时23分，英国海军部正式宣布"发电机"行动结束。

至6月4日，共有33.8万名英法士兵撤出敦刻尔克，其中包括21.5万名英国人、12.3万名法国人和比利时人，有5万人是由法国海军救出的。撤退中被击沉的各种船只共243艘，其中英国的226艘，法国和比利时的17艘。

英国侥幸地避免了可能发生的灾难。不过，还是有人戏弄丘吉尔，说敦刻尔克大撤退是他上台后在海上做的"大文章"。

德舰海上巡洋战

"海军上将施佩伯爵"号的沉没，对德国海军"巡洋战"战略是个打击。

英国是个岛国，大不列颠群岛位于欧洲西部。第二次世界大战爆发时，英国 75% 的石油、95% 的铜、99% 的铅、88% 的铁矿石、89% 的小麦、84% 的肉类和 93% 的食油都依赖进口，每年进口 6800 多万吨的货物。而这些货物的进口只有通过海上运输，别无他途。

1939 年 9 月，英国约有 2100 万吨的商船，占世界商船总吨位的 31.8%。平均每天有 2500 多艘商船在海上往返。英国海上交通线的总长度为 8 万海里以上。海上输入，保证了英国的生存和发展。

海上交通线就像是英国的生命线，多少个世纪以来，英国都把建立海军置于第一位。几百年来，大英帝国用巨舰大炮保护着海上运输线，创造了"日不落帝国"的神话。当时，大英帝国控制着占世界约 1/4 的领土。

在德国首都柏林，德国海军总司令雷德尔早就认识到海上交通线对于英国的重要性。

1928 年，雷德尔刚升任德海军总司令就发表了《海上巡洋战争》一文，文中深刻指出：海上交通线是英国的命脉，英国生存和发展都与海上交通线紧密相关。

德海军在战争中必须破坏英国的海上交通线，并采取"巡洋战"的方式，即远离海军基地，大量使用巡洋舰单独作战，攻击英国的运输船。

"海军上将施佩伯爵"号竣工典礼

　　《凡尔赛条约》规定，德国只能拥有 6 艘战列舰、6 艘轻巡洋舰和 12 艘驱逐舰。起初，德国惧怕协约国，只在和约规定的范围内建造了几艘轻型巡洋舰。

　　德国总理希特勒集大权于一身后，德国置《凡尔赛条约》于不顾，在"德意志"号战列巡洋舰之后，"舍尔海军上将"号和"海军上将施佩伯爵"号战列巡洋舰下水服役了。

希特勒也信奉巨舰大炮主义，雷德尔主张的"巡洋战"设想得到了希特勒的嘉奖。

第二次世界大战爆发以前，雷德尔制定了快速发展海军的"Z"计划，"Z"计划规定，到 1944 年，德国将拥有 8 艘重型战列舰、8 艘战列舰、5 艘重巡洋舰、44 艘轻巡洋舰、2 艘航空母舰和 249 艘潜艇。

雷德尔认为，靠这支实力雄厚的舰队，再加上日本和意大利海军的支援，完全能够对付英国海军。

雷德尔没有想到，希特勒会这么早就发动战争，导致"Z"计划未来得及全面实施。

但是，雷德尔必须执行元首的命令。他只好硬着头皮跟英国海军对着干。当时，德海军只有 2 艘旧战列舰、3 艘战列巡洋舰、2 艘重巡洋舰、6 艘轻巡洋舰、22 艘护卫驱逐舰、20 艘驱逐舰。

而英海军却有 12 艘战列舰、3 艘战列巡洋舰、8 艘航空母舰（500 架舰载机）、15 艘重巡洋舰、49 艘轻巡洋舰、119 艘舰队驱逐舰、64 艘驱逐舰、45 艘扫雷舰和岸防舰。

可见，在强人的英海军面前，德海军就像是蹒跚学步的小孩。尽管雷德尔提出把德海军的兵力用于攻击英国商船的设想是正确的，但在使用什么手段达到目的上，雷德尔在战略上犯了错误。雷德尔提出的"巡洋战"，正是以德海军之"短"去攻英海军的"长"。U 型潜艇成为德国巡洋战的利器，它那神出鬼没的行动，着实令英国乃至全世界为之震惊、后怕。

德潜艇部队司令邓尼茨出动的"U-47"号潜艇，击沉了英"皇家橡树"号战列舰。这让一向视潜艇为铁皮小船的希特勒大吃一惊，但他"水面舰艇决胜"的传统观念根深蒂固，一时难以改变。

当时，英国、法国和美国的水面舰艇实力庞大，对付水面舰艇的经验丰富。英国、法国和美国也信奉巨舰大炮主义，瞧不起小小的铁皮船——潜艇，因此在对付德国潜艇上无计可施。当时，德国拥有世界上最强大的

潜艇部队，其"柴油机＋蓄电池"的动力系统使潜艇的航速大大提高，而且还可以浮出水面充电，大大提升了潜艇的续航力。

雷德尔偏偏以己之"短"去攻敌军之"长"，拿德国水面舰艇去与实力庞大的英、美、法海军交战，这肯定是会失败的。

在战争爆发前，雷德尔和希特勒都否定了邓尼茨关于发动潜艇战的设想，导致潜艇的建造速度很慢。

德国的出海口既少又不通畅，为了避免军舰被英海军堵在港内，雷德尔在战争爆发前把"海军上将施佩伯爵"号战列巡洋舰和"德意志"号派往大西洋，以便在战争爆发后攻击英国及其盟国的商船。另外，雷德尔做好了攻打挪威的准备，以利用挪威的多个优良的港口。

第二次世界大战爆发后，"德意志"号战列巡洋舰身手敏捷，在大西洋东躲西藏，打了就跑。"德意志"号在吸引了大量英国军舰的同时，偷偷地击沉了 3 艘商船，逃回德国海港。

雷德尔盼望"海军上将施佩伯爵"号也能带来更多的捷报。早在 1914 年 11 月，海军上将施佩伯爵率德国分舰队，在智利科罗内尔岛海域击沉 2 艘英军舰。为了纪念他，德海军把 1936 年建成服役的这艘战列巡洋舰命名为"海军上将施佩伯爵"号。

"海军上将施佩伯爵"号是专为攻击商船而设计的。排水量为 1.25 万吨，航速高达 26 节。"海军上将施佩伯爵"号装有 2 座三联装 279 毫米口径的主炮，能够发射 300 公斤的炮弹，射程达到 15 海里。"海军上将施佩伯爵"号装有 8 门 150 毫米口径的副炮和 6 门 104 毫米口径的炮。单独的英国巡洋舰打不过"海军上将施佩伯爵"号。

"海军上将施佩伯爵"号在南大西洋多次得手，舰长兰斯多夫还想击沉更多的商船。

太阳冉冉升起，蓝蓝的海面上，掀起阵阵白色的海浪。兰斯多夫正叼着雪茄，站在舰桥上。

英国海军于 1939 年 10 月 5 日抽调 28 艘大型军舰作为主力，组建了 8 个搜索舰群，派到南大西洋海区，其中由哈伍德率领的一支搜索舰群以福克兰群岛为基地，负责南大西洋西部一带的搜索任务。

快两个月了，哈伍德率领分舰队不间断地寻找。12 月 13 日清晨，哈伍德的分舰队到达距离蒙得维的亚大约 350 海里的海面上。"阿哲克斯"号轻巡洋舰在前面，"亚几里斯"号轻巡洋舰在正中，"埃克塞特"号重巡洋舰在后面护卫，以 14 节的航速向东北方向搜索。

6 时 14 分，瞭望哨发现距离 10 海里处出现了缕缕青烟，哈伍德命令"埃克塞特"号重巡洋舰前去侦察。不久，"埃克塞特"号发报说，目标是"海军上将施佩伯爵"号战列巡洋舰。

哈伍德命令"埃克塞特"号向西航行，绕到"海军上将施佩伯爵"号的右舷；"阿哲克斯"号和"亚几里斯"号向东航行，绕到德舰的左舷。哈伍德准备左右夹攻德舰，使德舰的火力无法集中。

兰斯多夫悠闲地在餐厅吃早餐。忽然，瞭望哨报告，英舰队正从左右扑过来。

兰斯多夫跑到舰桥上，举起望远镜，发现左右两侧都出现了英舰的舰桅。

根据舰桅，兰斯多夫认为对方是一艘重巡洋舰和两艘轻巡洋舰。兰斯多夫点燃了一支雪茄，吸了两口，猛地一挥手，下令拉响警报。

兰斯多夫不怕这 3 艘英巡洋舰，因为"海军上将施佩伯爵"号具有较强的装甲防护力，3 艘英巡洋舰的总火力远远超过德舰，但装甲防护能力弱。再加上"海军上将施佩伯爵"号舰炮的口径和射程都超过了英舰。因此，双方的战斗力差不多。

兰斯多夫是一战中的日德兰海战的名将，时刻想为德海军复仇。

英舰刚进入射程，兰斯多夫就下令："前主炮，瞄准英驱逐舰；尾主炮，瞄准英巡洋舰！"

舰桥上，德官兵们拿棉球堵住耳朵，以避免舰炮的轰鸣声把耳朵震聋。一会儿，兰斯多夫扔掉雪茄，向话筒大喊："开炮！"

炮声轰隆，兰斯多夫目视观察着弹着点，发现英舰前方水柱升腾，两次齐射炮弹打得太早了。

很快，"海军上将施佩伯爵"号的周围也竖起了水柱。

兰斯多夫登上射击指挥台，发现"阿哲克斯"号和"亚几里斯"号距离较远，火炮威力弱一些；"埃克塞特"号距离近，重炮火力很猛。

他命令首炮掉转炮口，用所有的主炮集中攻击"埃克塞特"号。

第三次齐射在"埃克塞特"号船舷爆炸，把右舷舱面上的鱼雷兵都炸死了。一颗穿甲弹把一座主炮塔炸飞。"埃克塞特"号驾驶台被击毁了。

"埃克塞特"号用尾炮向"海军上将施佩伯爵"号不断发射炮弹，一枚炮弹命中"海军上将施佩伯爵"号的首楼。

6时30分，"阿哲克斯"号和"亚几里斯"号趁机靠近，把炮弹射到德舰的甲板上。"海军上将施佩伯爵"号38毫米厚的装甲甲板被打坏。

兰斯多夫命令150毫米口径的副炮和一门主炮回头射击，英舰"埃克塞特"号趁机靠近，向"海军上将施佩伯爵"号的右舷发射鱼雷。

"海军上将施佩伯爵"号施放了烟幕，边打边逃，射出的一颗重磅炮弹击中"阿哲克斯"号，把"阿哲克斯"号的4门主炮全部炸毁。

"阿哲克斯"号冲了过来，在距离9000米时，发射了4枚鱼雷。

"埃克塞特"号黑烟翻滚，烈火乱窜，舰体向右倾斜。"埃克塞特"号摇摇晃晃，撤退了。"海军上将施佩伯爵"号掉转前主炮，对付"阿哲克斯"号。

一颗重磅炸弹命中"阿哲克斯"号，打断了它的主桅，"阿哲克斯"号撤退了。

这时，海战进行了82分钟，双方打成了平手。3艘英舰有两艘受重创。"海军上将施佩伯爵"号燃油已经不足，也撤退了。

兰斯多夫急忙走下舰桥，检查军舰的伤情。"海军上将施佩伯爵"号中了两颗重磅炮弹，一颗穿透甲板，一颗把首楼炸开一个大洞，有 36 名官兵战死。

战舰急需补充燃油和修理，行踪已经暴露，无法返回德国了。兰斯多夫决定先到中立国乌拉圭的蒙得维的亚港躲避。

"海军上将施佩伯爵"号向西驶去，两艘英舰在后面跟踪，身负重伤的战舰驶入港口。

"海军上将施佩伯爵"号刚刚抛锚，在谈判桌上，乌拉圭、德国、英国和法国的代表展开了激烈的舌战。

德国代表提出，战舰必须修好以后才能出海，因此需要一段时间；英、法代表立即提出抗议，他们警告乌拉圭政府，根据《国际法》，交战国的舰只在中立国港口停留的时间不准超过 24 小时。

德国代表说，根据《伦敦宣言》第 14 条，军舰受损和坏天气除外。

德国"海军上将斯佩伯爵"号战列巡洋舰逃到中立国乌拉圭蒙得维的亚港

英、法代表说，"海军上将施佩伯爵"号只受了轻伤，可以出港。

乌拉圭倾向于盟国，但不敢与德国公开翻脸，乌拉圭提议成立小组调查德舰的伤势。调查小组通过调查后得出结论："海军上将施佩伯爵"号无法立即出海，但修理3天后能够出海。德国代表对这个方案强烈不满，乌拉圭政府趁机接受了这一方案。

德国通过各种渠道做乌拉圭政府的工作，想让军舰在港中多停留一些时间，但乌拉圭在许多国家的压力下，拒绝了德国的请求。

3艘英舰等候在港口外面，停在港口内的"海军上将施佩伯爵"号无路可逃。3天的期限就快到了。乌拉圭政府通知"海军上将施佩伯爵"号，必须于第二天下午6时离开港口，否则该舰将被扣留至战争结束。

第二天下午，当夜色降临到普拉特河时，"海军上将施佩伯爵"号缓缓向港外驶去。岸上挤满了人群，在英、法、德三国，人们都拨准了收音机的频道，等待消息。

"海军上将施佩伯爵"号若想逃生，只能在天黑以前冲出英舰的包围圈。

12月17日下午7时50分，从"海军上将施佩伯爵"号上发出一连串的爆炸声，近20米高的烈焰飞舞在半空中。德舰员们不停地向战列舰上浇汽油。

几小时后，"海军上将施佩伯爵"号沉没了。这是希特勒亲自下达的命令。

12月20日，兰斯多夫舰长在房间里留下了遗言："从我炸毁战舰那时起，我就决心随我的战舰共存亡了。我的水手们都很安全……"

兰斯多夫信守古老的海战法典，开枪自杀了。

"海军上将施佩伯爵"号的沉没，对德国海军"巡洋战"战略是个打击。

从战术上看来，德国在大西洋推行的"巡洋战"是极不明智的，因为德国无论舰只数量、吨位还是作战能力都无法与海上强国英国匹敌，这种耀武扬威的巡洋战，到头来只能是自食其果。

德英争夺挪威海

丘吉尔被迫放弃了登陆作战，派海军封锁斯卡帕湾、格陵兰岛、冰岛和奥克尼群岛之间的海域，阻止德舰从挪威的峡湾中进入北大西洋。

第二次世界大战爆发后，德国海军元帅雷德尔出动舰艇和潜艇在大西洋攻击商船。丘吉尔出动重兵驻扎于英伦三岛，企图封死北海，困住德国海军。德英相争，挪威海战不可避免。

挪威海岸线长2万多公里，对大洋开放的部分达17000多公里。一旦德国出兵攻占挪威，英国海军就算使出浑身解数也无法困住德国海军。到时，德国舰艇会从挪威海岸冒出来，杀向大西洋的英国运输船队。

1940年春，运载铁矿石的德国船只避开英海军的封锁，紧贴中立国挪威的海岸航行。3月底，丘吉尔指示海军部，出动布雷舰只，在挪威海岸布设水雷，派出陆军，去占领挪威的沿海重镇。

海军部出动布雷部队，兵分三路：第一路为北方布雷队，由8艘驱逐舰前往佛斯特海峡布雷，封锁纳尔维克；第二路，由2艘驱逐舰到达挪威中部，布设雷区；第三路为南方布雷队，由1艘布雷舰和4艘驱逐舰到达施塔德兰德，布设雷区。

英国惠特沃思海军中将率领"声望"号战列巡洋舰和4艘驱逐舰出海，为北方布雷队护航。

4月7日，英国登陆部队集结完毕。运输舰只正准备启航。8时，一

架侦察机发回报告，在德国纳泽以北约 150 海里处，发现一支德海军的大舰队。

13 时 30 分，侦察机再次发回报告，在北纬 56 度 48 分、东经 6 度 10 分海域，发现德海军的"沙恩霍斯特"号、"格奈森瑙"号战列巡洋舰和 10 艘驱逐舰。

英国海军部下令放弃占领挪威的计划，同时命令出发不久的南方布雷队立即返航。

20 时 15 分，英国直布罗陀舰队司令查尔斯·福布斯爵士率"罗德尼"号、"勇士"号战列舰，"反击"号战列巡洋舰，2 艘巡洋舰，10 艘驱逐舰出征，向东北方向的德舰队驶去。

4 月 8 日晨，福布斯收到"格洛沃姆"号与德舰艇遭遇的报告，福布斯与"格洛沃姆"号距离约 300 海里。福布斯下令加速行驶，驶向挪威特隆赫姆以西海域。

福布斯命令"反击"号战列巡洋舰、"佩内洛普"号巡洋舰和 4 艘驱逐舰向北寻找德舰队，在佛斯特峡湾活动的"声望"号南下搜索德舰队。福布斯率主力舰队向北驶去。这时，福布斯收到报告，在挪威南部海域发现德舰队。

晚上，福布斯率主力舰队向南驶去。

9 日清晨，惠特沃思率"声望"号向南驶去，在距离斯科姆瓦尔灯塔约 50 海里处，发现两个舰影。实际上是德舰"沙恩霍斯特"号和"格奈森瑙"号。

后来，双方距离 10 海里。"声望"号用主炮突然攻击"格奈森瑙"号，用副炮攻击"沙恩霍斯特"号。双方距离 8 海里时，"声望"号把"格奈森瑙"的前主炮打哑。"格奈森瑙"号撤退，"沙恩霍斯特"号掩护其撤退。

"声望"号中了 3 颗炮弹，损失很大。"声望"号加速到 29 节，5 时许，

德国"沙恩霍斯特"号战列巡洋舰上的前主炮，不远处是与之同行的"格奈森瑙"号战列巡洋舰

暴风雪加大，两艘德舰消失了身影。

8 时整，惠特沃思召来部分警戒舰只，向西航进。挪威天气寒冷，北部冬夜漫长。由于深受大西洋暖流的影响，挪威沿岸的大部分海面冬季不结冰。

雷德尔对希特勒说，如果德军攻下挪威，德空军的轰炸机就能轰炸英国；相反，如果英军攻下挪威，德国海军将被困死在北海，德国将失去瑞典的铁矿石，甚至德国北部城镇会受到英机的空袭。

希特勒批准了雷德尔的建议。入侵挪威是闪电式的占领，必须在挪威的 8 个港口同时进行。挪威陆军不堪一击，但英国海军对登陆部队是个巨大的威胁。

雷德尔组建了 6 支舰队，让登陆部队乘坐作战舰只。雷德尔又组建了 3 支舰队，负责攻占丹麦，保障进攻挪威时的补给线安全。

舰艇排水量小，只能运载部队和轻武器。雷德尔只好用商船来运送大型装备和弹药。由于商船的航速太慢，雷德尔下令，万一遭到挪威海军和英舰队的拦截，必须进水自沉。

德登陆部队的最高司令官是陆军将领冯·法尔肯霍斯特，空军部队是第10航空兵团队，指挥官是伊斯列尔。海军分别在波罗的海和挪威海作战。

4月7日3时，负责攻占纳尔维克的德海军第1舰队和负责攻占特隆赫姆的第2舰队满载着部队秘密出发，来到易北河口外的海域。它们与"沙恩霍斯特"号、"格奈森瑙"号战列巡洋舰会合，在海军吕特晏斯将军的率领下，向北驶去。

7日上午，舰队被英国侦察轰炸机发现。13时30分，12架英国侦察轰炸机前来攻击，对德舰队没有造成太大的损失。

8日晨，"希佩尔"号巡洋舰击沉了掉队的英舰"格洛沃姆"号。午后，第2舰队驶往特隆赫姆。

9日，吕特晏斯在与惠特沃思的"声望"号交手以后，率"沙恩霍斯特"号、"格奈森瑙"号故意撤退，吸引了封锁挪威佛斯特峡湾的英舰队。10艘德国驱逐舰趁机开进佛斯特峡湾。

佛斯特峡湾弯弯曲曲，与奥福特峡湾相连，两岸悬崖峭壁，地势险峻。挪威重镇纳尔维克，坐落在奥福特峡湾的内侧。

10艘德驱逐舰在邦特的率领下，来到纳尔维克港外，被挪威海防舰"艾德斯沃尔德"号挡住。德舰用鱼雷将"艾德斯沃尔德"号击沉。挪威军舰"诺格"号拼命发炮。几分钟后，"诺格"号也被鱼雷击沉。

两艘挪威军舰沉没后，2000名德军冲出军舰，夺取了岸上的工事，攻下纳尔维克。根据原定方案，邦特的驱逐舰队应该立即加油，然后离开峡湾。但是，油船和运送装备弹药的商船多数遇难，只有"詹·韦勒姆"号油船赶来了。

邦特命令 5 艘驱逐舰加油，其他 5 艘停泊在东北部的赫尔扬斯湾和西南部的巴兰根湾。

与此同时，其他几路德军攻下了特隆赫姆、卑尔根、斯塔万格、克里斯蒂安。直到 10 日下午，德军才攻下挪威首都奥斯陆。

9 日 16 时，英国海军部得到报告，纳尔维克港中出现了德舰。英国海军部和直布罗陀舰队司令福布斯发现上当了，直接向沃尔伯顿·李海军上校下令，命令第 2 驱逐舰队赶往佛斯特海峡。

李上校拥有 5 艘驱逐舰，立即向峡湾挺进。不久，他得到情报，纳尔维克港中有 6 艘驱逐舰和 1 艘德潜艇。

李上校向福布斯和惠特沃思海军中将分别报告敌情。他请求在 10 日清晨涨潮时冲入峡湾，发动攻击。惠特沃思同意给予支援，但要求他等待支援舰只的到来。海军部要求李上校伺机行事。

10 日清晨，由于涨潮李上校的 5 艘驱逐舰避开了水雷，冲向峡湾。5 舰驱逐舰摸黑前行，速度很慢。一艘负责警戒的德潜艇没有发现英舰队，李上校的驱逐舰驶近纳尔维克港。

4 时 30 分，英驱逐舰"哈迪"号与"亨特尔"号、"汉沃克"号冲进港内。"霍特斯普尔"号和"霍斯达伊尔"号在港外作为预备队。3 艘英舰的第一次攻击，就朝 5 艘德舰发射了 10 枚鱼雷，舰炮同时开火。英军一枚鱼雷击中邦特的旗舰，舰桥起火，邦特上校被击毙。德旗舰 24 小时后沉没。一艘德舰被鱼雷炸断，沉入海底。

其他 3 艘德舰受到重创，丧失了战斗力。英舰"霍特斯普尔"号入港支援，用鱼雷击沉了 2 艘德商船。5 艘英舰猛烈地发炮，把港内德军的仓库和岸防德军阵地打得遍地开花。

李上校发现还有 2 艘德舰，他下令进攻。"哈迪"号冲在前面，5 艘英舰驶离时，轮番向大雾笼罩的港口炮轰一阵，击沉了 5 艘德商船。

6 时，李上校率第 2 驱逐舰队准备离开峡湾了。突然，在赫尔扬斯湾

方向，发现这是邦特部署在外面的 3 艘德驱逐舰。相距 4 海里时，双方开火。顿时，炮声隆隆，进行了一场炮战。

李上校下令撤退。几分钟后，峡湾西部又出现两艘驱逐舰。当英国信号兵发出联络信号时，遭到一阵猛烈的炮击。原来，这是两艘德舰，它们拦住了英驱逐舰的退路。

英驱逐舰处于两面受敌的不利境地。德舰的舰炮口径较大，炮火猛烈。一发炮弹命中英"哈迪"号驱逐舰的舰桥，李上校受了重伤。为了避免沉没，"哈迪"号向南岸浅滩冲去。英国水兵们跳进寒气透骨的冰水，藏在一个小村庄里。李上校在上岸时牺牲了。

峡湾雾很大。不久，英"亨特尔"号和英"霍特斯普尔"号相撞，"亨特尔"号被撞沉。"霍特斯普尔"号连忙撤退，又被击中 7 发炮弹。

"汉沃克"号和"霍斯达伊尔"号赶来支援。3 艘驱逐舰边打边逃，撤到了外海。德舰也大多中弹，加上缺乏燃油，无法追击，英舰趁机逃跑。

英国海军部得到第 2 驱逐舰队的报告后，命令惠特沃思封锁佛斯特峡湾，堵住德驱逐舰。同时，福布斯率直布罗陀舰队主力北上。

"暴怒"号航空母舰上的"箭鱼"式飞机正在起飞

10 日，15 架英国"大鸥"式轰炸机在卑尔根附近发现了受到重创的德国巡洋舰"柯尼斯堡"号，并把它炸沉。11 日 4 时，18 架"箭鱼"式飞机从英"暴怒"号航空母舰出发，在特隆赫姆附近海域轰炸了两艘德舰。埋伏在斯卡峡湾入口处的英国"箭鱼"号潜艇用鱼雷使"吕佐"号受到重创。福布斯没有遇到德舰，继续率领直布罗陀舰队向北驶去。

12 日上午，福布斯派一艘战列舰和 9 艘驱逐舰进攻纳尔维克港，收拾德驱逐舰。当夜，惠特沃思海军中将登上了老式战列舰"厌战"号。

"厌战"号曾参加过日德兰海战，排水量 3 万吨，装有 8 门 381 毫米口径的主炮，8 门 152 毫米口径的副炮。由于佛斯特峡湾航道狭窄，暗礁较多，"厌战"号行动不便。

13 日上午，惠特沃思率"厌战"号和 9 艘驱逐舰冲进峡湾。

11 时，"厌战"号通过特兰诺灯塔。"厌战"号出动飞机，前往奥福特峡湾寻找德舰。在赫尔扬斯湾，飞机击沉一艘德潜艇，发现两艘德驱逐舰。

双方距离 7 海里时，一艘德舰连忙向湾内逃去。另一艘德舰躲在岩石背后。英驱逐舰发射鱼雷，同时"厌战"号用 381 毫米口径的主炮炮击。很快，德舰丧失了战斗力。

4 艘德舰接到警报，出湾报复。海战在纳尔维克以西 12 海里处展开了。英国驱逐舰冲锋在前，"厌战"号在后面掩护。德舰拼死反抗，但不是"厌战"号的对手，被迫逃跑。下午 1 时，一艘逃到赫尔扬斯湾的德驱逐舰刚要进湾，被鱼雷击沉。剩下的 3 艘逃到罗姆巴克斯湾。

英舰队开始攻打纳尔维克。纳尔维克港中只有 3 艘受创的德舰，"厌战"号一阵炮轰，击毁了一艘德舰。3 艘英国驱逐舰冲入纳尔维克，击沉了另外 2 艘。在德舰的反击下，一艘英驱逐舰受到重创，被迫撤退；另一艘英驱逐舰撤退时触礁搁浅。

罗姆巴克斯湾位于纳尔维克东北部，宽仅 500 米。水流湍急，岩石密布，两岸峭壁林立。"厌战"号舰体庞大，躲在湾外。英军出动飞机带路，

4艘英驱逐舰依次驶入。

刚过海湾窄口，在最前面的"爱斯基摩"号遭到伏击，被藏在岩石后面的德驱逐舰用鱼雷击中。"爱斯基摩"号舰首被炸毁，被迫返航。3艘英驱逐舰继续前进，和德舰对射。

由于2艘英驱逐舰的弹药不多了，另一艘前主炮停止了炮击。德驱逐舰同样也打光了炮弹和鱼雷。一艘德驱逐舰向岩石撞去，受到重创。3艘德舰自沉海湾。德舰水兵们弃舰登岸。英舰认真地搜索峡湾，向一艘搁浅的德舰发射鱼雷，然后离开了峡湾。

"厌战"号回到纳尔维克港外，惠特沃思想出动海军陆战队冲到岸上，从德军那里夺回纳尔维克。但2000名德军是山地作战师中的一个团，骁勇善战，火力很强，再加上英军陆战队兵力不足，只好放弃登陆作战。

"厌战"号完成了任务，率领舰队离开了纳尔维克湾。纳尔维克海战，英军获得了胜利，歼灭了德国的10艘驱逐舰。但是，德军实现了战略目标，控制了挪威海岸的军事重镇。

后来，英国海军陆战队几次登陆作战，都伤亡惨重，海上浮尸密布。丘吉尔被迫放弃了登陆作战，派海军封锁斯卡帕湾、格陵兰岛、冰岛和奥克尼群岛之间的海域，阻止德舰从挪威的峡湾中进入北大西洋。

德军实施"海狮"计划

这样一来，法国海军的作战能力基本丧失。

1940年6月10日，意大利向法国、英国宣战。墨索里尼笑着说："意大利只要付出几千条生命的代价，就能成为战争参与者坐在和谈的桌旁。"

6月20日，法国向德国递交投降书，英国失去了它在欧洲大陆最重要的盟国。

这样，德国控制了从挪威北部至西班牙的大西洋沿岸地区，对英国形成了新月形包围圈。

在英国，丘吉尔认为，作为海上的岛国，不论英国人有什么缺点，英国人对海上的事情是彻底了解的。多少世纪以来，英国人代代相传，对海洋非常熟悉，这一传统不仅鼓舞了水兵，而且鼓舞了整个民族。面对优势的英国大型舰队，德海军想把足够的陆军运过英吉利海峡，简直是异想天开。

在小舰队和轻型舰只方面，英国比德国多十倍，即使德军在某一地点或某些地点登陆成功，但德军对交通线的保持以及对占领据点的供应等问题还是无法解决。

开始的时候，英国海军无法防止类似1万人的几股德军趁黑夜或大雾弥漫的清晨突然越过英吉利海峡，在海岸的某些地点登陆。但英国已经从敦刻尔克成功撤出的33.8万英法联军，完全能够对付登陆的小股德军。如果偷渡的德军数量庞大，英海军能够立即发现并使德军葬身大海，或者德军在登陆的英国海岸连同装备一起被英国舰炮炸得粉碎。事实上，在大不列颠群岛的沿岸，英国的轻型护卫舰一直在不停地戒备巡逻，参加巡逻的舰只多达800艘，德国只有用空军才能对付它们，而且只能慢慢消灭。

英国还有强大的空军，拥有制空权。

如果德军在不同的地点登陆成功，则当地海滩上的英国陆军应在海空的援助下尽量使德军遭受重创，把德军限制在一个有限的地区，使德军因给养问题而崩溃，然后将其歼灭。

在德国，希特勒还没有想过登陆英国的问题，希特勒天真地认为，英吉利海峡只不过比大陆上的河流宽一些而已，法国一旦被击败，英国就会接受和谈。

于是希特勒从1940年6月中旬到7月中旬频频向英国人摇晃橄榄枝，

还通过瑞典和梵蒂冈教庭向伦敦做出和平试探。但希特勒听到的回答始终是一个坚决的"不"字。

对于希特勒的战争恐吓，丘吉尔没有进行封锁，反而用广播让英国人民知道，让他们对此有所准备。

这时，德军要从英吉利海峡进军英国，必须有强大的海军力量，而德国的海军力量却弱于英国。

法国投降之后，法国海军成为德国海上力量的一部分，这使得德国通过海路入侵英国成为可能。

让这支位居世界第四的法国海军力量与德国海军力量融为一体，对英国是极为不利的。

为了削弱德国的海上力量，丘吉尔做出了他自己认为是一生中"最违背天性"的决策——"弩炮"作战计划。

"弩炮"作战计划要求，尽可能地解除法国舰队的武装，夺取、控制法国海军的舰艇，或使之失去作用，在必要时将其击毁。

战争的形势是这样的，昨天还是亲朋好友，今日必须将其作为敌人，甚至将其歼灭。

残酷的战争开始了。

由法国海军让·苏尔将军统率的一支舰队，停泊在地中海西端奥兰附近海面上。这是一支具有强大实力的舰队。

这支舰队包括：法国最优秀的巡洋舰"敦刻尔克"号与"斯特拉斯堡"号，以及1艘航空母舰、2艘战列舰和一大批驱逐舰等。

7月2日，英国"H"舰队萨默维尔中将要求与让·苏尔面谈，遭到拒绝。

当日9时30分，萨默维尔中将向法军舰队司令递交了英国政府的函件：

"……我们必须真正做到：法国海军最精锐的舰只不致被敌人用来攻打我们。在这种情况下，英王陛下政府指示我要求现在在米尔斯克和奥兰的法国舰队根据下列办法之一行事：

（甲）和我们一起航行，继续为取得对德国和意大利战争的胜利而战。

（乙）裁减船员，在我们的监督之下开往英国港口。

（丙）随同我们一起开往印度尼西亚群岛的一个法国港口，例如马提尼克，在那里完全按照我们的要求解除舰只的武装。

……如果你们拒绝这些公平合理的建议，那么，我们谨以最深的歉意，要求你们在 6 小时以内把你们的舰只凿沉。最后，如果你们未能遵照上述办法行事，那么，我只好根据英王陛下政府的命令，使用一切必要的力量，阻止你们的舰只落入德国或意大利之手。"

在持续一整天的谈判毫无结果的情况下，英军只能诉诸武力。

17 时 24 分，英国海军 "H" 舰队向法国这支拥有岸上炮火掩护的舰队发起了攻击。从 "皇家方舟" 号航空母舰上起飞的飞机向海面上的法军舰只投掷炸弹。

一时间，平静的海面成为一片火海，大火和浓烟散发出令人窒息的

"皇家方舟" 号航空母舰

气味。

在强大的英国舰炮轰击 10 分钟后，法军战列舰"布列塔尼"号被炸毁，"敦刻尔克"号搁浅，"普罗旺斯"号冲上了沙滩，"斯特拉斯堡"号逃走……

同一天，在英国的朴次茅斯和普利茅斯港，英国海军同样采取了出其不意的行动，夺取了所有停泊在那里的法国舰只。

在亚历山大港，法国舰队司令戈德弗鲁瓦和英国舰队司令坎宁安经过谈判后，同意放出所有法舰上的燃油，卸掉大炮装置的主要部分，遣返部分船员。

直到 7 月 4 日，丘吉尔才在下院说明了政府被迫采取这个果断举措的原因：

法国方面曾保证舰队不落入德军之手、保证将俘获的约 400 名德国飞行员送往英国、保证不单独签署停战协定、保证将停战文本事先通知盟国等所有问题，没有一项承诺兑现。

7 月 8 日，英国航空母舰"赫尔米兹"号向停泊在达喀尔的法国战列舰"黎歇留"号发动了进攻。

"黎歇留"号被 1 枚空投鱼雷击中，受到了重创。而停泊在法属西印度群岛的法国航空母舰和 2 艘轻巡洋舰，经谈判根据与美国达成的协议解除武装。

这样一来，法国海军的作战能力基本丧失。

德国企图依靠法国海军增强自己海军实力的梦想也随之破灭了，德国海军和陆军也不得不中止了对英国的进攻。

7 月 16 日，希特勒下令制订"海狮"计划，准备在 9 月 15 日前登陆英国。一份发给德国军官的绝密命令宣布了希特勒的决定：

"鉴于英国不顾自己军事上的绝望处境，仍然毫无妥协的表示，我已决定对英国登陆作战，若有必要，即付诸实施。"

命令还说："这次作战行动的目的是消除英国本土这一对德作战的基地，并在必要时全部占领该国。"

希特勒在指令中用了几个关键字眼："若有必要。"这说明，此时希特勒仍在期待着英国人能认识到他们的困境并接受他的和平建议。

这次作战行动的代号是"海狮"。时间定在 8 月中旬，此前六星期先进行大规模空袭。

这项任务对海军力量远远弱于英国的德军来说，实在有些勉为其难。

果然，准备工作一开始，陆海军便叫苦连天：缺少运输船只，海上作战能力不如对手，英国海军防御力量强大……征服英国谈何容易！

风急浪高的英吉利海峡不是法国的阿登山区，没有制海权，坦克只能望海兴叹。

"海狮"计划的构想十分庞大：

用 39 个师的兵力在宽广的正面上以奇袭为基础实施登陆，第一批登陆兵力为 13 个师。

此外还要在海峡各港口内集中驳船 1722 艘、拖船 471 艘、摩托艇 1161 艘，一切的准备均应在 8 月中旬完成。

希特勒对于这个"海狮"计划的准备时间只预定为一个月，可以想见其荒谬。

德军分 3 批到达，首先抢占滩头阵地，然后向内陆推进，首要目标是切断伦敦与英国其他地区的联系。

当德军占领英国首都后，由德国党卫军逮捕英国的首脑人物，从丘吉尔到作家赫胥黎以及演员科沃德，再将所有 17 ~ 45 岁的健全的英国男子拘禁起来，运往欧洲大陆。

"海狮"计划说起来容易，做起来难。如果单靠德国陆军的力量，他们完全可以在一周内击溃英国软弱无力的陆军，但是，他们必须渡过由占优势的英国海军日夜守卫的英吉利海峡，而且德国陆海军在两栖作战方

面，既无经验，也没受过训练。

除海军总司令雷德尔对此计划持怀疑态度外，德国陆军都深信"海狮"计划能够成功。

陆军总司令布劳希奇和陆军参谋长哈尔德都向希特勒保证，他们将全力以赴执行这个计划，而且一定能取得胜利。

然而，两人却提出一个非常关键的要求，即：在海路的战斗打响之前，德国空军必须削弱英国空军的战斗力，完全摧毁英国的空中防御力量。

希特勒决定等到德国空军对英国实施集中攻击后再确定，登陆战是应该在1940年9月发动，还是延期到1941年5月间发动。

在不列颠空战的第一阶段，英德空军双方飞行员的作战技术和勇气不相上下。

随着时间的推移，英空军渐渐占了上风，取得了对德空军的优势。

德国空军的战略目标是赶走英吉利海峡的英国海军，诱歼英国空军，为登陆创造条件。

然而，英国空军每次瞅准机会，仅以少量飞机出击。经过一个月的空战，德国损失了286架飞机。

德国共有飞机2669架，其中轰炸机1015架、俯冲轰鸣机346架、单引擎战斗机933架、双引擎战斗机375架。

英国共有飞机1350架，其中战斗机704架、轰炸机646架。

但德国空军仍处于不利地位：一架飞机被击落，飞行员就损失了；无法获得高射炮火的支援；最重要的是，英国空军能够获得雷达的合作，而德国空军则完全缺乏这种帮助。

另外，英国还仿制了德国最高统帅部的密码机。在二战期间，英国破译了德国差不多所有的重要电报，即"超级机密"。

8月13日，戈林出动1500架飞机，对英国7个空军基地和港口等进行攻击。英国空军出动700架飞机升空拦截。

此次空战，英国空军只有 13 架战斗机被击落，3 个遭到严重破坏的机场也不是主要空军基地。而德军损失了 45 架飞机。

在 8 月 24 日至 9 月 6 日的空战中，英国共有 103 名飞行员死亡，128 名飞行员受重伤，460 架飞机被击毁或者受到重创。总数 1000 人的飞行员，损失了将近 25%。

9 月 8 日至 15 日的 7 天中，德军对伦敦进行昼夜 2 小时的连续空袭，使整个伦敦满目疮痍。德军在战略目标上的改变，减轻了对英国机场和飞机制造厂的压力，使英国空军得到了喘息的机会。

此后，伦敦每天都有上千人死亡，其他一些工业城市也遭到空袭。

9 月 15 日，英国空军击落德机 185 架。希特勒发现英国空军不仅没有被消灭，而且越来越强大了，那道狭窄的英吉利海峡变得越来越宽了。

空战中的英国飞行员

从战略角度考虑，希特勒曾对部下说："对英国作战只会把德国和英国都变成焦土。即使最后占领了英国，也会使德国付出巨大的代价，近10年内德国都无力发动大规模的战争，无法瓜分英国在全世界摇摇欲坠的殖民地，那样德国人的鲜血只能为美国人和日本人换来渔翁之利。"

希特勒对进攻英国问题从来就不是很坚决。

8月10日，他把"海狮"计划原定于8月底的进攻日期推迟到9月下旬。

但是到了9月4日，希特勒在一次讲话中说："如果英国人迷惑不解，甚至还问'他为什么还不来呢？'，我可以使你们安下心来。他就要来了。"

希特勒在同一讲话中还警告说："假如他们（英国人）宣称打算对我们城市发动猛烈的袭击，那么，我们的回答是：我们将从地图上抹去他们的城市。"

9月17日，希特勒再次推迟"海狮"计划的进攻日期。但是此时德国的空军已被打得焦头烂额、伤亡惨重，德军空军即使有可能再恢复元气，也是很困难的。空军两个军团的司令极其坚决地请求戈林放弃这些代价高昂的白天空袭，改为夜间轰炸。这意味着要学习新战术。最后德国空军逐步掌握了这些战术。

10月12日，希特勒决定撤消年内进攻的计划，但是他坚持说，这仅仅是把"海狮"作战计划推迟到1941年春季而已。

经过激烈的空战，戈林一直无法获得制空权。希特勒对这样无止境的消耗战已经厌烦，下令停止。入侵英国的"海狮"计划也因此无限期推迟。

1941年4月，由于德国战略计划的剧变，德国空军对英国的攻势，已经变成了为德军在东线入侵苏联做掩护。

1941年5月10日晚，德国空军主力在撤向东线以前，对伦敦做了最后一次轰炸，发泄败在英国空军手下的奇耻大辱。

从 1940 年 7 月 16 日开始实施"海狮"计划起，德国共出动上万架次飞机，对英国本土进行了长达 10 个月的狂轰乱炸。由于受到英国方面的有力抵抗和反击，以空袭启动的"海狮"计划变成了戈林一手操纵的"鹰击"计划，"海狮"始终没有出动。

"莱茵演习"计划

"俾斯麦"号的沉没再一次警告德国海军：在拥有世界上最强大的水面舰艇的英国海军面前，德国的水面舰艇注定要灭亡。

1941 年 4 月，雷德尔制定了"莱茵演习"的"巡洋战"计划，并决定出动两支舰队，破坏盟军的北大西洋运输线。由吕特晏斯海军上将担任舰队司令，指挥德国超级战列舰"俾斯麦"号、"沙恩霍斯特"号、"格奈森诺"号战列巡洋舰和"欧根亲王"号重巡洋舰。

"沙恩霍斯特"号和"格奈森诺"号组成南方舰队；"俾斯麦"号和"欧根亲王"号组成北方舰队，两支舰队将对盟军海上运输线发动钳形攻势。如此周密的作战计划，想必大西洋上的运输船又遭厄运。

幸好，"沙恩霍斯特"号和"格奈森诺"号还没有启航，在英飞机的猛烈空袭下，"格奈森诺"号需要大修，"沙恩霍斯特"号的主机出现故障。"欧根亲王"号被鱼雷击中，虽没有大伤，但如此出师不利，大大挫伤了德军的锐气。

1941 年 5 月，在一次德三军秘密会议上讨论战局。陆军总司令冯·布劳希奇将军手握指示棒，在地图上指点着，向希特勒、雷德尔、戈林炫耀德国陆军的战果。

希特勒露出了笑意。戈林哭丧着脸，一改趾高气扬的神情，在大不列

颠空战中德国空军的败局已定。雷德尔的海军情况最糟，随时等待希特勒的训斥。

"雷德尔元帅，你都干了些什么？"希特勒大声地吼道，"德军占领挪威后，仍然没有你的战绩，损失了3位王牌艇长不说，克里奇默尔居然当了俘虏，我们的脸面何在……"

直到希特勒口干舌燥，雷德尔才小心地说："我准备发动一次决定性的行动，代号为'莱茵演习'，派'俾斯麦'号和'欧根亲王'号到北大西洋，袭击盟国的船队。记得年初，'沙恩霍斯特'号和'格奈森诺'号一下子就干掉11万多吨商船。英国海军没有逮住它们。我想，'俾斯麦'号比两舰战斗力高，让它们出战，更能痛击英国人。"

希特勒露出微笑，雷德尔说："我敢说'俾斯麦'号打遍大西洋无敌手，它是战列舰之王。"

"俾斯麦"号体现了"巨舰大炮"主义，雷德尔想用它在大西洋上切断英国的海上交通线。

德国海军"俾斯麦"号战列巡洋舰

"俾斯麦"号是以俾斯麦来命名的。俾斯麦于 1862 — 1871 年担任普鲁士王国首相，1871 — 1890 年担任德意志帝国宰相，推行"铁血政策"。

俾斯麦发动了侵略丹麦的战争、普奥战争和普法战争，通过战争手段统一了四分五裂的德国。

1871 年，德国帮助法国镇压了巴黎公社工人运动。在俾斯麦的领导下，德国从软弱无能的"邦联"变成强大的帝国。

"俾斯麦"号下水典礼那天，希特勒带着军政要员赶到造船厂，把俾斯麦的孙女请来。希特勒心情十分激动，"俾斯麦"号超过英国的任何一艘战列舰，希特勒要以"俾斯麦"号来壮国威。

吕特晏斯海战经验丰富，他认真研究了北大西洋的形势以后，赶到柏林，对雷德尔说："虽然在地中海战场上，英海军与意大利海军打得难解难分，但英海军在斯卡帕湾仍有大批军舰。我们只用 2 艘军舰太冒险了，如果英海军集中大西洋上的军舰，'俾斯麦'号将遭到围攻，而且英国还有航空母舰、巡洋舰和驱逐舰。哪怕英军只有二三艘战列舰，'欧根亲王'号也不是'俾斯麦'号的好帮手。"

雷德尔反问道："那你有什么好办法？"

"我想推迟'莱茵演习'……"

雷德尔不耐烦地说："我们不能坐以待毙，英海军无法在地中海上抽身，只有不惜一切代价切断英国人的补给线，才是唯一的出路。你马上做好战斗准备！"

5 月 18 日，"俾斯麦"号和"欧根亲王"号驶出卡特加特海峡，朝冰岛北部驶去。

"俾斯麦"号是德国最大的战列舰，于 1935 年动工，1940 年下水服役。"俾斯麦"号长 224 米，宽 36 米，两舷中甲板下装甲厚度 330 毫米，主甲板装甲厚度分别为 101.6 毫米和 50.8 毫米。

"俾斯麦"号的最高航速为 29 节，排水量为 4.2 万吨，安装了 8 门

381 毫米口径的主炮，12 门 150 毫米口径的副炮和 40 门防空机关炮，搭载 4 架水上飞机和 6 个 533 毫米口径的鱼雷管，火力强大。

这艘以 19 世纪德国"铁血宰相"俾斯麦命名的战列舰，在战斗力上远远超过英国战列舰。

1941 年 5 月 21 日，海面上一片浓雾，夹杂着疾风暴雨。

清晨，"俾斯麦"号与"欧根亲王"号结伴冲过流冰群，驶向科尔斯峡湾。

"俾斯麦"号的行踪引起了英国情报人员的注意，一份紧急情报直接发往英海军司令部。

英直布罗陀舰队司令约翰·托维海军上将马上把从直布罗陀到斯卡帕弗洛内所有的战列舰、航空母舰和大型水面舰艇都派往北海，准备制服"魔鬼俾斯麦"。托维登上旗舰"英王乔治五世"号，指挥海战。

英舰队堵住了北海，吕特晏斯进入大西洋只能走丹麦海峡了。

乌黑的浓云使丹麦海峡的能见度极低，吕特晏斯以为利用坏天气进入长达 80 公里的丹麦海峡英舰不会发现。

英"萨姆福克"号重巡洋舰和"诺福克"号重巡洋舰的远程雷达显示了德舰队的准确方位。距离丹麦海峡最近的"胡德"号战列舰接到"诺福克"号的电报，立即与"威尔士亲王"号战列舰赶到丹麦海峡，等待"魔鬼俾斯麦"自投罗网。

丹麦海峡最窄处只有 180 海里，格陵兰岛一侧流冰拥塞，冰岛一侧布有水雷场。吕特晏斯不敢怠慢，命令"俾斯麦"号舰长林德曼和"欧根亲王"号舰长布林克曼准备战斗。

"俾斯麦"号的巨炮转动，1600 磅穿甲弹被塞进炮膛。在战列舰的顶部，测距兵紧张地观望着。

英舰"威尔士亲王"号排水量为 3.8 万吨，航速为 30 节，安装了 10 门 356 毫米口径的主炮。英"胡德"号与"俾斯麦"号的性能几乎相同，

"英王乔治五世"号战列舰

只是主装甲板较薄。

"胡德"号的穿甲弹首先撕破了夜空，在"俾斯麦"号周围炸响，无数水柱围住了"俾斯麦"号。"俾斯麦"号马上还击。

双方在对射时向对方靠近。一颗重磅穿甲弹自"俾斯麦"号尾炮中喷出，在"胡德"号的甲板上爆炸，"胡德"号变成了火海。

几分钟后，"俾斯麦"号又一次齐射，再次撕开"胡德"号的装甲，穿透6层甲板，顺着没有防护的通道，在炮塔底下的弹药舱中爆炸。

300吨弹药被引爆，"胡德"号被炸成两截，这艘立下过赫赫战功的战列巡洋舰很快就消失了。舰上1400多名官兵中，只有3人幸存。

这时，德舰自然不肯放过"威尔士亲王"号。几分钟后，在"俾斯麦"号和"欧根亲王"号的夹攻下，"威尔士亲王"号的舰桥被炸毁，火控指挥室也被炸毁。指挥塔上，英官兵的尸体堆在一起，鲜血流到甲板

上。"威尔士亲王"号边放烟幕边撤退。

英舰离开，吕特晏斯向雷德尔发报："英'胡德'号被击沉，'威尔士亲王'号受重伤后逃跑。另有两艘英巡洋舰跟踪。"

"俾斯麦"号且战且退，向西南而逃。吕特晏斯命人检查"俾斯麦"号的伤情。在混战中，"俾斯麦"号的2号锅炉舱被击中，2号燃油舱被炸坏，大量燃油泻入海面，军舰就像拖着黑色的大尾巴。

"俾斯麦"号占了大便宜，吕特晏斯心里又喜又惊，喜的是"俾斯麦"号不愧是战列舰之王，经得起打，而且火炮精良，几次齐射就把"胡德"号击沉了。

吕特晏斯料到英海军不会善罢甘休，一定会围捕"俾斯麦"号。德国海军没有航空母舰，"俾斯麦"号无法对付来自空中的攻击，眼下唯一的办法，就是躲避一阵再说。

躲到哪去呢？吕特晏斯想到两点：第一是逃到德国潜艇封锁线的背面去，由潜艇抵挡英舰队；第二是逃到德国岸基飞机的作战半径能到达的海域。

英国最大的战列巡洋舰"胡德"号

吕特晏斯决定向圣纳泽尔方向航行。

7 时 30 分，"俾斯麦"号遇到海上风暴，海上卷起巨浪，战列舰在巨浪中时起时伏。经过几个小时的折腾后，机电部门报告：到圣纳泽尔的油料不够，被打坏的 2 号燃油库的大洞，无法堵住。

吕特晏斯感到情况糟了，看了一会海图，决定驶向布勒斯特港，去那里要比到圣纳泽尔港近 120 海里。

英国海军发现了"俾斯麦"号的长长油迹。装有远程雷达的英舰"诺福克"号在德舰射程以外跟踪，不断向托维海军上将报告"俾斯麦"号的方位。

丘吉尔得知"胡德"号被击沉，他认为这是英国的耻辱。丘吉尔认为，只要一天不消灭"俾斯麦"号，英国就会一天不得安宁。

"俾斯麦"号已经成为德海军的象征，只有干掉"俾斯麦"号，才能灭一灭德国的霸气，保卫英国的海上交通线。

丘吉尔痛下决心，决定不惜一切代价，坚决干掉"俾斯麦"号。

丘吉尔批准的围歼"俾斯麦"号的军事计划，通过电波传到大西洋的托维海军上将那里。

英国在大西洋海域部署了 42 艘战舰，一张围歼"俾斯麦"号的巨网已经拉开。这张巨网的主力是 2 艘航空母舰、5 艘战列舰和 3 艘战列巡洋舰。

丘吉尔含着雪茄，日夜守在指挥部，每小时都要海军作战指挥部向他汇报情况。

5 月 25 日 22 时，在"胜利"号航空母舰的甲板上，英鱼雷轰炸机相继起飞。9 架鱼雷轰炸机抗拒着恶劣的天气，向"俾斯麦"号扑去。

由于视线不好和天气太糟，投射的 9 颗鱼雷，只有 1 颗击中，没有炸到"俾斯麦"号的要害。

这次袭击惊醒了吕特晏斯，认为英舰队来者不善。突然，他想起击沉"胡德"号后，"俾斯麦"号就收到了"诺福克"号和"萨福克"号的雷

达回波。由于"诺福克"和"萨福克"号害怕遭到德国潜艇伏击，走的是"Z"字航线。当它们处在"Z"字的两端时，"俾斯麦"号上的雷达回波就不见了，为什么不能利用这种方法摆脱英舰的追踪呢？

吕特晏斯利用夜色的掩护和英巡洋舰的雷达盲区，摆脱了英舰队的围捕。

托维上将得知德舰从雷达上消失后，错误地认为德舰向西南方向逃去，下令英舰向西南方向追击。

"俾斯麦"号与英舰队方向相反，准备先躲进挪威卑尔根港。

5月26日10时30分，在托维上将苦于找不到"魔鬼俾斯麦"时，一架英国水上飞机报告：在比斯开湾内发现"俾斯麦"号正向法国海岸逃窜。

不多时，这架水上飞机被"俾斯麦"号的防空炮火击落，跟踪中断。托维从海图上找到了"俾斯麦"号的位置，英国直布罗陀舰队距离德舰130海里，无法追上，其他舰队都追不上，只有萨墨维尔的H舰队能够拦住"俾斯麦"号。

时间已经不多了，"俾斯麦"号再前进600公里，就到达德机群保护区。丘吉尔下了死命令，必须截断"俾斯麦"号的逃路，不惜一切代价击沉它。

H舰队的主力是航空母舰"皇家方舟"号、战列巡洋舰"声威"号和巡洋舰"谢菲尔德"号。接到托维的命令后，萨墨维尔知道，在这次海战中，H舰队已经从辅攻升为主攻，一旦拦截失败，为"胡德"号复仇的机会将会丢失。

H舰队向北疾驶，接近了"俾斯麦"号。"皇家方舟"号出动15架"箭鱼式"鱼雷轰炸机飞向"俾斯麦"号。

英飞行员英勇地冒着猛烈的防空炮火，抛下一颗颗鱼雷。"俾斯麦"号难以躲避，接连中弹，遭受重创，大量进水，左螺旋桨被炸毁，碎片卡死了舵机，操纵失灵。

吕特晏斯向希特勒报告说："我舰难以操纵，被包围……我们将与战舰共存亡！"

绝望的情绪在"俾斯麦"号官兵中蔓延，由于连续 4 天 4 夜的恶战和航行，水兵们精疲力尽了。

5 月 27 日凌晨，"俾斯麦"号被几十艘英舰团团包围。

托维亲自指挥战列舰"乔治五世"号、"罗德尼"号和两艘巡洋舰绕到"俾斯麦"号的前边。

上午 8 时 47 分，英战列舰"罗德尼"号第一个发炮，几分钟后，"乔治五世"号也发炮了，密集的炮弹泻落在"俾斯麦"号的甲板上、炮台上。

"俾斯麦"号拼命地开炮还击。半小时后，舵机完全失控，战舰的航向忽左忽右，炮手们难以瞄准。

"罗德尼"号在距离 4000 米时，不断发炮。重磅穿甲弹似暴雨般射出，"俾斯麦"号上的舰员们在烈焰和浓烟中胡乱奔逃。炮塔、桅杆和烟囱都被摧毁，"俾斯麦"号变成了废铁。

英舰发射的炮弹如雨点般落在"俾斯麦"号四周

英机和战舰发誓一定要炸沉"魔鬼俾斯麦"。不断爆炸的鱼雷和炮弹，为"俾斯麦"号奏响了出殡的礼炮。

10 时 36 分，德国最大的战列舰"俾斯麦"号沉没。包括吕特晏斯在内的 2200 名德舰员丧生，只有 113 名舰员获救。就这样，王牌战舰"出师未捷身先死"。

6 月 1 日深夜，"欧根亲王"号重巡洋舰在海上躲藏了几天后，忐忑不安地驶入布勒斯特港。

"莱茵演习"最后以德海军的惨败而结束。

"俾斯麦"号的沉没再一次警告德国海军：在拥有世界上最强大的水面舰艇的英国海军面前，德国的水面舰艇注定要灭亡。

希特勒和雷德尔终于认识到"巡洋战"设想的重大缺陷。他们不得不为这一缺陷付出巨大的代价。

5 月 28 日，丘吉尔就歼灭"俾斯麦"号战列舰一事给罗斯福发了一封电报："它是一艘强大的战舰，这艘敌舰使我们的紧张状况加剧。击沉了它以后，我们的很多战列舰和航空母舰可以去干其他的事情。这对日本海军也将产生重大的影响，而这种影响是非常有利于我们的。"

第三章

意英陈兵马耳他

北非战火燎原地中海

英国人认为，马耳他海军基地是英国能否在地中海地区战胜意大利的关键。

地中海中部有一个小岛叫马耳他，面积仅246平方公里，位于意大利与北非的突尼斯之间。19世纪初叶，马耳他岛被英国人夺取。1939年，马耳他岛成为英国的直属殖民地。

马耳他地处地中海东西海空交通线和意大利至突尼斯的南北交通线的交叉点上，距离意大利的西西里岛只有80公里。

马耳他的英军轰炸机的作战半径可以到达意大利中部的佛罗伦萨，西可以到达阿尔及利亚的布日伊，南可以到达利比亚，东可以到达希腊的雅典、克里特岛和托布鲁克。

马耳他的英军不仅可以保护从英国至埃及的运输线，而且还可以攻击德意从意大利至北非的运输线。

1940年夏，墨索里尼决定南进地中海时，首先想攻下马耳他。马耳他岛避风条件良好，古代时是渔民、商人的避难所，"马耳他"就是避难所的意思。战争爆发后，马耳他却变成了"灾难所"。

马耳他是大英帝国在地中海上不沉的"航空母舰"，像火车中转站一样为穿梭于直布罗陀与埃及亚历山大之间的英国舰队和商船提供补给。马耳他岛的英国皇家空军还能飞往北非支援英国地面部队作战。马耳他扼守自大洋洲、印度途经苏伊士运河至英国的海上运输线。同时，英国在北非中东地区的基地也有了保障。

1940年初，有明显的迹象表明，意大利将向英、法宣战。意大利陆军的登陆作战能力很差，意大利海军又不是英海军的对手，墨索里尼只好在空中做文章，以猛烈的轰炸对付岛上的英军。

6月10日，意大利向英、法宣战。6月11日，意大利出动几十架轰炸机，向马耳他发动了第一次空袭。

英军在马耳他岛上的空军基地主要有3个，即哈尔法尔、卢卡和塔卡利机场，海军基地主要是瓦莱塔港。

当时，英军在马耳他岛只有一支航空部队，有18架飞机，包括12架战斗机、5架鱼雷轰炸机和1架侦察机。高炮只有50门，军舰上有10门高炮。英军与来袭的意大利飞机展开了激烈的空战。6月22日，英军击落一架意大利侦察机。

7月后，不列颠空战打响，但英国仍出动飞机和护航运输队增援马耳他岛。

当时，驻埃及亚历山大港海军基地的英国舰队的实力并不强大。另外，英国海军在控制地中海西口的直布罗陀海军基地驻有战列舰、航空母舰和巡洋舰各1艘，还有9艘驱逐舰。

英国在地中海地区的海军部队在数量上明显比意大利海军少，尤其是作战舰艇和护航舰艇数量更少。

从舰艇的质量上看，双方主力舰的舰龄差不多，都是第一次世界大战以前或者战初建造的。

英国地中海舰队的旗舰"厌战"号与意大利的2艘战列舰都经过了现代化改装。

意大利即将服役的"利托里奥"级战列舰是新舰，意大利另2艘战列舰的改装工程接近了尾声。意大利的4艘战列舰上装备了12.5英寸口径火炮，射程比英国战列舰上的15英寸口径火炮的射程远，这使意大利舰队占有优势，使它便于选择交战时间和地点，拥有撤出战斗的主动权，就是说当撤出战斗时，能够进行有效的防御。

战争爆发时，意大利海军的补给条件比较好，在锡拉丘兹、巴勒莫、布林的西、塔兰托、那不勒斯、墨西拿、奥古斯塔等地都建立了海军基地。凭借如此多的基地，意大利海军能够夺取地中海的制海权，保护行驶于意大利与北非之间的海上运输船队。

另外，意大利海军在北非地区拥有的黎波里港口基地和托布鲁克港口基地。在地中海上作战，意大利海军能够得到陆基飞机的有力支援。

相反，在地中海，英国海军可以停泊的基地只有亚历山大港和直布罗陀港，两港相距十分遥远。

因此，英国人认为，马耳他海军基地是英国能否在地中海地区战胜意大利的关键。由于大部分舰艇已经撤离马耳他，马耳他仅剩一个潜艇分队。

基地的防御能力很弱，难以支援水面舰艇部队。原计划向马耳他岛增运的防空武器，运到的仅有重高射炮 34 门、轻型高射炮 8 门和探照灯 24 座。最重要的是，计划增派的战斗机中队还没有到来。

至关重要的是，与马耳他海军基地距离最近的英国海军港口约为

很早人们就意识到墨西拿的重要军事地位，在此建立军事基地。图为 18 世纪的墨西拿

1000 英里。意大利西西里岛距离马耳他约为 60 英里。马耳他的防御情况
非常糟糕，让人担心。

地中海的交锋

第一次锡尔特湾海战，英国把这次海战叫作"卡拉布里亚之
战"，是战争史上意海军与英海军的第一次交战。

许多英国人认为马耳他是没有什么希望了。可是有一个人的看法却完
全相反，他就是英国皇家海军地中海舰队的司令官坎宁安海军上将。

坎宁安认为，在海战开始时，意大利海军的主力只不过是两艘现代化
的旧式战列舰和 19 艘巡洋舰。而英、法海军在地中海共拥有 11 艘战列舰、
3 艘航空母舰和 23 艘巡洋舰。而且，英、法两国在地中海地区以外拥有
其他舰队，一旦损失就能立即获得补充，因此双方之间兵力的悬殊就决定
了海战的胜负。总体上，意大利的军舰总计为 69 万吨，而英法海军则是
意大利的 4 倍以上。

1940 年 6 月 11 日凌晨 5 时，10 架意大利飞机轰炸了马耳他岛上的修
船厂和飞机场。接着，意大利飞机接连发动袭击，轰炸的规模大小不等，
仅 6 月份就轰炸了 36 次。

马耳他岛上的修船厂遭到了破坏，浮船坞被意机炸沉。由于意军飞机
的不断空袭，坎宁安被迫从马耳他撤走潜艇部队。这时，英国陆续调来了
几架战斗机，6 月底，英军守岛部队已经拥有 4 架"旋风"式战斗机了。

另外，舰队航空兵第 767 中队也到达了该岛。

英国能否实现在地中海地区的战略目标，马耳他岛将发挥关键作用。
坎宁安对此深信不疑。使他感到不放心的是马耳他的防御能力十分薄弱，

无法作为发动进攻的军事基地。

为了破坏意大利至北非的海上运输线，大部分作战部队将从马耳他派出。7月1日，坎宁安向英国海军部请示，请求向马耳他增派更多的战斗机和侦察机。在当时的情况下，坎宁安的轻型舰艇部队不敢在马耳他基地加油，更别说在马耳他停泊了。情况虽然很糟，但后来发生的一次海上交战，使英国皇家海军士气大振。

英国早就准备派遣两支护航运输船队，把埃及亚历山大海军基地急需的援军和军用物资从马耳他转送过去，并撤走岛上多余的文职人员。预计执行运输任务的护航船队将遭受意大利军队的打击。英国决定发动一次海上战斗，以使护航运输船队安全通行。

7月7日，坎宁安指挥一支舰艇编队从亚历山大港口出征。这支舰艇编队由3艘战列舰、1艘航空母舰、5艘巡洋舰和16艘驱逐舰组成。

意海军只有"加富尔"号和"凯撒"号两艘战列舰。坎宁安认为应该趁意大利的其他战列舰还没有建完以前，先干掉"加富尔"号和"凯撒"号。而意海军总司令部则希望意空军能在海战前先把从亚历山大港出发的英舰队的战列舰干掉，求得双方兵力的平衡。

意海军总司令部出动潜艇和飞机去拦截直布罗陀港的英舰队，意舰队护送运输船队于7月8日晚到达北非的班加西港。意舰队指挥官康姆皮翁尼海军上将向海军总司令部报告说，他正向东航行准备与从亚历山大港出发的英舰队交战。

意海军总司令部拒绝了，因为坎宁安拥有3艘优势战列舰，达3.1万吨，各有8门380毫米口径的舰炮。而意战列舰"加富尔"号和"凯撒"号仅2.3万吨，各有10门320毫米口径的舰炮。

意海军总司令部决定把兵力集中在地中海中部，既能保存舰队的实力，又能保卫爱奥尼亚海海岸，趁亚历山大的英舰队还没有与从直布罗陀港出发的英舰队会师以前，与之交战。

7月9日整个上午，英侦察机不停地跟踪意舰队。意大利侦察机连意舰队的影子都没有找到。13时30分，意舰队突然遭到英鱼雷机群的攻击。

意舰队成功地躲过了鱼雷。英鱼雷机除了从航空母舰上起飞外，不可能来自其他地方，英舰队肯定就在附近海域。

13时40分，康姆皮翁尼向空军请求轰炸机支援，希望能用轰炸机炸乱英舰的队形。可是，空军轰炸机却在战斗结束时才到达战场。意空军轰炸机群不仅没有轰炸英舰队，而且轰炸了撤向墨西拿的意舰队，幸亏没有造成误伤。

康姆皮翁尼出动一架小型侦察机。很快，意侦察机在80海里外找到了英舰队。

15时左右，意舰队右侧的巡洋舰在2.5万米以外看见英舰后马上开火。英"海王星"号巡洋舰受到轻微损伤。双方庞大的战列舰正在互相靠近，15时53分双方在2.6万米射程上开火了。

"鹰"号航空母舰上的鱼雷机发动了攻击，又没有命中意舰。

16时过后，英战列舰"瓦斯派特"号发射的一颗巨大炮弹击中了意

意大利"加富尔"号战列舰

战列舰"凯撒"号,"凯撒"号引起大火,锅炉熄灭了。意巡洋舰"博尔扎诺"号被3颗中型炮弹命中,只受到轻微损伤。英战列舰"瓦斯派特"号在舰尾齐射时,误将一架英侦察机击毁。

在意巡洋舰施放烟幕保护"凯撒"号撤退的同时,"加富尔"号也撤出了战斗,因为"加富尔"号无力与英3艘战列舰交战。由于烟幕笼罩,遮住了英舰队的视线,英舰队不敢冲进烟幕,担心受到意潜艇和驱逐舰的伏击。

16时45分,英舰队撤出战场。这就是第一次锡尔特湾海战,英国把这次海战叫作"卡拉布里亚之战",是战争史上意海军与英海军的第一次交战。

英舰队向马耳他东南海面行驶。最后,"君主"号战列舰和几艘驱逐舰驶入马耳他港加油,2支护航船队起航离开了马耳他港,安全地到达埃及亚历山大港。

意大利空军在此次海战的前一天晚上曾经轰炸从直布罗陀港出发的英巡洋舰"格利塞斯特"号。当英舰队到达巴利阿里群岛南面时,又有少数英舰被意大利空军炸中。

这次轰炸只给英舰队造成了轻伤,墨索里尼却说这次空袭"歼灭了英国在地中海舰队的一半兵力"。

英国首相丘吉尔对马耳他岛的存亡十分忧虑:马耳他岛是英国在中东地区的希望所在,英国的战略资源几乎都来自中东地区。可以说,一旦中东地区落入德意联军手中,英国就无法对付德国和意大利了。英国被迫用一切手段强化马耳他岛。

马耳他岛的日益强化使意大利在地中海地区和西西里海峡的海上交通受到严重的威胁,英国部署的飞机、舰队、潜艇的兵力能在很短距离内给予其攻击。马耳他岛的英国飞机能够空袭整个意大利南部。马耳他岛使英国直布罗陀港至埃及亚历山大港之间的英军海空军的活动有了宝贵的基地。

马耳他岛并不是孤独的海岛，而是英国地中海战略图中最重要的部分。马耳他岛处于地中海的中央，整个地中海战场都受到马耳他的控制，意海军的所有运动都能由岛上的侦察机加以监视。

从 1940 年秋季开始，意海军要求政府作出决策以便尽快采取措施占领马耳他岛。

8 月 2 日，英国的第一批 12 架"飓风"式战斗机搭载"百眼巨人"号航母在马耳他岛上降落，组成第 261 战斗机中队。

11 月，英军发现意空军的力量减弱了，就把更多的飞机调入马耳他，加强了轰炸力量，准备发动反攻。英军又增援了"布雷汉姆"轰炸机 16 架，准备与意空军交战。

11 月 11 日，"光辉"号航母出动 21 架"旗鱼"式鱼雷轰炸机，进入意大利南部军港塔兰托，击沉 5 艘战列舰中的 3 艘，击伤大批舰船。

落后的意大利空军无力与英军为敌，墨索里尼只好向德国空军求助，

英军"飓风"式战斗机

尽管他不想让德国插手地中海事务。1940 年末，希特勒派遣由 400 架飞机组成的德国第 10 航空兵团转向西西里岛。

马耳他岛上的警报每天都响，驻岛英军很快就发现，"德国人每次只出动 3 ~ 5 架轰炸机，在许多战斗机的护航下入侵，一天最多空袭 8 次。德军只轰炸机场和码头之类的军事目标"。凯塞林认为这种持续不断的轰炸战术能够不给英军以喘息的机会。但对英军来讲，他们可以集中防空力量来对付入侵之敌。

德军的空袭进行得非常艰难，德机刚一到达马耳他上空，就遭到上千发炮弹的威胁，德机被迫靠急转弯来躲避。

意英争夺塔兰托

对于意大利海军来说，塔兰托之夜是难忘的。坎皮奥尼将军得知后，发现这不是一次偷袭，而是想使意大利舰队瘫痪的重拳出击。

英国地中海舰队在二战爆发时拥有 3 艘战列舰、1 艘航空母舰、6 艘巡洋舰、1 艘防空巡洋舰、26 艘驱逐舰、4 艘护卫舰、10 艘潜艇和 4 艘扫雷舰。

意大利向英法宣战后，英国海军部把"鹰"号航空母舰调给地中海舰队。地中海舰队由海军上将安德鲁·坎宁安率领。

当时，地中海舰队无法从马耳他得到任何空中支援，因为战前的张伯伦首相一直不重视马耳他。

1940 年 6 月，意大利舰队拥有 2 艘现代化战列舰、19 艘巡洋舰、61 艘舰队驱逐舰、69 艘驱逐舰和鱼雷艇、105 艘潜艇以及许多艘扫雷舰、巡逻艇和鱼雷快艇。另外，还有 2 艘老式战列舰"卡伊奥·杜里奥"号和"安德列亚·道里亚"号正在进行现代化改装，2 艘新战列舰即将建成。

9 月，英军对塔兰托港进行了充分的、持续不断的侦察。一周后，"光辉"号航空母舰加入英地中海舰队。

10 月 27 日对塔兰托港的侦察表明，意大利的主力舰队正停泊在塔兰托海军基地。

11 月 6 日 13 时，坎宁安将军乘坐战列舰"沃斯派特"号，率领战列舰"刚勇"号、"马来亚"号和"雷米利斯"号，航空母舰"光辉"号（"鹰"号出现了事故），巡洋舰"格洛斯特"号和"约克"号，以及一支驱逐舰队，自埃及亚历山大港启航向西驶去。8 日中午，地中海舰队到达位于克里特岛与马耳他岛之间的中部海域。地中海舰队按照惯例前来接应 MW3 护航运输队，英国直布罗陀舰队已经完成护送任务返航了。

英地中海舰队准备随时攻击可能出现的意大利军舰。2 时 30 分，MW3 运输队被意大利侦察机发现，"光辉"号上的战斗机赶走了意大利侦察机。

11 月 9 日 15 时左右，意大利海军认为地中海舰队和 MW3 运输队正在驶向亚历山大港。而坎宁安却想出其不意地攻击塔兰托海军基地。

10 日 10 时，直布罗陀舰队的战列舰"巴汉姆"号和 2 艘巡洋舰赶来增援地中海舰队。

中午，在距马耳他岛以西 64 公里处，意大利侦察机被英机击落。13 时 30 分，10 架意机分成两个编队攻击英地中海舰队，没有击中。

意机遭到"光辉"号上的战斗机的拦截，1 架受轻伤。11 日中午，地中海舰队返回马耳他与克里特岛之间的中部海域。

11 日 18 时，"光辉"号在巡洋舰"格洛斯特"号、"伯威克"号、"格拉斯哥"号和"约克"号的护卫下离开地中海舰队准备发动"判断"战役。

塔兰托港位于意大利半岛的跟部、塔兰托湾的顶端，距离马耳他岛

837 公里。塔兰托港包括内港和外港，要进入内港必须通过一条狭窄的运河。外港由一条水下防波堤环绕。

意大利海军在塔兰托配置了 21 个炮兵连，其中 13 个连在岸上，8 个连在浮动筏上。

意大利海军配置了 84 挺重机枪和 109 挺轻机枪，以保卫整个塔兰托港。意大利炮兵部队的武器和装备十分陈旧。

在外港的舰艇需要长达 12800 米的水下防雷网加以保护，但意大利只设置了 1300 米的防雷网。因为意大利海军认为，防雷网影响了舰艇进出港。

意大利设计的防雷网只能挂到保护战列舰舷吃水最深处。但英国秘密研制了一种磁性鱼雷，这就使意大利的防雷网等于作废了。

意大利配置了约 90 个拦阻气球。在 11 月的第一周，竟有 60 个气球被狂风刮坏。在英舰队发动攻击的那个晚上，只剩下 20 个拦阻气球了。

塔兰托海军基地

在塔兰托的防御中，最严重的缺陷就是陆军的炮兵连没有施放烟幕的设备。

11月11日，在塔兰托港的外港，停有6艘战列舰、3艘巡洋舰、8艘驱逐舰。

在内港有2艘巡洋舰、4艘驱逐舰、5艘鱼雷艇、16艘潜艇、4艘扫雷舰、1艘布雷舰、9艘油船、补给船、医院船以及一些拖船和商船。另外，靠码头的有4艘巡洋舰、17艘驱逐舰。

舰艇在塔兰托港内的精心配置能够保证舰艇充分发挥火力，意大利海军早就发现了反复侦察的英侦察机，认为是攻击塔兰托的征兆。

每到夜晚，意大利舰艇就处于备战状态，主炮由一半炮兵值班，而防空炮则全部值班。塔兰托港的总指挥是阿图罗·里卡迪将军，他对工作一丝不苟。

里卡迪相信，英航空母舰一旦驶入起飞地点，在英舰载机起飞以前，意大利侦察机一定能发现。而陆军的高射炮连却害怕即将来临的防空战，他们希望意大利舰队转移到北部港口。

意大利舰队司令伊尼戈·坎皮奥尼海军上将不肯离开塔兰托港，利用塔兰托港意海军舰队能够切断英国的地中海补给线。

可供"光辉"号使用的"箭鱼"式飞机共21架，分为12架和9架的两个飞行中队。每个中队有6架飞机挂鱼雷，其他飞机携带炸弹和照明弹。

11月11日傍晚，一架侦察机报告说，意大利军舰没有离港的迹象，坎宁安不再担心受到意大利舰队的攻击了。

19时45分，"光辉"号的航速增至28节。一道绿光从飞行控制系统发出，一位飞行员加大油门，第一架飞机滑出甲板，腾空而起。

21时20分，"光辉"号转向迎风，第二飞行中队开始起飞，由黑尔少校率领。

11月11日19时55分，塔兰托的一个收听站报告说发现了一架敌机，

指挥部没有在意。10分钟后，许多收听站报告说发现了敌机。塔兰托港响起巨大的防空警报声，炮手们各就各位，其余的军民纷纷隐藏。

一个炮兵连开火了，不久停止了射击。塔兰托港恢复了平静。45分钟后，一个收听站又发现了敌机，又响起了警报。这两次混乱是英国中东指挥部派出的一架侦察机造成的。塔兰托海军基地又恢复了平静。

22时50分，塔兰托城的军民被巨大的警报声惊醒。圣维托地区的炮兵连发射了密集的防空炮火，橘黄色的和红色的曳光弹照亮了夜空。

英国12架"箭鱼"式飞机中的8架飞出云层，另外4架飞机掉队了，其中1架是重要的鱼雷机。威廉森队长发现了意军"欢迎"他们的炮火。

正当8架英机接近塔兰托港时，发现了掉队的鱼雷机，它的驾驶员是斯韦思。斯韦恩正在塔兰托港高空盘旋以等待飞行中队的增援，意海军误以为英海军只出动一架飞机。

其中两架英机负责投掷照明弹，它们飞往圣维托角的海岸高空，无数炮弹和曳光弹射向天空。

23时02分，一架英机向东北投掷照明弹，然后向右飞去，接着向一个油库俯冲轰炸。另一架投掷照明弹的备用飞机不需要投照明弹了，在返航以前也轰炸了油库。

威廉森的L4A飞机与L4C、L4R飞机一起飞向外港。高射炮火密集组成了强大的火力网。威廉森驾驶飞机冲向火力网，从两个拦阻气球中间飞过，然后飞过防波堤。

忽然，威廉森发现了"加富尔"号战列舰，威廉森投射了鱼雷。飞机突然变轻，向上猛升，威廉森连忙倾斜飞行。意机枪击中了飞机，威廉森和斯卡利特从飞机中爬出来，艰难地游到浮动船坞旁，被意大利人救了。

几分钟后，庞大的"加富尔"号伴随着巨大的爆炸声而颤抖。L4C和L4R冲进火力网，以9米的高度低空擦过防波堤。它们的任务是进攻"维多利奥·威内托"号战列舰，但距离太远，当看见"加富尔"号时，投射

"箭鱼"式鱼雷机从航空母舰上起飞

了鱼雷，没有击中。L4C 和 L4R 飞机返回"光辉"号。

L4K 飞机从圣皮埃特罗岛以北飞过，飞行高度只有 1219 米，炮兵接连朝它不断射击，飞机冲了过去。在照明弹的光亮的映照下，意大利战列舰清晰可见。L4K 进行大角度的俯冲，接着贴着海面飞行，发现了战列舰"里多利奥"号，在距离约 914 米时投射了鱼雷，击中"里多利奥"号舰的右舷。

L4K 进行大角度爬升，意军的火力网向它罩来。L4K 巧妙地绕过一组拦阻气球，飞回航空母舰。

斯韦恩驾驶 L4M 鱼雷机，从"里多利奥"号战列舰的舰桅上方掠过，在雨点般的高射炮弹的威胁下逃走了。

最后一架鱼雷机是 E4F，驾驶员是蒙德上尉。蒙德驾驶老掉牙的鱼雷机在高空飞行，冻得浑身发抖。

后来，蒙德以 305 米的高度飞至塔兰托居民区的上空。当他加大油门继续下降时，一门高射炮向他开火！又有两门高射炮向他开火。

蒙德只好减小油门，朝一个没有拦阻气球的工厂飞去。飞行的高度为30米，当飞到工厂巨大的烟囱附近时，蒙德加大油门，朝内港的出入口冲去。

巡洋舰和内港两岸的炮兵连都向蒙德开火，如果蒙德想逃生，只需蹬蹬腿、挪动一下右臂就可以了，但他决心在弹雨中占领攻击阵位。

他发现两个巨大的舰体，瞄准了右面的那艘战列舰。与此同时，他立即贴着水面飞行，并按了发射钮，战后才知道鱼雷快接近战列舰时因触到海底而提前爆炸了。在鱼雷发射的同时飞机竟触水了，幸亏飞机因变轻而突然蹿升。

蒙德为了逃生，飞回工厂附近的浅海。他躲在许多商船的上空盘旋。突然，商船中冒出一艘驱逐舰，向他开火了。在一串炮弹距离只有90米远时，蒙德立即躲避。炮弹贴着飞机冲过，烤得蒙德立刻不感到冷了。巡洋舰一直向蒙德开火，蒙德能够闻到刺鼻的烟味。

蒙德被意军包围了，只好擦着海面躲避防空炮火，一会儿升空，一会儿又扎向水面。

后来，蒙德终于逃到外港岬角之间的一个小岛上空。正在这时，红色火球从不足90米远的小岛上射出，蒙德连忙右转弯，接着又左转弯。就这样，蒙德以"Z"字形躲避弹雨，飞回"光辉"号。

另外，4架携带炸弹的飞机正在执行独立的任务。ESA机于23时06分到达圣皮埃特罗岛上空，朝内港飞去。到处都是高射炮火，ESA分不清目标。后来，它发现了目标，进行俯冲攻击，但它安全撤离时，发现一艘意舰燃起了熊熊烈火。

L4L飞机以2438米的高度飞到内港上空，俯冲至457米，没有找到目标，只好飞向造船厂。不久，L4L攻击了右前方的水上飞机基地和船台。水上飞机的机库燃起熊熊大火，附近的意炮兵连和意机枪连忙开火，但L4L飞机已经逃跑了。

在地中海海战中立下奇功的英国空军飞行员

L4H 飞机与飞行中队失去了联系，先飞至圣维托角以东地区，又飞至内港上空。这时，L4H 飞机正在寻找战列舰。L4H 选中了那些靠码头的舰艇。L4H 投掷了炸弹，但没有击中目标。L4H 又飞回去再次投弹，然后向西北飞去，从海岸上空冲过敌舰的高射炮火，飞回航空母舰。

最后一架轰炸机 E5Q 飞至圣维托角的东面，又飞至内港，向一支意舰队投弹。一颗炸弹落到驱逐舰"利伯奇奥"号上，没想到是哑弹，没有爆炸。23 时 35 分，E5Q 安全撤离。第一飞行中队离开后，意军不停地朝天空射击，组成防御火力网。

第二飞行中队的 9 架飞机中只有 7 架起飞成功，第 8 架 L5F 向飞行甲板的中部移动时，第 9 架 L5Q 正向前滑行。两架飞机相撞，舰员们冲上去把两架飞机拽开。L5F 的主翼和翼肋严重受损。L5Q 完好无损，继续起飞。

21 时 45 分，黑尔率 8 架飞机向东飞行。飞行 20 分钟后，LSQ 绑在外面的远程油箱掉入大海，发动机熄火，飞机的高度立即下降。

驾驶员小心地驾驶飞机，使用备用油箱后，发动机重新启动。LSQ 飞回"光辉"号时，遭到舰炮的射击。LSQ 连忙发出识别信号，舰炮才停止了射击。

22 时 50 分，黑尔只剩 7 架飞机了。当飞机在距离海岸约 24 公里处时，黑尔借助圣玛丽亚迪莱乌卡角上的灯塔发出的微弱的光束来航行。塔兰托港的很多收听站都侦听到英机群的声音，塔兰托港再次响起了防空警报声。炮手们竭尽全力，炮弹在空中爆炸。

23 时 55 分，英出动投掷照明弹的飞机 L5B 和 L4F。意方的炮火消失了，当两架飞机飞到海岸时，炮火又出现了。L5B 相继投掷了 16 个照明弹，L4F 相继投了 8 个照明弹。它们飞向油库，使油库引起小火灾。它们返回"光辉"号。

剩下的 5 架鱼雷机在北岸飞行，遭到岸炮和舰炮的攻击。黑尔驾驶 L5A 以 1524 米的高度飞过隆地尼拉角以后立即俯冲，多次躲避猛烈的高射炮火。

黑尔发现了冒着浓烟的"里多利奥"号战列舰。当飞机距离水面 9 米时，他冲向"里多利奥"号战列舰，在距离 640 米时投射了鱼雷。接着，他向右飞去，刮到气球的缆索险些坠落，但凭借高超的飞行技巧，返回"光辉"号。

E4H 飞过隆地尼拉角后，情况不得而知了。据意军的战斗报告说，一架英机被击落，它很可能是 E4H。

LSH 飞机遭到高射炮火的拦阻，迅速向右躲避，飞机因为躲避过快而失去高度，掉进防空炮火下侧。LSH 恢复平衡后，发现战列舰"卡伊奥·杜里奥"号，在距离 732 米时投射了鱼雷。鱼雷击中了"卡伊奥·杜里奥"号的右舷和"B"炮塔。LSH 从两艘巡洋舰中间冲过，险些撞到渔船的桅杆。巡洋舰的防空炮不停地朝 LSH 开火。LSH 从圣皮埃特罗岛北

投掷鱼雷的"箭鱼"式鱼雷机

方天空撤离。

老掉牙的 L5K 像"网线袋"一样脆弱,它却穿过了密集的火力网,向着狭窄的运河入口飞去,飞到一些军舰中间,舰炮向 L5K 开火。L5K 也发现了冒着浓烟的"里多利奥"号战列舰,在 640 米的距离处投射了水雷。

L5K 的起落架触水,但仍然升空了,从两个拦阻气球之间飞过,飞向塔兰托湾。两个基地位于浮动筏上的炮兵连突然在海面上向 L5K 开火。L5K 突然爬升,冒着炮火冲过去了,机身上多处中弹,摇摇晃晃地返回"光辉"号。

E5H 飞过内港和塔兰托城后,向右转弯,在东海岸的拦阻气球一带飞行。直至这时,E5H 仍没有受到攻击。忽然,重机枪朝 E5H 开火,飞机的副翼被击中,飞机一头扎了下去。当飞机重新爬升时,下面出现了 4 艘战列舰。

E5H 从 457 米的距离向"维多利奥·维内托"号投射了鱼雷，击中左舷舰尾。然后，E5H 冒着炮火向右飞去。一颗炮弹又击中飞机的左翼，一些翼肋被打掉。但是，它仍然回到了"光辉"号。

在起飞时被撞坏的 L5F 飞机经过装配工的努力，不足 20 分钟就修好了。当 L5F 向西北飞过塔兰托城和造船厂时，看见了照明弹。从海面上的大火中，发现意舰队受到了重创。高射炮停止了射击。

L5F 缓慢地盘旋，它的飞行高度降为 762 米，发现了几艘军舰。敌舰炮朝 L5F 开火。当飞机降至 152 米时，向 2 艘巡洋舰投掷了 6 颗炸弹，都是哑弹。

L5F 向北飞去，然后飞过内港，再向右从塔兰托港以东的海岸高空安全撤离。

2 时，L5A 发现了"光辉"号，安全降落。接着降落的是 L4F。5 分钟后，第二飞行中队的最后一架飞机 L5F 也降落了。

考虑到塔兰托港强大的防御力量，地中海舰队只损失了两架飞机。

对于意大利海军来说，塔兰托之夜是难忘的。坎皮奥尼将军得知后，

"维多利奥·维内托"号

发现这不是一次偷袭，而是想使意大利舰队瘫痪的重拳出击。

报告的内容读起来让坎皮奥尼将军很恼火，最倒霉的是战列舰"里多利奥"号，它的舰首下沉了，需要很长的时间才能修复。

战列舰"卡伊奥·杜里奥"号中了鱼雷，两个弹药舱灌满了水，只好抢滩搁浅。伤势最严重的是"加富尔"号，"加富尔"号被拖向海岸。12日 5 时 45 分，"加富尔"号沉没了。

内港的"塔兰托"号巡洋舰中了一枚炸弹，炸弹虽然没有爆炸，却把主甲板击穿了，把舱壁和通气管道给震坏了。

"利伯奇奥"号驱逐舰的舰首被炸裂，"佩萨格诺"号驱逐舰的舰体也受伤了。

坎皮奥尼将军担忧的是，意侦察机竟不能发现英国航空母舰。原来，每当意侦察飞机跟踪地中海舰队时，不是被"光辉"号上起飞的战斗机击毁，就是被打跑。

在二战海战中，每当意海军需要空军的支援时，必须先向空军总部求援，然后空军再层层下达任务，怪不得每次作战意空军都姗姗来迟。在战争中，没有制空权只能等着挨打，别无选择。

配属给意海军落后的侦察机是无法做出更好的成绩来的。每架侦察机飞行的时间很长而且装备太落后，要想提高效率必须减少侦察机的任务。

不管怎样努力，意侦察机都无法胜任战略性远程侦察任务，经验表明远程侦察对海军越来越重要。

意海军很快采取措施对付磁性鱼雷，即快速生产新式防雷网，它围绕军舰下垂到港底，网的一端能够打开以便军舰进出，空投鱼雷就无法攻击躲在防雷网里的军舰了。从此，意海军再也没有重蹈塔兰托的覆辙。

一年多后，美国海军也遭到同样的命运，美国海军非常了解英海军夜袭塔兰托的经过。珍珠港的空袭使美国受到灾难性的损失。另外，德国也遭到同样的命运，两艘停泊在布勒斯特港的巡洋舰受到重创。

坎宁安将军对"鹰"号航空母舰没有参加这次空袭深感遗憾。

丘吉尔向英国下院吹嘘道："经过塔兰托海战，我们几乎把意大利海军歼灭了。战斗的结果对地中海海军的力量对比发生了重要的影响，对世界的海上形势也有重大影响。"

就意海军的打捞工作来讲，"利托里奥"号和"卡伊奥·杜里奥"号是幸运的。

潜水员们发现"利托里奥"号的龙骨下边的泥土里，有一颗没有爆炸的鱼雷，雷管哪怕最轻微的移动都会造成可怕的后果。

"利托里奥"号中了3枚鱼雷，于1941年3月末完成出海的准备。"杜里奥"号于5月中旬完成了出海的准备。

英国人大吃一惊，他们以为那2艘战列舰早就见上帝去了。用旧战列舰更新的"加富尔"号的隔舱结构是很差的，因此它沉没了。1941年7月，"加富尔"号浮起后，被拖至里雅斯特港去修复，战争结束时，还需要6个月才能修好。

经过塔兰托港的夜袭，从战略上讲，造成严重的后果，因为意大利海军只剩两艘战列舰"凯撒"号和"维托里奥·万内托"号了。进行现代化改造的旧战列舰"多里亚"号，还没有做好出海的准备。因此，丘吉尔觉得英国在地中海地区处于绝对优势。

海空对决马耳他

"光辉"号在11个月内不能参加战斗了。从此，将近两年的对马耳他的大规模轰炸开始了。

经过塔兰托夜袭后，残存的意海军舰队日益陷入燃油危机之中。当时，意大利海军仍在航速、舰炮和舰艇的对抗能力方面是先进的，但却有两大缺陷：一是没有任何夜战的设备，二是没有航空母舰。战前，墨索里尼认为意大利空军完全能够夺取地中海的制空权，认为不必使用航空母舰，而且意大利也承受不起航空母舰庞大的建造、维护以及其他费用。

意大利海军在地中海失势，希特勒决不会坐视不管。1940 年 12 月，根据希特勒的命令，盖斯勒将军率领德国第 10 航空军进驻意大利。

1941 年 1 月初，德国第 10 航空军的飞机已经部署在卡塔尼亚、科米索、特拉巴尼、巴勒莫和勒佐加拉勃尼亚等机场了。

飞行员们的海上空战经验丰富，尤其是对舰攻击的经验最丰富。意大利空军只能甘拜下风，意大利飞机不像"斯图卡"式俯冲轰炸机的性能那样优良。

"斯图卡"式俯冲轰炸机采取了致命的战术，即飞到目标高空，突然垂直俯冲并投掷了一颗 500 公斤的炸弹。"斯图卡"式俯冲轰炸机刺耳的尖叫声，常令盟军将士头疼。

支援希腊抵抗意大利军队的入侵，已经成为英国地中海舰队的主要任务。

1941 年 1 月，英国派出一支代号为"超越"的军事运输队。由于战况紧急，英国决定冒险取道地中海。"超越"运输队拥有 4 艘船只，其中 3 艘运载为希腊军队提供的补给品，开往比雷埃夫斯；第 4 艘运载补给品，开往马耳他岛。

根据惯例，"超越"运输队由萨默维尔将军率领的"H"舰队护送到意大利西西里岛与北非突尼斯之间的狭窄水域，接着，在小型护航兵力的护送下继续前进，到达突尼斯海峡以东海面与地中海舰队会合，此后的航行由地中海舰队护送。

地中海舰队司令坎宁安趁机安排了三支运输队：第一支由 2 艘商船

组成,代号为 MW51/2,由埃及亚历山大开往马耳他;第二支由 2 艘快船组成,代号为 ME51/2,从马耳他开往亚历山大港;第三支由 6 艘慢船组成,代号为 ME6,从马耳他开往亚历山大港。

当地中海舰队向西航行时,MW51/2 运输队由地中海舰队护送,再由"H"舰队护送到马耳他;当地中海舰队向东返航时,ME51/2 离开马耳他加入"超越"运输队,而 ME6 运输队则顺着南面的航线向东航行。

地中海舰队于 1941 年 1 月 7 日从亚历山大出发,不久被意海军发现。9 日,当"格洛斯特"号战列舰、"南安普顿"号战列舰和"光辉"号航空母舰赶去与"H"舰队会合时,被意海军发现。

9 日下午,10 架意大利飞机对"H"舰队发动了空袭,但失败了,2 架飞机被"皇家方舟"号上的舰载机击落。9 日晚,在"H"舰队返航时,2 艘意大利鱼雷快艇攻击"H"舰队。"H"舰队击沉了一艘意大利鱼雷快艇。

10 日 8 时,按照预定计划,"超越"运输队与地中海舰队会合了。不久,驱逐舰"勇猛"号的舰首被水雷炸毁。"勇猛"号在被拖走的过程中,2 架意大利鱼雷机攻击了它,但没有成功。

10 时 30 分,地中海舰队又被意大利侦察机发现。

12 时 23 分,一架鱼雷机在距海面 45 米的低空发动攻击,在距离 2286 米时投射了鱼雷,没有击中。

与此同时,4 架"光辉"号的战斗机发现了这架意鱼雷机,飞了过去,把意鱼雷机赶到舰队以西约 32 公里处,意鱼雷机负伤逃走。

就在"格洛斯特"号、"南安普顿"号和"光辉"号重新编队时,一个敌机群正在靠近。

"光辉"号立即召唤战斗机,命令战斗机恢复警戒任务。其中 2 架报告,弹药已经打光,另外 2 架的弹药也很少了。

12 时 34 分,"光辉"号转向迎风方向行驶,起飞 6 架战斗机,接替 4

英国"南安普顿"号巡洋舰

架返航的战斗机进行空中警戒任务。

不久，英战斗机发现 2 支敌机编队，当敌机位于舰队后面约 3658 米的高空时，英飞行员立即认出它们是德国"斯图卡"式俯冲轰炸机。

德机群选择"光辉"号作为主攻目标。12 时 38 分，德机群纷纷俯冲，每 3 架飞机组成一个小队：一架自舰尾方向俯冲，其他两架分别从两个正横方向俯冲，3 架飞机密切协作。

坎宁安在舰桥上看呆了。他不得不佩服德机的飞行技能。德机在攻击时尽量垂直投弹。当德机俯冲时，有的自"光辉"号的甲板上掠过，其飞行高度比烟囱还要低。

"光辉"号拼命地改变着航向，企图躲避攻击。但是，躲避高速飞行的德机太难了！除非有两支强大的战斗机队在高空攻击德机编队，否则，"光辉"号是躲不开的。

12 时 38 分，一颗 500 公斤的炸弹穿透左舷第一号高射炮平台，撞死

2 位炮手，又穿透火炮平台，撞到舷侧装甲上，掉进大海。

一颗 500 公斤的炸弹撞在舰首，炸弹穿透左舷的娱乐舱，自舰首飞出，在水线上方爆炸，舰首舱室开始进水。

一颗 60 公斤的杀伤炸弹擦过上层建筑，击中右舷第 2 号多管高射炮，炸死了大部分炮手。多管高射炮损伤轻微，但弹药着了火。起重机倒坍，砸坏了下边的多管高射炮，结果上下两门多管高射炮的电源都中断了。

一颗 500 公斤的炸弹击中舰尾升降机的边端，穿透升降机，在升降机的底台上炸响。一颗炸弹击中升降机左侧边缘，爆炸了。

升降机位于 C 机库与飞行甲板的中间，上边停着一架战斗机，那架飞机被炸碎了，炸得连驾驶员的尸首都找不着了。

机库里多架飞机起火，引起了爆炸，导致第 162 号和 166 号肋骨间的内部装置和舵机上边的装甲被炸坏。为舰尾弹药输送机提供动力的电线、操舵电动机的电线都被炸断。

一颗近失弹在右舷尾部爆炸，舵舱开始进水，舵机炸坏，"光辉"号向左不停地旋转。消防组火速投入灭火工作，拉下防火帘扑救机库中的大火。

12 时 42 分，一颗 500 公斤的炸弹落在上层建筑和舰尾升降机之间的飞行甲板上，炸弹在甲板以下机库甲板以上爆炸，把机库甲板炸开 18 平方米的大洞，大风从这朝里刮，C 机库的火势猛涨，舰尾升降机也被炸毁了。机库中的金属防火帘被炸碎，碎片炸死了很多消防人员。消防人员利用喷雾灭火器在通道上来回扑救，火势被控制住了，B 机库没有起火。

一颗近失弹在左舷侧爆炸，在军官餐厅甲板上引起大火，炸坏了电线，还把雷达、电罗经复示器和信号灯的电源线切断。一颗近失弹在右舷侧爆炸，在餐厅甲板上爆炸起火。

在爆炸声中，一架被击落的"斯图卡"式飞机扎入舰尾升降机，燃烧的机身加重了火势。在锅炉舱和轮机舱中，从烈火中冒出的烟雾和化学气

德军"斯图卡"式俯冲轰炸机

味对舰员们是严重的威胁。

　　烟雾和化学气味被鼓风机抽进锅炉，使这些锅炉舱中的人员几乎窒息。司炉们拿湿布捂住嘴，再加上头顶的甲板被大火烤得变形，司炉们只好靠喝水来降低体温。

　　司炉们苦苦支撑了近两小时，13 时 3 分，蒸汽舵机修好了，"光辉"号开始航行。13 时 30 分，当"光辉"号位于战列舰东北 16 公里处时，新的空袭开始了。

　　7 架意大利飞机袭击 2 艘战列舰，7 架飞机袭击"光辉"号，3 架飞机攻击"超越"运输队，意大利飞机在 4267 米的高空攻击。

　　大火从"光辉"号的舰尾升降机口喷出，正全速驶向马耳他。坎宁安出动 2 艘驱逐舰护送"光辉"号。13 时 3 分，"光辉"号的舵机又坏了，在此后的一小时内，航空母舰向目的地缓缓行驶。14时48分，航空母舰的航速提高到14节。

与此同时，一场扑火的战斗仍在进行着。16时10分，15架"斯图卡"式飞机在5架战斗机的率领下飞向"光辉"号的上空，准备击沉"光辉"号。

驻马耳他英军基地收到从战列舰的雷达发来的防空警报，德机遭到已在马耳他基地加油、填弹的4架"光辉"号上的舰载机的迎击，只有9架德机飞到"光辉"号上空。

"光辉"号已经修好了5门多管高射炮和全部的114毫米口径火炮，其中4座的电源线又被弹片切断。

德机从舰尾、两舷后部和右正横方向向下俯冲攻击，这次攻击不如上一次攻击，德机没有密切协作，没有上一批德机勇敢。

"光辉"号中了一颗炸弹，还中了一颗近失弹，舰身进一步损伤，炸死了一批舰员。

意大利空军参与对"光辉"号的轰炸

不久，一颗近失弹击中舰尾，舵机舱又进水了，后甲板上临时救护所里的人都死了。很多军官和消防员被炸死，但炸弹爆炸的气浪冲灭了一些火。又一颗近失弹在上层建筑附近的海上爆炸，舰身摇晃得更厉害了。

下午 16 时 31 分，最后一架德机飞走。救火的消防工作仍在进行，航空母舰停在马耳他造船厂很久以后，火灾才被扑灭。

当时，火焰快蔓延到一个弹药舱时，到底是否应向弹药舱灌水，这是很难作出的决定，"光辉"号将因用光弹药而丧失防空能力。考虑到大火可能将弹药舱引爆，那等于毁灭，舰员们只好先向弹药舱灌水。

19 时 20 分，当冒着浓烟的"光辉"号在距离马耳他的大港入口 8 公里时，敌机向"光辉"号发动了攻击，仍想击沉它。此时，天已经很黑了。2 架鱼雷轰炸机遭到航空母舰和护卫它的 2 艘驱逐舰的火力拦截。

21 时 4 分，"光辉"号在 3 艘拖船的前拖后推下，冲过防波堤上的圣埃尔莫灯塔。22 时 15 分，"光辉"号到达码头。

"光辉"号完整的水密结构受到弹片穿洞的轻微影响，舵机的损伤造成了极大的被动。在这场生与死的逃亡中，若不是锅炉舱的舰员们忠于职守，航空母舰很可能丧失动力。

"光辉"号的战斗机又击落了 7 架敌机，舰炮也击落了 6 架敌机。

1 月 16 日，60 ～ 70 架敌机再次空袭"光辉"号，一架敌机投中了一发炮弹，但"光辉"号只受了点轻伤。18 日和 19 日，敌机群再次攻击"光辉"号。19 日，"光辉"号的主机受到重创，左舷锅炉舱中的管路和砖衬受到重创，装甲以下的舰舷凹进去 2 米，长 7 米以上。

敌机的攻势减弱，因为马耳他岛上的 35 架"飓风"式战斗机，在"光辉"号战斗机的协同下使敌机付出了沉重的代价。

马耳他造船厂的工人们冒死抢修"光辉"号，1 月 23 日凌晨 4 时，经过临时修理的"光辉"号偷偷驶出大港，以 24 节的航速向亚历山大港驶去。

1月25日13时30分，"光辉"号胜利返回亚历山大港，受到人们的盛大欢迎。经过修理后，"光辉"号通过苏伊士运河，绕道好望角，到达美国弗吉尼亚州的诺福克，进行了彻底的改装。

"光辉"号在11个月内不能参加战斗了。从此，持续将近两年的对马耳他的大规模轰炸开始了。

马耳他成为第二次世界大战中遭到轰炸最严重的地区之一，约有1.4万吨炸弹落在马耳他岛。

第四章

布阵克里特岛

救希腊王牌舰行动

坎宁安认为，意大利海军就要发动大规模的舰队行动，很可能是进攻只有少量舰艇护航的英国运兵船队。

1940 年 10 月 15 日，墨索里尼不顾来自海军的战况分析，悍然发动了入侵希腊的战争。为了拉拢包括希腊在内的各中立国，英国向希腊提供了大量的武器、弹药和资金，还出动一支空军分遣队增援。

不久，英国与希腊政府经过友好协商后，又在希腊的克里特岛建立了海军基地。

希腊军队虽然在数量和装备上不如意军，但他们英勇顽强。意军在希军和共产党游击队的前后夹击下，遭受重大损失。

意大利最精锐的"朱利亚"师团伤亡 2 万人，还有 5000 人被俘虏。12 月 4 日，墨索里尼几乎要向希腊要求停战了。后来，墨索里尼请希特勒给予援助。

希特勒严厉地指责意大利的溃败所引起的严重后果："南斯拉夫、保加利亚、法国的贝当政府，不想加入轴心国了。而且，英国趁机在希腊建立了克里特基地，轰炸罗马尼亚和意大利南部。我将不得不把增援北非的德军和补给品投入巴尔干半岛战争，这对将发动的埃及作战产生了严重的后果。这会过早地引起苏联的注意，到时候我们将被迫与苏联交战。"

巴尔干半岛位于欧洲的东南部，地势险要，资源丰富。德国和意大利如果占领半岛上的阿尔巴尼亚、南斯拉夫、希腊、保加利亚、罗马尼亚等国，便可控制东地中海，进而夺取英国在近东和北非的殖民地，还可封锁苏联的黑海出海口，建立进攻苏联的南方战略基地。苏联不会对巴尔干半岛的局势不闻不问。

面对严峻的战局，希特勒征得墨索里尼的同意后，派由 300 架飞机组成的第 10 航空兵团开赴地中海。

1941 年 1 月，受到重创的"光辉"号逃到马耳他，经过临时抢修后返回亚历山大港，经过进一步抢修后，通过苏伊士运河，绕道好望角，到达美国弗吉尼亚州的诺福克，进行彻底的改装。

"光辉"号离开后，英海军被迫减少作战活动，作战稍处劣势。直至"可畏"号航空母舰服役，并派往地中海后，英国舰队在地中海的被动局面才有所改观。

"可畏"号航空母舰的舰长是 A. 比塞特，搭载新型"海燕"式战斗机、"大青花鱼"式鱼雷侦察机。它的排水量为 2.3 万吨，航速高达 31 节，装甲航空母舰。

"可畏"号为地中海舰队增添了远程火炮和广泛侦察的能力，大大提高了舰队防御敌机的能力。

1941 年 2 月，隆美尔的德军装甲部队陆续被运抵利比亚的黎波里港，准备发动闪电战，夺回意大利军队丢弃的大片阵地。

1941 年 2 月中旬，德、意两国在梅拉诺召开海军会议。会议上，德国要求意大利派出足够的掩护舰队，把运载德军的船队送到利比亚。

作为条件，意大利要求德国供应更多的罗马尼亚燃油。

刚刚出任意海军舰队司令的亚基诺上将，竟不知道这次会议的情况。

意大利海军在德国海军的压力下，制定了远至克里特岛的双重进攻性搜索任务。德国空军将在西西里岛东面约 350 海里处为意大利舰队提供空中支援。

另外，意大利空军将在德军掩护范围以外的海域，为意大利舰队提供空中侦察和掩护。亚基诺对这种模糊的作战计划十分不满，要求德、意两国的空军制订具体的支援计划。

希特勒对意舰队的拖延很不耐烦，特别是英国在 1941 年 3 月 4 日开始向希腊增运部队和装备时，希特勒对墨索里尼施加了更大的压力。

1941 年 3 月 19 日，事态发展到紧要关头。当时意大利海军参谋部收到德国海军的一份错误的报告，说英国在东地中海只有一艘战列舰。

德国海军认为，地中海的形势比以往任何时候都对意大利海军有利。英国的运输船队在亚历山大港至希腊之间进行频繁的运输，希腊军队靠这些船只得到部队和装备的增援。这为意大利海军提供了最好的攻击目标。英国的运输船队没有足够的护航舰，意大利海军甚至能够完全切断英国对希腊的运输线。

这对意大利海军是个巨大的诱惑，意大利海军决定冒险远离意大利本土作战。如此决定确实有点草率，意海军只知道"光辉"号航母受重创撤出马耳他，而不知道"可畏"号已顶其空缺。在此只能用"无知无畏"来形容了。

"可畏"号航空母舰加入地中海舰队后，于 3 月 20 日装满了补给品和弹药，与 3 艘战列舰搭伴，在多艘驱逐舰的护卫下向西北驶去，进行搜索

1941 年 1 月，新型装甲航空母舰"可畏"号加入地中海舰队，使英军在地中海的实力大大增强

任务，防止意大利海军攻击英国运输队。

在巡逻的过程中，德国的斯图卡飞机多次企图轰炸"可畏"号，"可畏"号上的战斗机和地中海舰队的伞形防空火力网赶跑了德机群。

双方的消耗很大，地中海舰队附近的海面随着枪炮弹雨的爆炸溅起了无数水柱，滚滚黑烟笼罩在舰队上空，天空变得暗淡起来，舰员们随着爆炸声一阵阵地乱叫。

舰员们发现约 1 海里外，一架"斯图卡"式德机拖着大火坠入大海，溅起巨大的水柱。每艘舰艇都不会离开舰队，去寻找那些挣扎在海面上的人，那样做很可能遭到德国潜艇的偷袭和敌机群的轰炸。4 天的例行搜索结束了，他们没有发现任何意大利舰艇的影子。

3 月 27 日上午，在克里特岛南边出现了一支意大利海军的庞大编队。在这支编队后边又出现了一支意舰队。原来，德意空军答应给意海军提供空中保护，意大利海军离开基地，前来进攻英国护航舰队。

坎宁安上将突然得到报告，有 3 艘意大利巡洋舰、1 艘驱逐舰正向克里特岛行驶。如果这个报告是准确的，坎宁安对英国运输队感到很担心。

当时只有一艘英国运输船"AG-9"号在海上航行，它正运载部队在克里特岛以南，驶向比雷埃夫斯港。坎宁安命令天黑以前"AG-9"号继续航行，天黑后立即返航躲避。

为了掩蔽舰队行动，便于集中兵力，出其不意地打击敌人，不久坎宁安又命令：从比雷埃夫斯港准备向南航行的运输队，立即取消航行。坎宁安还故意把英国战列舰停在亚历山大港，麻痹意大利海军。

中午，春风和煦，令人陶醉，"可畏"号突然奉命进行离开港口的准备工作。飞机补给品运上来了，地勤人员纷纷登舰。沉重的止动钢索安装在飞行甲板上，一些轰炸鱼雷机正在进行起飞、降落的试验。

一架意大利侦察机于 3 月 27 日下午 2 时飞过亚历山大港上空。它向意大利海军司令部报告说，地中海舰队的 3 艘战列舰和多艘巡洋舰没有

出港。

15点30分，"可畏"号起航。约1个小时后，逆风航行、从德赫拉机场飞来的战斗机中队陆续在舰上降落。天气晴朗，碧波千里，海面平静。

飞行员们不必担心天气的影响，他们一个个熟练地降落在舰甲板上。飞机在甲板上跳动着直到被止动钩钩住或者被应急挡板挡住。

地中海舰队在天黑后也驶出了亚历山大港，很快，"可畏"号与舰队会合，以20节的航速向西北驶去。3艘战列舰是"厌战"号、"巴勒姆"号和"勇士"号。还有负责反潜的9艘驱逐舰。

所有的军舰躲在茫茫的夜色中，舰队司令坎宁安在旗舰"厌战"号上。这时，意大利舰队正在海上寻找英国运兵船队。地中海舰队官兵们情绪激昂，自从日德兰海战以来，英国舰队一直没有进行过大规模的舰队战斗。官兵们普遍认为，大规模的舰队战斗一定会出现。

"可畏"号航空母舰的副舰长鲍尔少校说，3艘战列舰都在25年前进行过日德兰海战，意大利的"维托里奥·维内托"号和"利托里奥"号显得落后了。但是，官兵们都不相信意大利海军敢离开家门，跑这么远来向地中海舰队挑衅。

为了掩护开往希腊的英国运输舰队上的部队以及商船上的武器装备和补给品，一支由威佩尔中将率领的分舰队正在爱琴海上航行。这支分舰队由"奥赖恩"号、"阿贾克斯"号、"佩思"号、"格洛斯特"号巡洋舰和"冬青"号、"急火"号、"赫里沃德"号和"世仇"号驱逐舰组成。

自3月25日以来，意大利海军加紧侦察地中海舰队的情况，对亚历山大港进行愈来愈频繁的空中拍照。

坎宁安认为，意大利海军就要发动大规模的舰队行动，很可能进攻只有少量舰艇护航的英国运兵船队。如果意大利海军知道地中海舰队已经离开亚历山大港，就不敢贸然攻击英国运兵船队。

"厌战"号战列舰主炮齐射

　　另外，意大利海军舰队很可能掩护德意部队在希腊或利比亚登陆，或者强攻马耳他岛。3月26日制定的紧急防御措施必须进行修改了。

　　坎宁安命令威佩尔的4艘巡洋舰、4艘驱逐舰于3月28日早6时30分出发，到达克里特岛以南20海里的海域。

　　坎宁安命令英国空军的30架轰炸机，负责克里特岛以南海域的空中侦察任务。坎宁安命令希腊的一支驱逐舰队随时准备战斗。

　　坎宁安大摇大摆地带着手提箱于27日下午上岸，让意大利间谍认为他要在亚历山大港过夜了。天黑后，坎宁安立即登上旗舰"厌战"号。

　　晚19时，地中海舰队起航追上"可畏"号。地中海舰队故意在白天用飞机把主要的参谋人员送上岸，使所有的意大利间谍放心；地中海舰队还把舰上的天篷打开，宣布在晚上请客吃饭。天黑后，地中海舰队马上合拢天篷。参谋们匆忙登舰。

地中海舰队全速向西北驶去，官兵们十分兴奋，尽管他们对意大利舰队的情况一无所知。

除了值班人员外，大部分人都必须上床睡觉，养精蓄锐。这时，官兵们都在猜测着第二天舰队会在哪里与意大利舰队交战。许多官兵想到，这可能是在世的最后一个夜晚了。

官兵们都非常钦佩坎宁安，因为很多舰队司令都躲在岸上办公，但坎宁安却把司令部设在"厌战"号上。坎宁安身边由一些军官组成了参谋部，包括作战参谋、舰队枪炮长、水雷业务长、航海业务长和部队通信业务长。

坎宁安要求参谋们必须是第一流的，要求他们对任何有关专业方面的询问都能立即回答出来。任何人都不可能精通舰队涉及的所有专业知识，坎宁安对很多专业知识都不精通。

每当坎宁安听见舰炮射击的轰鸣声时，就像孩子一样高兴起来，他不喜欢那些自以为是的枪炮军官。如果有人把远程炮火吹得神乎其神，坎宁安就会骂他。

坎宁安讲究军人着装，认为军装上的任何装饰都必须有实用价值。此外，坎宁安遵守海军条例中的着装规定和礼节，但他不喜欢死板地照条例办事的做法。坎宁安常以随和的态度与官兵们接触，赢得了官兵们的好感。

经过短暂的伪装及佯攻等过程，英国舰队已做好了一切战斗准备，而意大利海军仍毫无所知。3月28日5时30分，天空一片黑暗。飞机排列在飞行甲板上，准备起飞。

5时55分，飞机一架架升入天空，编成了搜索队形。5架侦察机在海面上寻找意舰队，1架侦察机搜索敌潜艇，2架战斗机进行空中警戒。

1个小时后，仍没有找到意大利舰队。忽然，"可畏"号上的战斗警报响了起来，舰上官兵马上放下早饭，戴上钢盔和防毒面具，穿上防护衣。

舰员们各就各位，但又是漫长的等待。

"可畏"号的舰长是丹尼斯·博伊德，他可是个雷厉风行的人，警报一响他就上了指挥舰桥，通过话筒下达命令。7 时 20 分，第一架侦察机报告：发现了加尔多斯岛附近的 4 艘意大利巡洋舰、4 艘驱逐舰。另一架侦察机在加尔多斯岛附近发现 4 艘意大利巡洋舰、6 艘驱逐舰。

根据侦察机的报告得知，这两支意大利舰队相距 20 海里，但无法肯定它们是不是同一支舰队。

此时，威佩尔的地中海分舰队奉命于 6 时 30 分到达加尔多斯岛以南与地中海舰队会合，"可畏"号的舰员们认为威佩尔的分舰队可能就是两架侦察机分别报告的"敌"舰队。

8 时 4 分，第一架侦察机又发来报告，把它早上报告中说的 4 艘巡洋舰、4 艘驱逐舰改成 4 艘巡洋舰、6 艘驱逐舰。

威佩尔的旗舰"奥赖恩"号巡洋舰也发来紧急电报，说 3 艘来历不明的军舰在它的西北方 18 海里处向东航行。

可能意大利战列舰也出海了，位置在西北方。根据目前的航向，或许两个小时之内就会遭遇了。

坎宁安下令舰队将航速提高到 22 节，因为"厌战"号战列舰出现了故障，"厌战"号的最高速度只有 22 节。

由于威佩尔的分舰队被意大利侦察机发现了，威佩尔下令把航速提高到 20 节，以扰乱意侦察机的报告。

7 时 45 分，"奥赖恩"号的瞭望手发现舰尾方面的海面上有烟，烟雾是一支意舰队施放的。7 时 55 分，"奥赖恩"号的瞭望手发现这支意舰队由 3 艘巡洋舰、3 艘驱逐舰组成。

它们是巡洋舰"的里雅斯特"号、"塔兰托"号和"波尔萨诺"号和驱逐舰"科拉齐耶雷"号、"龙骑兵"号和"阿斯卡里"号，由桑森尼蒂中将指挥，即意大利的 X 舰队。

威佩尔知道意巡洋舰上装有203毫米口径的舰炮，射程超过4艘英巡洋舰上装的152毫米口径的火炮。而且，意大利巡洋舰的航速比他的巡洋舰快2.5节。

威佩尔下令向东南100海里以外的坎宁安舰队驶去，想把X舰队引向地中海舰队那里。

威佩尔并不知道，一支实力更强的意舰队的Z舰队（拥有5艘巡洋舰和6艘驱逐舰）所处的位置正好截住威佩尔的退路。

Z舰队由"扎拉"号、"阜姆"号、"波拉"号、"加里瓦尔迪"号和"阿布齐"号组成，"扎拉"号是卡塔尼奥中将的旗舰，"加里瓦尔迪"号是莱尼亚尼中将的旗舰。此外还有"焦贝蒂"号、"奥里亚尼"号、"卡尔杜奇"号、"达雷科"号、"阿尔菲耶里"号和"佩萨格诺"号驱逐舰。

"厌战"号的侦察机在8时5分报告了Z舰队的3艘意大利重巡洋舰的位置，但却误报成3艘战列舰。威佩尔认为这个报告不正确，因为他的分舰队在8时5分时距离那个位置只有7海里，没有看见意大利战列舰。

事实上，由于云层给飞行员带来的影响以及飞行员也尽力隐蔽，所以飞行员很容易把重巡洋舰误认为战列舰。再者，意大利重巡洋舰外表上与战列舰相似。

8时12分，意大利X舰队的"的里雅斯特"号等巡洋舰用203毫米口径的舰炮向威佩尔的分舰队开炮了。

X舰队集中火力朝"格洛斯特"号开炮，"格洛斯特"号的炮火射程碰不到意大利军舰，但它靠Z字航线躲避意舰的炮火。

8时29分，双方舰队的距离缩短为12海里，"格洛斯特"号等巡洋舰用152毫米口径的舰炮还击，3次齐射都没有击中意舰队，但却迫使意舰队躲避了几分钟。

8时37分，X舰队躲在英舰队的炮火射程以外。威佩尔的分舰队一路狂逃，"世仇"号驱逐舰的主机出现了故障，返航了，威佩尔的护航驱逐舰只剩 3 艘了。

8 时 55 分，意 X 舰队停止炮击，向西北方向逃去。当时，X 舰队距离坎宁安的主力舰队只有 50 海里。坎宁安的舰队正以 22 节的航速赶去救助威佩尔的分舰队。

第一轮战斗结束了，双方都没有损失。双方都不了解对方的意图。威佩尔率分舰队朝西北方向追去，就快陷入意大利舰队司令亚基诺所布下的包围圈中了。

亚基诺的旗舰是主炮口径为 381 毫米口径的"维托里奥·维内托"号战列舰，距离威佩尔的旗舰"奥赖恩"号巡洋舰的左舷只有几海里。

桑森尼蒂于 8 时 55 分突然率 X 舰队向西北方向逃去的行动，是亚基诺下的命令。

亚基诺不想让 X 舰队被引入情况不明的地方去，他怀疑威佩尔的

威佩尔乘坐的旗舰"奥赖恩"号巡洋舰

撤退可能是故意的。亚基诺认为威佩尔的撤退不符合英国舰队的传统战术。

8 时 27 分，地中海舰队的"勇士"号战列舰的航速达到 24 节，"巴勒姆"号战列舰的航速不足 23 节。旗舰"厌战"号战列舰率舰队向东北迎风转向，"可畏"号上的舰载机奉命起飞。

8 时 57 分，坎宁安命令"勇士"号火速支援威佩尔的分舰队。驱逐舰"努比亚"号和"摩霍克"号也被派去支援威佩尔，执行反潜艇任务。

坎宁安命令"可畏"号的一支鱼雷机队，等到意大利战列舰现身时立即攻击。坎宁安不愿暴露手中的王牌——"可畏"号航空母舰。

9 时 18 分，意巡洋舰奉命停止交战，海战暂时结束。

狭路相逢

坎宁安必须首先确定意舰队的位置，然后再冒着意舰队的防空炮火进行空袭。

亚基诺是意大利海军名将，于 1940 年 12 月出任意大利舰队司令。他是杰出的技术人员和熟练的水手，在西方海军界享有很高的威望。

1931 — 1934 年，亚基诺出任意大利驻英国海军武官，熟悉英国海军的情况。

亚基诺经常向傲慢的意大利和德国的空军求助，对它们以恶劣的姿态为海军提供空中掩护而深感遗憾。他悔恨没有在战争初期从空中和海上攻占马耳他岛，来维护在地中海的优势。

1941 年 3 月 16 日，亚基诺奉命进攻加尔多斯岛以南的地区，同时进攻爱琴海域。这是英国的运兵船队经过的地方。

意大利海军部还规定，"维托里奥·维内托"号战列舰也参加此次行动。它的航速为 30.5 节，装备 9 门 381 毫米口径的舰炮，射程远远超过英国装备 381 毫米口径舰炮的战列舰。

亚基诺还有 6 艘主炮口径为 203 毫米的快速巡洋舰。亚基诺的最大弱点是没有航空母舰，只有 3 架弹射侦察战斗机，续航时间为 5 个小时，一旦被弹射出去，就必须飞回陆地。

意大利舰队分为几个分舰队：

Y 舰队，由"维托里奥·维内托"号和 4 艘驱逐舰组成；

X 舰队，由 3 艘巡洋舰和 3 艘驱逐舰组成；

Z 舰队，由 5 艘巡洋舰"扎拉"号、"阜姆"号、"波拉"号、"阿布鲁齐"号、"加里瓦尔迪"号以及 6 艘驱逐舰组成。

3 月 28 日 7 时 45 分，亚基诺想出一个歼灭威佩尔分舰队的陷阱。10 时 30 分，亚基诺率战列舰向东行驶，绕到威佩尔的北面。

"维托里奥·维内托"号一旦占领有利阵地，便打算命令 Z 舰队调头，绕到尾随的威佩尔的背后，把威佩尔的分舰队赶进"维托里奥·维内托"号的炮火之中。

威佩尔的 4 艘巡洋舰就要被围歼了，这可是只需瞬间就能发生的事情。

在英国地中海舰队方面，"可畏"号航空母舰上的 6 架"大青花鱼"式飞机的引擎已经发动将近两个小时了，每架飞机上挂有一枚鱼雷，其定深为 34 英尺，专门攻击"维托里奥·维内托"号。其中 3 枚鱼雷临时改为 28 英尺，因为不清楚意大利的战列舰会不会出现。

6 架轰炸机航速高达 143 节，装上一枚鱼雷，还要带上机组人员，航速不足 90 节了。

"海燕"式战斗机最高航速为 222 节，续航时间为 5 个小时。如果遇到空战，续航时间就缩短了。

在能见度恶化或者风浪大的情况下，飞机的降落是很危险的。如果另有飞机停在飞行甲板上，飞机就不能降落。如果需要调动航空母舰或者有空袭，致使航空母舰无法转向逆风，停在空中的飞机也不能降落。

在当时的条件下，指挥航空母舰，最难把握的事情是决定什么时候命令飞机起飞。起飞晚了，飞机毫无用处。事先知道会有大规模的海战，起飞早了也会产生严重的后果。

另外，飞机起飞时，航空母舰会因为转向逆风而影响航速。

9时22分，坎宁安紧急下令再将起飞时间延迟一会儿。在航空母舰暴露以前，坎宁安希望绝对有把握一次起飞就赶上并轰炸意舰。

9时25时，坎宁安给英国空军发报，要求立即出动水上飞机去搜索意舰队。早在8时49分，坎宁安给克里特岛上的海军基地发了电报，命令英海军815中队攻击意舰队的X舰队。

由于当时的条件所限，这份电报只能先发给搁浅在克里特岛苏扎湾的

"可畏"号航母上配有先进的大青花鱼式侦察机

英舰"约克"号，再由"约克"号转发给克里特岛的海军基地，直到 10 时 5 分，机场方面才接到电报。

在接到电报之前，4 架海军的鱼雷轰炸机早已从岛上起飞，搜索了克里特岛以西海域，没有找到意舰队。8 时 45 分，这 4 架鱼雷轰炸机返回岛上的机场。10 时 5 分，其中的 3 架立即加油，安装鱼雷，于 10 时 50 分再次起飞，另一架因引擎出现故障而无法执行任务。

中午，3 架鱼雷轰炸机在 9000 英尺高空发现 X 舰队正沿 300 度航行。5 分钟后，3 架鱼雷轰炸机向"波尔萨诺"号的左舷舰尾投射了鱼雷，但没有击中。

9 时 39 分，坎宁安命令飞行甲板上的 8 架飞机起飞，前去攻击 X 舰队的巡洋舰。

9 时 56 分，"可畏"号转向逆风，6 架轰炸机和两架战斗机立即升空。接着，一架战斗机滑出甲板，执行掩护航空母舰的任务。紧接着，2 架战斗机和 2 架鱼雷侦察机在甲板上降落。

坎宁安把情况用电报通知威佩尔，威佩尔误解成有一支鱼雷轰炸机队要去攻击他，10 时 45 分至 11 时，威佩尔的分舰队突然向英 6 架鱼雷轰炸机和两架战斗机开炮。

尽管英机群一再显示是自己人，但英巡洋舰仍然疯狂地开炮，直至英机群飞过去为止。

威佩尔仍在 Z 舰队后面紧紧追赶，一点儿都不知道陷入亚基诺布下的陷阱之中。

经过第一次与 Z 舰队交火以后，威佩尔的分舰队官兵们感到勇气越来越大了。海面上看不见意大利舰队，炊事员给舰员们送来了食物。

突然，"维托里奥·维内托"号主炮的第一次齐射炮弹落在威佩尔分舰队附近的海面上。英舰纷纷向南撤退，同时施放浓烟。

几乎同时，"厌战"号上的坎宁安和参谋们从电报机中发现了威佩尔

的命令："快，放烟！向南！全速前进！"

参谋们议论纷纷，威佩尔率领的分舰队到底遇到什么事了？曾在驱逐舰上服役多年的坎宁安说："别说傻话了。他遇到战列舰了！如果你们在驱逐舰上服役过，就能立即知道他遇到什么事了。"

几分钟后，威佩尔发来的电报证实了坎宁安的判断。11 时，Z 舰队向左调头追击威佩尔的分舰队。

在后面追击的 Z 舰队的航速很快，不久就要追上英巡洋舰了。这时，"维托里奥·维内托"号战列舰追上了威佩尔的舰队。

"维托里奥·维内托"号的舰炮打得很准，但打击的范围太分散。威佩尔的分舰队凭借来自东北方向的风势，形成了烟雾屏障。

"维托里奥·维内托"号集中主炮攻击"格洛斯特"号巡洋舰，驱逐舰"急火"号冲出来施放烟雾，遮住了"维托里奥·维内托"号的视线。

这时，Z 舰队终于追上威佩尔的分舰队，即将发炮。就在这个危急关头，即 11 时 27 分，"可畏"号的 6 架鱼雷轰炸机和 2 架战斗机赶到了。

英机群发现"维托里奥·维内托"号战列舰，在 4 艘驱逐舰的护卫下，正向躲在烟雾后面的威佩尔的分舰队冲去。

"维托里奥·维内托"号正以 30 节的航速追击，英巡洋舰的航速显得慢多了，而且他们也无法指望在 80 海里以外的坎宁安舰队支援他们。

与此同时，两架德国"斯图卡"式战斗轰炸机冲进英机群，与两架英战斗机交战。一架德机被击落，另一架德机逃跑。

然后，两架英战斗机向"维托里奥·维内托"号扑去，20 分钟后，两架英战斗机到达"维托里奥·维内托"号的上空，朝下疯狂扫射。

"维托里奥·维内托"的防空炮打得太臭了，不过，它射向英巡洋舰的炮弹却像长了眼睛一样。威佩尔的分舰队同时也在反击。"维托里奥·维内托"号面对众多的英舰，攻击的范围太大。

　　3 架英机同时向"维托里奥·维内托"号的右舷舰首俯冲并投射鱼雷。与此同时，3 架英机向横梁俯冲并投射鱼雷。"维托里奥·维内托"号至少中了一枚鱼雷，它原地转了一个圈。后来证明英飞行员的报告是不正确的，但当时地中海舰队却深受鼓舞。

　　同时，"维托里奥·维内托"号停止向英巡洋舰的发炮。很快，它向西北方向逃去。

　　按照战后亚基诺在书中的说法，英国巡洋舰被发现时，为首的旗舰向"维托里奥·维内托"号发出挑战信号。

　　"维托里奥·维内托"号立即发炮。当时是 10 时 58 分，双方距离 23 公里。

　　当时，分舰队向南逃跑，每艘英舰都在炮火中"蛇行"，英舰也向"维托里奥·维内托"号还击，但很快发现炮弹根本打不到"维托里奥·维内托"号，只好停止还击。

意大利"维托里奥·维内托"号战列舰向英国军舰开火

大部分时间里，英舰都躲在浓烟里。11 时，突然出现 6 架飞机，很像意大利的护航机，意大利舰员们非常高兴。

几秒钟后，所有的高射炮和高射机枪都开火了。英机群投射了 6 枚鱼雷，但无一命中。

"维托里奥·维内托"号死里逃生，连忙召唤 Z 舰队向西北方向返航。

烟雾散去后，英舰的舰员们发现海面上一片寂静，意大利军舰都不见了。

威佩尔下令转航与坎宁安的舰队会合。12 时 24 分，"格洛斯特"号发现了赶来支援的"勇士"号战列舰及其驱逐舰护卫队。

另外，坎宁安的主力舰队位于亚基诺的东南方 45 海里处，正吃力地追赶意大利舰队。除非出动舰载机攻击意大利舰队，降低意大利舰队的航速，否则坎宁安无法追上亚基诺。

12 时 30 分左右，地中海主力舰队正在克里特岛附近海域追赶意舰队，"可畏"号航空母舰这次出海只搭载了 27 架舰载机，包括 13 架"海燕"式战斗机，10 架"大青花鱼"式和 4 架"旗鱼"式飞机。这 27 架舰载机除了跟踪意舰队、大规模侦察和攻击意舰队以外，还要进行航母护航、反潜巡逻等许多日常勤务。

第二支鱼雷轰炸机队做好了起飞准备。它包括 3 架"大青花鱼"式和 2 架"旗鱼"式轰炸机。只有 2 架"海燕"式战斗机为它们护航，真是少得可怜。

早晨 7 时 20 分，曾第一个报告发现意大利舰队的那架"大青花鱼"式舰载机，没有找到"可畏"号，因燃料不足向埃及飞去，途中在利比亚的巴迪亚降落。

坎宁安命令"可畏"号脱离舰队，完成飞机起飞任务。由于"巴勒姆"号的最高速度是 22 节，地中海主力舰队的航速也只能是 22 节。

很快，"可畏"号就被甩在后面。旗舰"厌战"号战列舰的主桅上飘扬着坎安宁的白底红十字军旗。这3艘战列舰是在日德兰那场战列舰大决战中幸存下来的。

"可畏"号的舰员们产生了失去护卫后的紧张感，因为身边没有英战列舰的381毫米口径的舰炮了。

第一支鱼雷轰炸机队正在空中盘旋，第二支鱼雷轰炸机队一架架滑出甲板，腾空而起。

舰员们向一架架升空的飞机发出一阵阵欢呼声。第一支鱼雷轰炸机队安全降落了，地勤人员又忙了起来。

12时44分，"可畏"号以30节的高速破浪前进，追向地中海舰队。这时，意大利的Z舰队和地中海舰队相距不到几海里远。英国空军的一架轰炸机向坎宁安报告了Z舰队的方位。

"可畏"号的右舷上空出现了敌机。这是一架意大利轰炸机。距离不足2000码了，但是，"可畏"号的炮手们却懒洋洋的。

舰长冲着炮手们咆哮起来："都给我醒醒！正前方！开炮！"

他们发炮了，传来断断续续的爆炸声。舰上所有的防空炮都开了火。意大利轰炸机投射了一枚鱼雷，盘旋了一圈，飞走了。

"右满舵！"舰长大喊。

"可畏"号大幅度地向左舷倾侧，快速向右舷旋转。意大利飞机在距离1000码的地方投射鱼雷，鱼雷以70节的速度冲向"可畏"号，只需25秒就能击中"可畏"号。

这25秒还没有过去，第二架意大利轰炸机就从右舷方向飞来，遭到前炮的猛烈轰击。距离1500码时，它投射了一枚鱼雷，然后飞走了。

"右满舵！"舰长大喊。舰员们提心吊胆，一秒钟一秒钟地默数着时间，等待被鱼雷击中！好险呀，"可畏"号摆脱了鱼雷。

12时30分，"勇士"号及其驱逐舰、威佩尔的分舰队，赶来与地中海舰队会合。

12 时 50 分，地中海舰队减低了航速，等待"巴勒姆"号战列舰追上来。

14 时，"可畏"号赶来与地中海舰队会合，这时地中海舰队拥有 3 艘战列舰和 1 艘装甲航空母舰、13 艘驱逐舰、4 艘主炮巡洋舰。

坎宁安逐渐明白，地中海舰队没有缩小与意大利舰队的距离，反而被意大利舰队甩得更远了。14 时以前，意大利的 Y 舰队一直以 28 节的航速撤退，后来由于护卫的驱逐舰需要节约燃料才减速为 25 节。

15 时，一架舰载机发现了"维托里奥·维内托"号战列舰，并将它的位置、航向和航速向坎宁安作了报告。

亚基诺对 15 时的局势是这样估计的：除了威佩尔分舰队的 4 艘巡洋舰以外，英舰队只有 1 艘战列舰、1 艘航空母舰和一些小型舰艇，这支英舰队的航速很慢，已经被远远甩掉了。

亚基诺最担心的是航空母舰对意大利舰队发动空袭，而不怕与英舰队进行炮战，因为意大利舰队在火力和航速方面占有优势。

亚基诺知道，坎宁安必须首先确定意舰队的位置，然后再冒着意舰队的防空炮火进行空袭。

不幸的是，14 时 20 分，"维托里奥·维内托"号遭到从希腊起飞的英国空军飞机的空袭，炸弹都落在"维托里奥·维内托"号附近的海水中。14 时 50 分，9 架英国空军的轰炸机又来空袭。

"维托里奥·维内托"号不断地躲避，并用炮火对空猛击，所有的炸弹都没有击中。

另外，14 时 20 分，英国皇家空军对意大利的 X 舰队发动了空袭；17 时，又对 X 舰队发动了空袭。但是两次空袭都没有击中目标。

还有，意大利 Z 舰队在 14 时 15 分和 16 时 46 分两次遭受英空军轰炸机的空袭，也没有被击中。

在这么长的时间内，竟没有一架意大利或者德国的飞机掩护意大利

英国战机对敌舰进行猛烈轰炸

舰队。

　　15 时 10 分，"可畏"号航空母舰上的第 2 支鱼雷轰炸机队找到了"维托里奥·维内托"号，这次进攻是与英国空军的高空轰炸一同进行的。当时，意舰队正忙着对付英国空军的高空轰炸。3 架"大青花鱼"式舰载机趁机飞到"维托里奥·维内托"号的前面，向下俯冲并用航空炮扫射。

　　"维托里奥·维内托"号向右舷转了半圈，航空炮弹在左舷前方和船中部的海面掀起水柱。2 架"旗鱼"式战斗机从右舷一侧向意舰的右舷和尾部开炮扫射。

　　一架英机的飞行员凭借高超的技术与巨大的勇气接近战列舰，他投射了鱼雷，吓得意舰队的舰员们目瞪口呆。

　　这架英机完全暴露在机关炮的火网中，多处中弹，栽入右舷一侧约 1000 码的海水中。

　　鱼雷就在"维托里奥·维内托"号迅速向右舷转向时击中舰体左舷，

大量的海水涌进了舰内。15时30分，"维托里奥·维内托"号停在海面上，开始慢慢地向左倾斜，船尾开始下沉。一架英国空军的飞机朝其尾部进行轰炸，但没有命中战列舰。

与此同时，地中海舰队正在后面65海里处以22节的速度向"维托里奥·维内托"号追来。

坎宁安命令威佩尔的分舰队重新追上意舰队。驱逐舰"努比亚"号和"摩霍克"号负责在地中海舰队和威佩尔的分舰队之间进行联络。

距离天黑还有2个小时，若"维托里奥·维内托"号真的丧失了动力，或者航速大大降低，那么在天黑前干掉它还是有可能的，但先要找到它。

在"可畏"号上，8架舰载机已经为进行黄昏空袭做好了起飞准备。

17时35分，8架舰载机相继升空。它们进攻以后，将在克里特岛的莫里姆机场降落。飞机夜间不能在航空母舰上降落，以免暴露地中海舰队的位置。

离天黑还有1个小时，飞行员们希望自己不被意大利舰队发现，以使意大利舰队措手不及。

在莫里姆机场上，两架"旗鱼"式轰炸机也挂好鱼雷起飞，加入这次空袭。

18时10分，两架"旗鱼"式轰炸机发现4艘意大利军舰，在6艘驱逐舰的护卫下，正以14节的航速行驶。英机群被这支意舰队发现了。半小时后，两架"旗鱼"式轰炸机发现8架舰载机从东面飞来，出现在意大利舰队的后方。再有5分钟，天就完全黑了。

威佩尔的巡洋舰队已在海面上搜索了1个半小时，仍没有追上意大利舰队。

18时10分，坎宁安利用信号旗宣布：如果威佩尔的分舰队追上了受到重创的"维托里奥·维内托"号，那么第2、第14驱逐舰小队就冲上去击沉它；如果"维托里奥·维内托"号没有受伤，那么驱逐舰闪开，由主力舰队冲上去击沉它；如果威佩尔的巡洋舰没有找到敌战列舰，全体军舰向北迂回，再向西，争取明天早晨与敌舰交战。

"斯图亚特"号、"格里芬"号、"猎狗"号、"浩劫"号在前面警戒。"贾维斯"号、"两面神"号、"努比亚"号和"摩霍克"号于黄昏时分与地中海舰队会合，在舰队左舷前1海里处警戒。

"冬青"号、"赫里沃德"号和"霹雳火"号在地中海舰队右舷前1海里处警戒。一旦威佩尔与意舰队交战，驱逐舰队立即赶去增援，并用鱼雷攻击意舰队。

有人可能会认为，"可畏"号的侦察机早该弄清楚意大利舰队的位置了。准确的观察和报告需要多年的经验，不仅需要准确报告目标属于什么类型的军舰，最重要的是能够准确地判断舰只的航速。航速只能通过船头激起的波纹、船尾的浪迹和烟囱冒出的烟雾的运动进行估算。

对于有经验的海军观测员，这很容易做到，但对于新入伍的观测员却很难。年轻的观测员在"可畏"号的飞行中队中是很多的。

观测员要作出准确的报告，还需要飞行员的配合、机组全体人员之间的互相联络以及经验丰富的报务员。

当天下午，从"厌战"号上起飞的水上飞机能够安全地返回舰上，是因为它的观测员在战前接受了长时间的训练。在飞机加油时，观测员把混乱不堪的海图默记于心。他在飞行途中作了一系列准确的敌情报告，完全根据《观测员手册》的要求，使用了各种标准通信信号。在实战中，观测员们做到这些是很困难的。

17时45分，这架水上飞机又被弹射出去，进行第二次侦察。

这位经验丰富的观测员前去澄清由于自相矛盾的有关3支意舰队的位置、航向、航速、组成和部署等空中报告造成的混乱局面。

这位观测员先将报告报送给400海里以外的亚历山大港电报站，报务

员在短时间内连续处理完几十个紧急电报。这些电报由亚历山大港传递给马耳他和直布罗陀，再被伦敦电报站接收到，随后英国海军部和坎宁安司令会几乎同时收到这些电报。

18时20分，这架水上飞机发现了"维托里奥·维内托"号。11分钟后，观测员发出了第一份报告。接着，他发出了一连串报告。

意舰队在地中海舰队前边约50海里处，航向300度，航速只有12～15节。

地中海舰队大约需要4个小时的时间才能追上意舰队。18时55分，那位经验丰富的观测员报告，意大利舰队有1艘战列舰、9艘巡洋舰和11艘驱逐舰。

19时14分，他再次报告说，意大利舰队改变了队形：战列舰位于中央，前后各有两艘驱逐舰保护，在紧靠中央纵队的2个侧翼各有3艘巡洋舰；再外边各有1支驱逐舰队。

无论地中海舰队从海上向意战列舰发起攻击，还是用舰载机空袭，意舰队的密集队形都是极大的障碍。意舰队排成密集队形，正向西北偏西方向以15节的航速向意大利撤退，距离地中海舰队只有45海里。

19时15分，威佩尔看见意大利舰队的一些舰只。

该叙述一下"维托里奥·维内托"号上的情况了。15时30分，"维托里奥·维内长"号向左舷倾斜，舰尾下沉，引擎停转了。抢修人员把两台右舷引擎修好了。不久，"维托里奥·维内托"号的航速达到15节。

15时30分，"维托里奥·维内托"号被鱼雷击中时，距离意大利塔兰托港420海里。亚基诺抱怨德国和意大利空军违背了诺言，"连一架飞机都没有来"掩护他们。

16时，亚基诺望着威武的巡洋舰队进行布阵，一点儿也没有想到，这是他最后一次见到它们了。

"维托里奥·维内托"号后主炮塔

"扎拉"号巡洋舰，曾伴随亚基诺在遥远的埃塞俄比亚战争期间服役，那时他还是普通的参谋；"波拉"号直到 1940 年 12 月还是亚基诺的旗舰。

亚基诺认识"波拉"号的大部分军官。

"阜姆"号在 1938 年时曾是他的旗舰，参加了那不勒斯海军大检阅，那时它英武的外观受到了广泛的赞扬。

他看着它们排好了队形，沉浸在对往事的回忆之中。

黄昏，意舰队发现了前面的 2 架"旗鱼"式英国飞机。亚基诺急忙转身，在舰队后面遥远的天空又发现 8 架英国鱼雷轰炸机。

19 时 15 分，亚基诺下令向左舷转向 30 度，向正西方行驶。天完全黑了，亚基诺希望通过舰队队形的变化，打乱英机群的进攻计划。

19 时 30 分，高射炮震耳欲聋，组成密集的防空火力网。飞机朝一道道火焰飞来，呼叫声、枪炮声和滚滚的浓烟出现在"维托里奥·维内托"号附近所有的舰艇上。

亚基诺下令向右舷转向 30 度，恢复原来的航向。"维托里奥·维内托"号突然被狠狠地撞击了样一下，剧烈地震动起来。

英机群迫不得已撤了回去，散开队形，一个个从不同的角度冲向意舰队。意舰队组成的拦截炮火十分猛烈，但胡乱射击。

"可畏"号通知机群，不能回舰上降落，可以在克里特岛的里姆机场降落。

只有 3 架舰载机降到里姆机场。其余的都落在克里特岛周围的海面上，有的飞行员被军舰救上来，有的自己游上海岸。

19 时 50 分，水上飞机飞往克里特岛的苏扎湾。

苏扎湾海岸陡峭，水域狭窄，一片漆黑。由于海上没有风浪，观测员决定在港口外面降落。21 时，飞机先在低空中滑行，投下一行火焰浮标，然后调头降落在海面上。

观测员并不知道，"厌战"号上的坎宁安正面临着艰难的抉择。19 时 18 分，坎宁安接收到"奥赖恩"号上的威佩尔发出的信号，说在它的前方 10 海里处发现两艘军舰的影子。坎宁安以那架水上飞机的报告为基础，弄清了意大利舰队的情况。

坎宁安认为，已经追了这么远，不把"维托里奥·维内托"号彻底干掉是错误的。同时，经验丰富的亚基诺也能估算出坎宁安的大概位置。意舰队的实力仍很强大，地中海舰队的 3 艘重型战列舰和"可畏"号航空母舰跟在意舰队后面追击，冒着白天将自己暴露在意大利和德国鱼雷俯冲轰炸机航程以内的危险。

参谋们强烈反对坎宁安的决定，舰队枪炮长也反对说：地中海舰队已经好几个月没有进行夜战演习了，它们会陷入混乱的。

坎安宁对参谋们说："你们真是胆小鬼！我要去吃晚饭了，晚饭后，如果我也害怕了，就放过意大利人吧。"

20 时左右，坎宁安下定了决心，命令轻型舰艇先进攻，主力舰队随后进攻，只剩 4 艘驱逐舰留在地中海舰队身边负责警戒。

19 时 45 分，亚基诺在"维托里奥·维内托"号上看见，舰艇上的炮火逐渐稀疏了，探照灯关闭了。"维托里奥·维内托"号把航速提高到 19 节。

"维托里奥·维内托"号的伤情很轻，其他舰艇受到的损伤也很轻。亚基诺感到很宽慰，他相信，意大利舰队躲过了黄昏时的空袭。

实际上，巡洋舰"波拉"号的主机和锅炉房间的右侧中间部位被鱼雷击中。全舰停电，3 个防火舱房间灌满了海水，主机停转。

亚基诺率领舰队以 19 节的航速返航时，不知道"波拉"号掉队了。

夜战马塔潘角

马塔潘角海战结束了，英海军只损失了 1 架"大青花鱼"式飞机，却重创意大利舰队。

亚基诺命令卡塔尼奥指挥的"波拉"号巡洋舰队及其警戒驱逐舰，在战列舰前边 5000 码处担任警戒部队，桑森尼蒂指挥的 X 巡洋舰分队及其警戒驱逐舰在后边 5000 码的地方警戒，第 13 驱逐舰小队在"维托里奥·维内托"号四周护卫。

20 时 15 分，亚基诺接到"波拉"号的报告。亚基诺下令停止前进，感到心烦意乱。

20 时 18 分，亚基诺命令卡塔尼奥中将率领 Z 巡洋舰分舰队带 4 艘驱逐舰去救助"波拉"号。亚基诺认为英国小型舰队可能会击沉"波拉"号。

20 时 38 分时，亚基诺通知意大利海军部，他的舰队正以 19 节的航

速返回塔兰托基地。

10分钟后，亚基诺下令向科隆尼海角进发。

卡塔尼奥中将下令以16节的航速向东南方向返航，与赶上来的地中海主力舰队互相逼近。这时，双方相距50多海里，而卡塔尼奥并不知道英国海军已经安装了雷达。

实际上，此时地中海主力舰队位于克里特岛的西面，离陆地最近的马塔潘海角80海里。

20时37分，坎宁安命令第14、第2驱逐舰队用鱼雷攻击意战列舰，距离33海里。

接到命令后，麦克率领8艘驱逐舰前去执行任务，将航速提高到28节。

22时，威佩尔指挥的巡洋舰"阿贾克斯"号发出电报。报告说，在雷达荧光屏上发现3艘舰艇，位于北纬35度19分、东经21度15分，航向为190度至252度。

麦克在航图上标出3艘舰艇的位置，发现它们在他21时5分的位置以前4海里处。麦克认为，"阿贾克斯"号巡洋舰的报告中所说的是自己率领的驱逐舰。威佩尔也认为那3艘情况不明的舰艇是麦克所率的驱逐舰。

事实上，这3艘舰艇是意Z舰队卡塔尼奥将军指挥的舰艇的一部分。他们正赶去救助"波拉"号巡洋舰。

麦克顺着270度向西航行20分钟后，认为已经超过意大利战列舰了。麦克下令改变航向，航速降到20节，等待攻击"维托里奥·维内托"号。

午夜，"维托里奥·维内托"号驶入麦克舰队的后面33海里处，麦克正向南驶去。如果"维托里奥·维内托"号能够摆脱拥有雷达设备的威佩尔的巡洋舰队，就能安全返回意大利了。因为麦克的驱逐舰队没有雷达设备。

该叙述威佩尔的分舰队了。早在 20 时 14 分，威佩尔的旗舰"奥赖恩"号在雷达荧光屏上收到回波，发现一艘舰艇停在前面 6 海里处。

威佩尔在 20 时 40 分向坎宁安报告了敌情，这艘舰艇就是意大利巡洋舰"波拉"号。

威佩尔认为，他仍然有必要继续追击意战列舰，现在该轮到麦克的驱逐舰队冲上去击沉它了。威佩尔绕到"波拉"号北面去继续寻找意战列舰"维托里奥·维内托"号。

由于"贾维斯"号驱逐舰没有接收到"奥赖恩"号巡洋舰发出的电报，麦克不知道有关"波拉"号的情况，他继续沿 300 度航向以 28 节的航速向南疾驶，这条航线与威佩尔的航线是同一条。

"可畏"号航空母舰、"勇士"号战列舰和"阿贾克斯"号巡洋舰拥有现代化的雷达，能够进行圆周扫描，不像"奥赖恩"号巡洋舰的雷达那样落后。

后来，由于"奥赖恩"号的通信系统出现了故障，收不到"阿贾克斯"号的报告了。

"奥赖恩"号的雷达是老式的搜索航空雷达，可以用来指引军舰驶向目的方向。

22 时 23 分，威佩尔向北调整了 4 艘巡洋舰的航向，命令它们以一列纵队、20 节的航速前进。

"奥赖恩"号和"格洛斯特"号同时发现一枚鲜红的烟火信号弹，驱逐舰队的麦克也发现了那枚信号弹。

威佩尔与麦克都发出了通用联络警报。然后，麦克继续沿着原来的航线前进。当时，威佩尔的巡洋舰队在麦克的驱逐舰队的东南方约 30 海里处。

这个信号是"维托里奥·维内托"号战列舰发出的。亚基诺正在与 Z 舰队的卡塔尼奥中将联络。

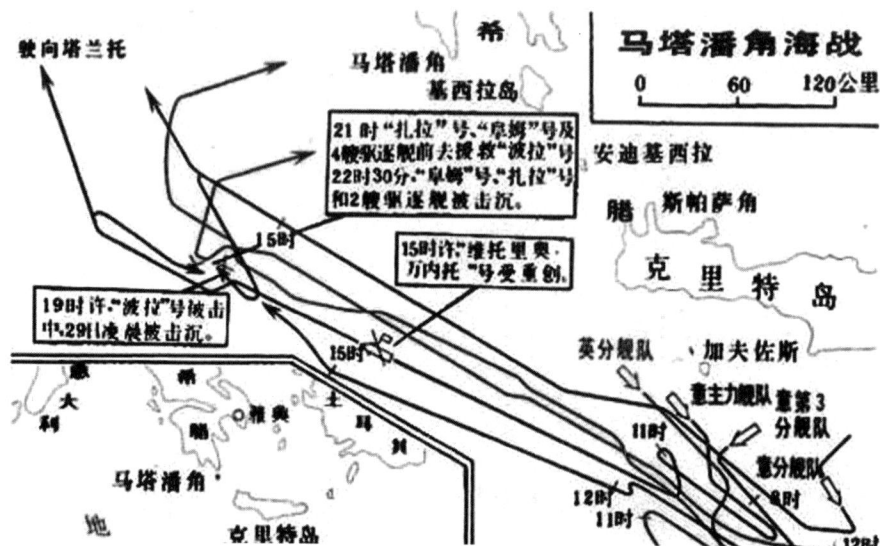

马塔潘角海战示意图

"维托里奥·维内托"号是在 30 海里以外的海面上发射信号弹的，英巡洋舰的雷达探测不到它。

22 时 30 分，在威佩尔的东南偏南方向，巨大的炮火突然把天空照亮。连位于远处的麦克的驱逐舰队也发现了炮火。

坎宁安下令所有没有与意舰队交战的军舰，向东北方向撤退，以避免被主力舰队误伤。威佩尔和麦克根据这一命令，纷纷掉转航向。

与此同时，"维托里奥·维内托"号正在麦克的西北偏西方向 35 海里、威佩尔的西北偏北方向 30 海里处，向意大利领海驶去。

显然，地中海主力舰队与意 Z 巡洋舰队遭遇了。但目标不是坎宁安所希望的"维托里奥·维内托"号。

原来，21 时，威佩尔要求随后跟进的主力舰队去对付"波拉"号。但主力舰队离"波拉"号还有 20 海里，还需航行近一个小时的时间。

薄雾使海面上的能见度仅为 4.5 海里，"可畏"号上的舰员普遍存在失望情绪，认为意大利舰队跑掉了。

不久，主力舰队排成纵队，将航速降到 20 节。冲在最前面的是"厌战"号，后面是"勇士"号、"可畏"号和"巴勒姆"号，右面 1 海里处由"斯图亚特"号和"浩劫"号驱逐舰护航，左舷 1 海里处由"猎狗"号和"格里芬"号驱逐舰护航。

突然，战列舰的大炮怒吼，震得"可畏"号剧烈摇动。猛烈的炮火照得整个夜空透亮起来。

"可畏"号迅速向后撤退，因为在炮战中，航空母舰没有用处。战列舰纷纷转向，以避开意驱逐舰的炮火和鱼雷。只一会儿工夫，意大利 Z 舰队已被消灭。

原来，在 22 时 3 分，"勇士"号的雷达兵在左舷船头方向 9 海里处发现 1 艘长 600 多英尺的大舰。22 时 10 分，坎宁安接到"勇士"号的报告说，这艘大舰距离左舷船头只有 6 海里。

主力舰队同时向左舷转向，以靠近意舰。舰员们各就各位，舰炮也都对准了敌舰的方位。

22 时 20 分，"勇士"号报告，敌舰位于 191 度方位，距离 4.5 海里。坎宁安命令"猎狗"号和"格里芬"号去占领指定阵位。

舰队右舷一侧的驱逐舰"斯图亚特"号于 22 时 23 分忽然发出紧急警报，在右舷船头 250 度方位，露出多艘不明舰艇的巨大舰影，位于舰队正前方约 2 海里处。

它们是卡塔尼奥中将指挥的 Z 巡洋舰分队和第 9 驱逐舰小队。意驱逐舰"阿尔菲耶里"号位于最前边，后面是卡塔尼奥的旗舰"扎拉"号、"阜姆"号，再后面是"焦贝"号、"卡尔杜奇"号和"奥里亚尼"号驱逐舰。

卡塔尼奥并不知道地中海主力舰队正在海面上。10 时 25 分，坎宁安拿起望远镜，发现 2 艘大巡洋舰，前边还有 1 艘小军舰，正在舰队前方从右向左横行而过。

坎宁安下令重新排成纵队，枪炮人员纷纷把炮口转向新目标，从舰台后边和上边的射击指挥塔中传递着命令。很快，炮手已经扣住发火扳机。

Z巡洋舰队距离不足3800码，这时，地中海主力舰队与对面的Z巡洋舰航线几乎呈平行状态。Z巡洋舰毫无战斗准备。

地中海舰队的64门舰炮同时瞄准了Z巡洋舰队，左舷一侧负责警戒的驱逐舰被通知要撤离炮火中央经过的地方。

坎宁安通过超短波无线电骂道："快些滚开！"

22时27分，"猎狗"号驱逐舰打开探照灯。巨大的光束照射在"阜姆"号巡洋舰上。另外，"扎拉"号和"阿尔菲耶里"号驱逐舰的轮廓也被余光照出来了。

"厌战"号和"勇士"号同时用主炮轰击"阜姆"号。"厌战"号在2900码的距离开炮，"勇士"号在4000码的距离开炮。

"阜姆"号的后炮塔一带燃起了熊熊大火，后炮塔被炸翻。在第1次齐射的10秒钟内，"厌战"号的152毫米口径舰炮也开火了。这时，"阜姆"号全舰燃起了烈火，猛地向右舷倾斜。

这时，"猎狗"号也打开探照灯，照射着"扎拉"号巡洋舰，在夜空中意巡洋舰被照成银蓝色。5/6的炮弹都击在"扎拉"号甲板下面几英尺处。Z巡洋舰队和驱逐舰队毫无防范，向四面八方胡乱轰击。

"厌战"号第一次齐射后，经过30秒钟后，第二次向"阜姆"号齐射。"厌战"号又向"扎拉"号射击。两舰相距仅3000码。

"阜姆"号向右舷严重倾斜，熊熊大火烧遍全舰，缓慢而吃力地离开了Z巡洋舰队。45分钟后，即23时15分，"阜姆"号沉没了。

"勇士"号第一次向"阜姆"号发炮后，第二次向"扎拉"号齐射。在4分钟内，"勇士"号竟5次向"扎拉"号齐射。坎宁安从来都没有看见过如此快的舰炮射击，感到不可思议。

地中海舰队以雁行队形冲向意舰队时，负责殿后的"巴勒姆"号战列舰发现"波拉"号巡洋舰发射了两枚红色信号弹。

"巴勒姆"号正准备击沉"波拉"号，忽然接到转向的命令。正在这时，"猎狗"号探照灯照在"阿尔菲耶里"号驱逐舰上。

"巴勒姆"号立即在 3100 码的距离向"阿尔菲耶里"号开炮。"阿尔菲耶里"号带着熊熊大火向左逃去，离开了舰队。"巴勒姆"号又向"扎拉"号进行齐射。

"扎拉"号的前炮塔、指挥台和主机房都被炮弹击中。"扎拉"号带着熊熊大火，向左舷倾斜，原地打转。此时，探照灯继续照着 Z 舰队。

一声巨响，"扎拉"号的锅炉爆炸了，1 个前炮塔掉入大海。其余的重炮只能胡乱还击，意大利军舰的重炮无法进行夜战。22 时 31 分，3 艘意驱逐舰冲向地中海舰队。1 艘意驱逐舰发射了鱼雷。

坎宁安立即下令舰队紧急向右舷转向 90 度，攻击意驱逐舰队。

"厌战"号用探照灯向未发生战斗的一侧照射，以防止"维托里奥·维内托"号战列舰偷袭。突然，探照灯照到了一艘大舰。

正在这时，"厌战"号上的坎宁安听见火炮群的指挥官下令瞄准这艘大舰时，立即制止了他。

"可畏"号航空母舰上的舰员们发现探照灯光束离开他们移向别处时，眼睛有些昏花不清，便竭力恢复视觉。

22 时 38 分，"斯图亚特"号、"浩劫"号、"猎狗"号和"格里芬"号奉命彻底击沉残敌。

23 时 12 分，坎宁安命令所有没有参战的舰艇向东北方向撤退，避免己方舰艇之间误伤。

智者千虑，必有一失。坎宁安的命令使正在追击意战列舰的威佩尔的巡洋舰改向东北方向撤退，放弃了追击任务。坎宁安没有料到会出现这样的情况，因为他平时经常强调，在任何情况下，巡洋舰都不准放弃跟踪敌舰的任务。

在这漫长的深夜，地中海舰队始终没有找到"维托里奥·维内托"号。虽然英战列舰破旧，航速很慢，但 Z 巡洋舰队刚一出现就遭到了毁灭性炮击。

在第二次世界大战爆发前，英国海军长期进行的夜战演习，这一次发挥了重要的作用。

在进行夜战时，要准确地了解情况是很困难的。所有的事情都在发生着意想不到的变化，雾和浓烟造成视觉模糊不清等障碍。

当 Z 巡洋舰队遭到炮击时，卡塔尼奥惊呆了。意大利海军没有雷达，只能靠眼睛来观测。意大利海军的大型火炮没有防闪光器具，夜间瞄准和炮火指挥等难题都困扰着意大利海军。

而英国海军使用探照灯，攻击准确、迅速，在夜战中还使用了照明弹。

23 时 20 分，"可畏"号与 3 艘战列舰会合。23 时 30 分，主力舰队以 18 节的航速继续航行。

"格里芬"号遇到"波拉"号时，它停在那里，专等投降。"格里芬"号和"猎狗"号都发现了正在逃跑的 3 艘意大利驱逐舰，并朝它们开炮。但 3 艘意大利驱逐舰消失在浓烟中。

22 时 59 分，驱逐舰"斯图亚特"号和"浩劫"号发现了 2 艘意舰。原来是燃着大火的"扎拉"号停止不动，驱逐舰"阿尔菲耶里"号正围着"扎拉"号转圈。

"斯图亚特"号把 8 枚鱼雷对着意巡洋舰"扎拉"号和驱逐舰"阿尔菲耶里"号投射出去，击中了"扎拉"号。它又向"阿尔菲耶里"号开炮，"扎拉"号开始逃跑，"斯图亚特"号追上去向它开炮。23 时 5 分，"扎拉"号发生大爆炸。

不久，意驱逐舰"阿尔菲耶里"号上大火熊熊，突然翻了个身，沉没了。几分钟后，"斯图亚特"号向意驱逐舰"卡尔杜奇"号开炮。"卡尔杜

在激烈的海战中，"扎拉"号被击中，一个前炮塔被炸掉，并燃起熊熊大火

奇"号高速逃跑了。

几分钟后，驱逐舰"浩劫"号朝"卡尔杜奇"号发射 4 枚鱼雷，1 枚鱼雷击中了"卡尔杜奇"号。

23 时 30 分，"卡尔杜奇"号燃起了熊熊大火，在爆炸声中沉没了。

23 时 30 分，"浩劫"号把剩下的 4 枚鱼雷射向"扎拉"号，但没有击中。"浩劫"号冲上去，用舰炮轰击"扎拉"号。

23 时 45 分，"浩劫"号突然发现了停止不动的"波拉"号巡洋舰。

"波拉"号上漆黑一片，舰炮指向四面八方。"浩劫"号的探照灯照住"波拉"号，2 发炮弹击中"波拉"号，"波拉"号上两处起火。可是，"浩劫"号却逃跑了。

对"浩劫"号来说，"波拉"号重巡洋舰可是个庞然大物。"浩劫"号误以为它是战列舰"维托里奥·维内托"号，便向东北方向撤退。

零时 20 分，"浩劫"号给麦克和坎宁安发了电报，说发现 1 艘战列舰，"没有受伤，却停止不动"！

麦克此时在"浩劫"号西北偏西方约 60 海里处，正挡在以"维托里奥·维内托"号为首的 Y 舰队的航线上。零时 30 分，麦克接到"浩劫"号的电报，率驱逐舰队改向东南方驶去。

10 分钟后，"浩劫"号又发了一份电报，把战列舰改为"巡洋舰"，并指出自己的位置。直到 1 时 34 分，麦克才接到这份电报。

结果，"维托里奥·维内托"号和其他意大利舰艇摆脱了麦克驱逐舰队的拦截。

由于"浩劫"号击沉了"卡尔杜奇"号，又找到了"波拉"号，因此坎宁安原谅了"浩劫"号的过失。

麦克派"贾维斯"号驱逐舰去击沉"扎拉"号，有 3 枚鱼雷击中了"扎拉"号。

火光冲天，把几海里外的海面都照得通明。许多意大利舰员在大海中挣扎。3 月 29 日 2 时 40 分，"扎拉"号慢慢地沉入大海。

驱逐舰"猎狗"号和"格里芬"号接到"浩劫"号的信号，率先赶来。1 时 40 分，"猎狗"号和"格里芬"号打开探照灯一照，发现"波拉"号的甲板上挤满狼狈不堪的意大利人，许多人都喝醉了。甲板上扔着杂物、酒瓶。

3 时 25 分，英国驱逐舰纷纷营救幸存者。3 时 40 分，"贾维斯"号离开"波拉"号，发射了 1 枚鱼雷，但"波拉"号还不肯沉没。"努比亚"号又发射了 1 枚鱼雷，又击中了。4 时 3 分，"波拉"号爆炸后沉没。

至此，在意 Z 巡洋舰分队和驱逐舰队中，只有"焦贝蒂"号和"奥里亚尼"号侥幸逃生。

黎明后，麦克命令驱逐舰队，以 20 节的航速前进，重新与主力舰队会合。

4时30分，"可畏"号出动舰载机进行黎明侦察。

天气晴朗，海面上只有微风。

由于舰队已被德国飞机发现，整个上午地中海舰队没有受到攻击。但坎宁安知道，敌人一定会集中力量报复"可畏"号。

15时11分，警报响了。雷达发现一支重型轰炸机队正向舰队接近。3架"海燕"式战斗机被弹射出去。

发出警报后15分钟，敌机距舰队40海里。5分钟后，只有25海里了。3分钟后，所有的火炮开炮拦截。敌机群冒着炮火，向"可畏"号俯冲。一架德国"斯图卡"式轰炸机爆炸了。

第二批敌机紧跟着俯冲下来，不远处还有第三批敌机。"可畏"号不停地躲避，1个炸弹在左舷附近溅起800英尺高的黑色水柱。接着，一个个水柱腾空而起！

不久，空袭结束，"可畏"号没有受伤。

敌机一共是12架"斯图卡"式飞机，攻击只进行了几秒钟。前两批德机被防空炮火赶跑，其中1架爆炸。第三批4架德机是被3架"海燕"式战斗机赶跑的。

马塔潘角海战结束了，英海军只损失了1架"大青花鱼"式飞机，却重创了意大利舰队。

德军又出"水星"怪招

希特勒正式下达了执行"水星"计划攻占克里特岛的第28号命令……

经过马塔潘角海战，意大利海军从希腊海域撤退。墨索里尼发誓，

要建立海军航空兵。墨索里尼命令把两艘邮船改建成航空母舰，但直至意大利投降时，这两艘邮船仍在改建之中。不过，不甘心失败的意大利军队在北非发动了强大的攻势，以阻止英军从埃及抽调部队，支援克里特岛。

在征得意大利同意后，希特勒于1941年4月6日，派出68万名德军取道保加利亚侵入南斯拉夫和希腊。随后，墨索里尼也先后抽调43个师投入巴尔干战场。

4月17日，南斯拉夫投降。希腊政府为了不再受到德军的迫害，要求英国不再向希腊增兵，并撤走希腊的英联邦军队。丘吉尔首相同意从希腊本土撤军，但不放弃克里特岛。

4月24日，希腊政府投降了，但希腊人民仍坚持游击战。

对于克里特岛的重要战略地位，德国统帅部当然是知道的。但是，德国统帅部在巴尔干半岛的作战中缺乏全盘计划，希特勒原来计划当德军攻下希腊后就结束战役。但是，克里特岛的英联邦军队就像是德军背后的钉子。

克里特岛位于东地中海，是爱琴海的门户。克里特岛距离马耳他岛810公里，距离塞浦路斯岛520公里，距离伯罗奔尼撒半岛90公里，距离英国在北非利比亚的重要军事基地托卜鲁克港只有360公里，距离埃及亚历山大港只有560公里。

克里特岛对英国的重要性仅次于马耳他岛。英军通过克里特岛可以控制东地中海，还可以对南欧、北非构成巨大的威胁。丘吉尔不愿意把这个战略要地让给希特勒。

克里特岛又窄又长，东西长257公里，南北平均宽32公里，最窄处只有11公里。全岛到处是山脉，各处山脉的主峰海拔都在1800米以上，陡峭难行，岛上的河流非常湍急，对部队的运动构成了严重的阻碍。

克里特岛只有北部地区修建的一条公路，路面狭窄，还有许多急转弯，桥梁承载重量不足 7 吨，重型车辆和坦克等都不能通过。岛上的通信联络十分困难，对于兵力的展开、调动和指挥非常不利。

克里特北部首府卡尼亚附近有一块狭小的平原，地势平坦。平原环绕着全岛主要的港口和停泊地：苏达湾、雷西姆农和伊拉克利翁。苏达湾水深湾宽，能够停泊大型军舰，但规模不大。

克里特岛上有 3 个机场：伊拉克利翁机场、雷西姆农机场和马利姆机场。伊拉克利翁机场能够起降各种飞机；马利姆机场能够起降战斗机；雷西姆农机场没有完工。因此，英军无法在岛上建立强大的空军。

克里特岛只有北部地区适合登陆，从海岸开始一直是连绵的丘陵，还有一些谷地，这样的地形影响英军的机动。克里特岛对英军是十分不利的，使英军容易受到德军登陆部队的迂回攻击。

德国空军为了消灭逃到克里特岛上的希腊军队和英联邦军队，巩固德军日后向苏联进攻的右翼安全，制订了代号为"水星"的作战计划。

"水星"计划的发起者是第 11 航空军军长库特·斯徒登特中将。斯徒登特亲手创建的第 11 航空军是德国唯一的空降部队。

斯徒登特研究了克里特岛，发现该岛 4、5 月间的天气晴朗少雨，对于德军空降作战是十分有利的。空降作战一旦取得成功，就能发挥空降部队的威力，向最高统帅部证明空降理论的正确性。斯徒登特制订了详细的计划，上交第 4 航空队司令勒尔上将。

勒尔担心日后会遭到驻克里特岛的英空军的空袭，尤其是盟国罗马尼亚的普洛耶什蒂油田也在英空军的打击范围内，应该尽快占领克里特岛。

勒尔向德国空军元帅戈林提出了斯徒登特的作战计划。德国空军在不列颠空战中损失惨重，戈林一直在寻找机会报复英国空军。4 月 21 日，戈林和斯徒登特一同前往柏林，向希特勒报告这个计划。

在军事会议上，德军最高统帅部参谋长凯特尔元帅提出："最重要的是使用第 11 航空军占领马耳他！"因为马耳他岛比克里特岛更重要，但

在"水星"计划中，德国海军作为辅助力量为攻占克里特岛提供海上支援

是，希特勒为了尽快结束巴尔干半岛战役，发动"巴巴罗萨"计划（入侵苏联的计划），希特勒撤消了登陆马耳他的决定，下令先在克里特岛进行空降作战。

希特勒作出这一决定的理由是，苏联是德国最大的敌人。德国吞并苏联后，地中海的北非英军将不堪一击，等德国的新型潜艇大量服役后，资源贫乏的英国迟早会投降的。

4月25日，希特勒正式下达执行"水星"计划攻占克里特岛的第28号命令，日期为4月30日，后来改为5月19日。

德国最高统帅部计划以空降兵为主发动空降作战。第4航空队包括斯徒登特中将的第11航空军和里希特霍芬中将的第8航空军。

第11航空军是空降兵部队，下辖10个空军联队，拥有600架运输机、100架滑翔机、1个侦察机中队、1个第7空降加强师，总兵力约为2.5

万人。

第 8 航空军拥有 223 架轰炸机、305 架俯冲轰炸机、230 架战斗机、50 架侦察机，基地位于希腊和保加利亚，可以从希腊南部和爱琴岛向克里特岛发起空袭。另外，驻扎在北非第 10 航空军将随时支援第 8 航空军。

"水星"计划以空军为主，以陆军和海军为辅。"水星"计划由戈林任总指挥，其中空中作战由勒尔指挥；参战部队还有海军舒斯特尔将军的东南舰队；伞兵由萨斯曼上将指挥。空降司令部位于希腊首都雅典。

冯·里希特霍芬是世界级的王牌飞行员，他的第 8 航空军在吞并法国时立下了大功。对此人戈林寄予厚望，希望他能为德军报一箭之仇。

东南舰队拥有 70 艘舰船和 200 艘摩托艇，载运第 6 山地师的 1 个营、第 7 空降加强师的勤务部队、重型装备和补给品，第 5 山地师及其武器、装备和补给品。东南舰队还负责为攻占克里特岛提供海上支援。

司徒登特依据在挪威和荷兰的空降作战经验，认为应该在多个目标空降，造成英军的混乱，直到占领克里特岛。勒尔认为应该集中兵力在马利姆和卡尼亚空降，集中兵力对付英联邦军队。

戈林对他们的方案进行了折中，决定把空降部队分成西部、中部和东部三个战斗群。

滑翔突击团为西部战斗群，在马利姆空降，占领马利姆港和机场；第 7 空降加强师的伞兵第 1 团和伞兵第 2 团 2 营为东部战斗群，在伊拉克利翁空降，占领伊拉克利翁机场；第 7 空降师的伞兵第 3 团和第 2 团为中部战斗群，在雷西姆农和卡尼亚空降，占领机场、卡尼亚和苏达湾；第 5 山地师由预备队机降或由东南舰队运送。伞兵由第 7 空降加强师师长萨斯曼统一指挥。

由于飞机太少，空降作战被迫分批进行，第一批运送滑翔突击团和伞兵第 3 团；飞机返航后运送伞兵第 1 团和第 2 团。然后预备队机降第 5 山

地师。

4月25日，意大利军队在北非发动了强大的攻势，以阻止英军从埃及抽调部队，支援克里特岛；第11航空军从德国乘火车，通过罗马尼亚，坐卡车赶到希腊；运输机返回德国进行检修；疏通航道，用卡车将燃油运往机场、海军基地；空降部队频繁地进行演习；大批德机对克里特岛的机场和防御工事发动了猛烈的空袭。

英军应希腊政府的撤军要求，把希军、英联邦军队共1个师、两个团、11个营、5个连，总数约4.4万人，撤到克里特岛上，使该岛的防御力量猛增。另外，岛上还有44万名居民。

丘吉尔研究了英国在中东地区、北非地区和地中海地区的局势后，认为德军将很快进攻克里特岛，最可能采取的进攻手段是空降作战。

丘吉尔指示中东英军总司令韦维尔上将加强克里特岛的防御。

韦维尔上将发现，克里特岛上有英国军队、新西兰军队、希腊军队、澳大利亚和其他国家的军队，岛上的部队混杂，这样是缺乏战斗力的。需要能力很强的人统一指挥各国的部队，使其形成一只铁拳。

韦维尔发现，弗赖伯格是最佳人选。弗赖伯格是新西兰师少将师长。他参加过第一次世界大战，年仅26岁就晋升为旅长，荣获英国维多利亚十字勋章。

二战爆发后，新西兰支持英国，弗赖伯格晋升为少将师长。新西兰师在希腊英勇善战，多次打败德意军队。韦维尔任命弗赖伯格为克里特岛总指挥。

弗赖伯格认为，空降是德军作战的手段之一，德军主力将来自海上。

5月6日，英国情报机关掌握了德军空降作战的细节和可能发起攻击的日期，通知了弗赖伯格。

弗赖伯格认为守军疲惫不堪，组织散乱；从希腊逃跑，降低了士气；守军除了枪械，急需火炮、坦克和汽车，没有无线电设备。守军上岛后没有明确的防御计划，就连弗赖伯格自己的总指挥职务也才刚确定下来。

弗赖伯格认为，除非英国海军和空军支援克里特岛，否则克里特岛危在旦夕。弗赖伯格能够想到，但英国海军和空军却无法及时赶来增援，就连韦维尔也暂时无法抽调北非英军增援克里特。

通过情报，弗赖伯格分析了德军准备空降克里特岛的几个空降点后认为，德国空降兵是德军进攻的辅助兵力，只不过是占领港口和机场，来自海上的德军仍然是主力。

弗赖伯格把苏达湾和马利姆机场作为防御重点，以苏达湾和3个机场为主构成防御体系。由于岛上交通不便、通信不畅，弗赖伯格把全岛分为4个独立的防区：

马利姆防区，由普迪克准将指挥，包括新西兰第5旅、希腊军3个营、4个作步兵用的炮兵营，共1.2万人防守，新西兰第4师为预备队。

苏达湾防区，由韦斯顿少将指挥，包括英海军陆战队、澳大利亚军1个营和诺森伯兰轻骑兵，共1.5万人，威尔士第1营为预备队。

雷西姆农防区，由瓦齐准将指挥，包括澳大利亚步兵第19旅的2个营、希军4个营和克里特岛1个警察营，共7000人。

伊拉克利翁防区，由查佩尔准将指挥，包括新西兰军3个营、希腊军3个营、澳大利亚军1个营和1个英炮兵团，共8000人。

岛上的装甲部队是英军轻骑兵第3团的6辆坦克，部署在3个机场上，防空力量只有3个轻型高射炮连和2个重型高射炮连。

德军入侵荷兰时，曾在公路、海滩等地方起降飞机，弗赖伯格认为德军的主攻目标不是机场，而且日后英空军还需要使用机场，因此没有下令炸毁机场。

5月16日上午，1架德国侦察机在克里特岛上空侦察时被击落，飞行员成了俘虏。据德飞行员供认：德军将在48小时内进行空降作战。

英军的情报部门也发现，德军在希腊南部地区集结了空降部队。

5月20日凌晨2时，德军一小股伞兵在克里特岛降落，负责用发光信号接应主力部队空降。

4时左右，德国第一批运输机和滑翔机起飞，升空后，12架飞机为一队，飞向马利姆地区。5时，德国第8航空军对克里特岛的马利姆、伊拉克利翁和卡尼亚发动了猛烈的空袭。7时，德国运输机和滑翔机群飞抵马利姆机场。

德伞兵第1营多数空降在到处是石块的塔威拉尼蒂斯河河谷，迅速集结后，向马利姆机场冲去。德伞兵第3营空降在机场东边的新西兰第22营和第23营的预伏阵地上，德伞兵遭到猛烈的对空扫射。德伞兵第3营的大部分官兵被击毙。

西部战斗群的德指挥官麦恩德尔在落地时负重伤，他改变了计划，命令第1营和第3营先攻下107高地，再向下进攻马利姆机场。

安德鲁指挥的新西兰第22营负责坚守107高地和马利姆机场。其中2个连坚守107高地，另2个连坚守机场。

可是，在107高地上的安德鲁与机场的2个连失去了联系。当德军伞兵第1营进攻塔威拉尼蒂斯河大桥时，安德鲁出动2个连和2辆坦克反攻。

安德鲁的2辆坦克被击毁，2个连大部分被击毙。

下午，安德鲁率领2个连的残部向高地顶部逃去。安德鲁于下午6时请求撤退。经过批准后，安德鲁率兵逃到第23营的阵地上。

马利姆机场的第22营的2个连正在机场苦战德军。黄昏，麦恩德尔的西部战斗群已经不足600人了，只好停止了进攻。

午夜，西部战斗群从西、南两个方向偷偷地进攻107号高地，可是上面没有守军。接着，西部战斗群居高临下占领了马利姆机场。

德军第一批空降的部队还有在加拉图斯地区降落的中部战斗群，由萨斯曼师长亲自指挥。起飞20分钟后，萨斯曼乘坐的滑翔机拖索被战斗机

等待登机的德国伞兵

撞断，滑翔机坠毁，萨斯曼和参谋们全部毙命。

德伞兵第 3 团是中部战斗群的主力部队，它的第 1 营、第 2 营降落在盟军较少的地方，第 3 营却降落在预设预备旅的阵地上，几乎被全歼。团长海德里克着陆后，发现已经被包围了，只好组织伞兵构筑简易工事，迎击盟军。

弗赖伯格担心来自海上的德军，只用 1 个营进攻海德里克的伞兵第 3 团，傍晚时盟军停止了进攻。

德中部战斗群的其他部队在雷西姆农空降，由伞兵第 2 团的第 1、第 3 营分别在雷西姆农机场的东西两侧降落。由于德军运输机在空中遭到地面火力的猛烈打击，有 7 架运输机被击落，2 架因相撞而坠毁，伞兵着陆时过于分散。

其中伞兵第 2 团的团长斯特姆的团部及直属两个连降落在澳大利亚军的阵地上，伤亡惨重。

布劳尔的东部战斗群在伊拉克利翁地区空降，由德伞兵第 1 团和第 2 团 2 营组成，由于飞机的数量太少，结果空降从下午 5 时一直持续到晚上 7 时，东部战斗群混乱地投入战斗。晚 7 时，布劳尔刚刚着陆，他立即改变了原计划，集中兵力进攻机场。

由于部队陷入混乱，兵力无法集中，所以进攻毫无进展。中部战斗群和西部战斗群的作战，使德军损失惨重。总指挥萨斯曼师长的意外阵亡，导致了空降部队各自为战、互不支援。

德第 7 伞兵师在雷西姆农和伊拉克利翁的攻势被守军挡住了；第 7 伞兵师很有可能被全歼。但斯徒登特军长并没有气馁，立即机降预备队——第 5 山地师。而机降第 5 山地师的关键是占领一个机场。

由于与岛上德军的联络不畅，斯徒登特对岛上的战斗进程毫不知情，他不知道德伞兵已经占领了马利姆机场。

斯徒登特派情报参谋克莱，于 21 日拂晓乘空投补给品的运输机到马利姆机场上空侦察。

21 日拂晓，克莱飞到马利姆。几小时后，斯徒登特听说德伞兵已经占领了马利姆机场。斯徒登特立即命令第 5 山地师和滞留在希腊的 600 名伞兵增援马利姆机场。

600 名伞兵于下午 3 时在马利姆地区降落，近 300 名伞兵随风飘到新西兰部队的阵地上，只有少数德伞兵逃到机场。另一半在马利姆机场降落，与麦恩德尔的残部会师，这是及时的增援，顶住了盟军对马利姆机场德军的攻势。

下午 4 时，第 5 山地师乘坐 JU-52 型飞机陆续飞抵马利姆机场，尽管英军对马利姆机场发动了猛烈的炮击，击毁或击伤了 1/3 的 JU-52 型飞机。

德军得到了大量的重武器和补给品。傍晚，德军第 5 山地师已经有一个团投入了战斗，马利姆地区的德军力量猛增。

在雷西姆农和伊拉克利翁方向，两地的机场都在盟军掌握中，指挥德伞兵进攻雷西姆农机场的斯特姆上校被盟军活捉了。

21日晚，德军出动一支摩托艇队，运送1个山地步兵营，准备利用夜色的掩护增援岛上的德军。

这支摩托艇队被英国海军舰队拦住，几十艘英军舰炮击摩托艇队。大部分摩托艇被击沉了，只有小部分摩托艇逃到了克里特岛。

弗赖伯格命令第5旅向马利姆机场的德军发动反攻。可是弗赖伯格给各部队下达的命令无法传达下去。

盟军的第22营拂晓后才开始行动，在赶往机场的路上，遭到德军的多次阻击，减缓了推进的速度。天亮后，德国第8航空军对德军给予大规模的近距离支援，反攻的盟军第5旅伤亡惨重，无法进攻机场半步。

得到报告后，弗赖伯格被迫下令停止进攻。

23日晨，德国空军又攻击了英国海军舰队。德空军炸沉了2艘巡洋舰和1艘驱逐舰，炸伤2艘巡洋舰和2艘战列舰。如此重大的损失是英海军无法承受的，在德空军的疯狂报复下，英地中海舰队退回埃及亚历山大港。

英舰队在撤退的过程中，有2艘驱逐舰被德空军炸沉。至此，克里特岛上的英军处境更加艰难。

德军夺取制海权后，立即从海上向克里特岛运送重武器和部队，使岛上的德军力量猛增。

24日傍晚前，德军攻下克里特岛的西部地区，向岛上继续推进。26日，修复了马利姆机场后，德空军不断地向克里特岛增兵。德军击垮了坚守卡尼亚的英军。

墨索里尼向克里特岛出动了一个加强团。该团于27日、28日在苏达港和锡提亚登陆，这时，德军攻下了雷西姆农机场。29日，德军于黄昏前占领了伊拉克利翁。

德国伞兵空降克里特岛

制海权掌握在德军手中后，英军陷入被动挨打的境地，弗赖伯格知道守不住克里特岛了。

弗赖伯格向韦维尔请示，请求及时撤退，否则岛上的盟军将全军覆灭。丘吉尔认为，克里特岛上的盟军拖住德国空军的每一小时对于处于危难中的北非英军都是十分必要的。

丘吉尔命令英海军组织兵力增援克里特。由于德空军掌握了制空权，英海军只能在夜晚偷偷地向岛上增援部队，每次只能运送很少的部队。

不管岛上的盟军的战斗意志有多强都不能扭转败局，盟军若能及时撤退还能保存一些实力，丘吉尔只好同意从克里特岛撤军。

德军和意军控制了苏达港等北部港口，盟军只能从南部的斯法基亚海滩撤军。

盟军各部队从全岛各处步行通过田野、丘陵和河流，向南部集结。要赶到斯法基亚，必须走过一条危险的小道，爬过几座几乎垂直的悬崖，很多盟军官兵因不擅长攀登而摔死，德军飞机也持续地轰炸和扫射。

26 日晚，莱科克指挥两个营负责后卫的任务，顶住了德军地面部队的疯狂追击。5 月 28 日夜晚，英地中海舰队和商船把盟军护送到埃及和巴勒斯坦地区。31 日，盟军已经有 1.7 万人安全撤离。

在撤退过程中，英地中海舰队的 1 艘巡洋舰和 3 艘驱逐舰被击沉，2 艘巡洋舰和 1 艘驱逐舰受到重创。

另外，盟军有 6000 多人成为德军的俘虏。6 月 2 日，德军占领克里特岛。

到克里特岛作战结束时，德国第 8 航空军共击沉英巡洋舰 4 艘、驱逐舰 6 艘、扫雷艇 1 艘、反潜驱逐舰 3 艘、鱼雷快艇 2 艘、登陆艇 19 艘和汽艇 2 艘。另外，英国还有很多军舰受创。对英军来说，克里特岛作战是失利的，其失利的原因主要是对克里特岛的战略意义认识不足，撤退部队对守军的战斗力影响太大。

以亚历山大港为海军基地的英地中海舰队能够参战的兵力只剩 2 艘战列舰、3 艘巡洋舰和 8 艘驱逐舰。

克里特岛登陆战役长达 12 天，德军获得了入侵北非、苏伊士运河和中东的跳板和前进的基地，保证了德军向苏联进攻的侧翼安全。

不过，德军也付出了巨大的代价。德军损失了 400 架飞机和 1.5 万人，包括德国第 7 空降师的 5000 名伞兵。这一损失令组建不久的德国空降兵部队再无抬头之日。

按大西洋全盘作战计划，克里特岛在德军北非作战中是一个"棋子"。原定以克里特岛为前进基地，在北非登陆，与隆美尔的"非洲军团"共同向北非英军发动钳形攻势的战略计划没有实施。可是克里特到手后，希特勒弃之不用，因为德军同时在苏联、西欧、北非 3 个战场上作战，实在没有力量在北非开辟第二战场。英国在克里特岛的抵抗拯救了马耳他，经过

克里特空降作战后，德国没有空降部队了。

出于对"水星"计划的执行及作战"胜利"，希特勒总得在论功行赏时有所表示。希特勒虽然授予斯徒登特"铁十字勋章"，但却认为伞兵已经过时了，空降作战太得不偿失。结果，希特勒没有重建空降兵部队。

相反，英军在克里特岛防御中吃尽了德空降兵的苦头，深知空降兵的作用，于是立即扩充空降兵部队，成立了第一支空降军。在日后盟军登陆诺曼底作战中，空降兵部队发挥了巨大作用。

第五章

"狼群"四面出击

"独狼"出动

希特勒第一次承认了"铁皮小船"的巨大威力。

自从二战开始后一贯追随希特勒的邓尼茨，被任命为海军司令，可至今他听到的都是陆军和空军的战绩，海军仍然默默无闻，广阔的大西洋竟没有其用武之地。

1939 年 9 月 3 日夜晚，德国潜艇部队司令卡尔·邓尼茨望着波涛滚滚的海面陷入沉思之中。

他要为德国海军找到用武的突破口，令希特勒对海军另眼看待。"狼群计划"就是他苦思冥想出来的。

德海军将要浴血大西洋，与死对头英国海军决一死战，潜艇部队终于能够扬眉吐气了。邓尼茨坚持认为，以目前德海军的现状，海战的重点应该是潜艇战，潜艇战的重点就是经济战。就是说，尽量消灭盟国的商船队，拖垮盟国的经济，使盟国投降。

邓尼茨认为，若想保证大西洋海战的成功，现在最少需要 300 艘潜艇。他认为应该把 1/3 的潜艇用于进攻盟国商船，1/3 用来海上巡逻，1/3 用来保卫德国海军基地。

这样，在前线作战的潜艇必须达到 100 艘左右，才有可能切断英国的海上交通线，早日使英国投降。

那时，德国海军只有 56 艘 U 型潜艇，而且只有 46 艘能够参战。在 46 艘中能到大西洋作战的只有 22 艘，剩下的 24 艘都是一些吨位太小、攻击能力太弱的潜艇。这些小潜艇的续航能力只能在较近的北海海域作战。

邓尼茨与德国潜艇兵

在 22 艘大潜艇中，只有 7 艘能对付大西洋的英国商船。

可是，希特勒否决了邓尼茨的计划。希特勒只喜欢巨舰，把战列舰看成是珍宝，根本瞧不起像小铁皮船一样的潜艇。希特勒指示邓尼茨，必须根据《国际法》规定的条款作战：潜艇必须在盟国商船卸货完毕、海员离船以后，才能击沉商船。

当时，希特勒只是名义上向英国和法国宣战，没有与英国和法国发生战争。可是，邓尼茨的潜艇部队做的一件事让他十分恼火。

在赫布里底群岛附近，德海军的"U-30"号潜艇发现在海上航行的船队中，有一艘商船离开船队平时常走的航线，误以为它是军用物资运输船。

"U-30"号长下令击沉了该船，该船和船上的 128 人沉入大西洋。没想到，这艘商船并不是军用物资运输船，而是从伦敦开往美国的客轮"亚瑟尼亚"号，死者大部分是平民百姓，还有 22 个美国佬。美国人和英国人都愤怒了，指责德国违背了《国际法》，进行惨无人道的屠杀。

当然，希特勒这个法西斯头子，并不是为误杀无辜的平民百姓而有什么"天良发现"，他只是害怕美国以这个事件为借口向德国宣战，因此他只好耍赖，说这不是德国潜艇干的。邓尼茨派人将该潜艇的航海日志撕毁，换上没有记录这件事的新航海日志。该潜艇的舰员们也都发誓，一定保守秘密。

迫于国际压力，希特勒进一步限制潜艇部队的活动：日后对任何客轮，不管是哪个国家的，是否有护航舰护航，一律不准伤害。

邓尼茨看到，在希特勒的限制下，潜艇部队什么用都没有了，就想让雷德尔帮忙，希望能够说服希特勒收回成命。

9 月 23 日，雷德尔向希特勒提出了请求，希特勒同意击沉那些被德海军下令停止航行但仍然使用无线电向英海军告密的商船。24 日，在雷德尔的软磨硬劝下，希特勒取消了不准进攻法国商船的命令。

9 月 30 日，希特勒为了报复盟国，取消了潜艇部队对北海作战的限制。10 月 17 日，随着战争的扩大，希特勒宣布：凡是属于敌人的舰只，潜艇都可以将它们击沉。10 月 19 日，希特勒宣布：凡是实行灯火管制的船只，潜艇部队都可以不顾《国际战争法》的规定将其击沉。

在希特勒把对潜艇战的限制取消以前，邓尼茨一直在限制之内发动攻击。邓尼茨期望有一天希特勒能够重视潜艇部队，为其"无限制潜艇战"大开杀戒，届时那神出鬼没的潜艇定会成为大西洋的主力。

9 月 14 日，英国航空母舰"皇家方舟"号正在苏格兰西北部的赫布立群岛一带执行任务。邓尼茨认为这是德国潜艇作战的一次难得的机会，于是拟定行动计划，派出 U 型潜艇。

德海军"U-39"号潜艇与"皇家方舟"号遭遇了。舰长立即下令发射鱼雷。没有想到的是，鱼雷提前爆炸了。一艘负责护航的英国驱逐舰扑了过来，投掷深水炸弹击沉了德潜艇。本来已是胜券在握的事，却被这枚倒霉的鱼雷给搅和了，邓尼茨十分生气，但又无法把气撒在为其丧命的舰长身上。

9 月 17 日，"U-29"号潜艇藏在英吉利海峡西边的海水里，伸出潜望镜在海面上到处观望。突然，潜望镜中出现了 1 艘万吨级的大客轮，一架飞机在客轮上空进行反潜巡逻。

"U-29"号舰长下令跟踪客轮。客轮发现潜艇后改变航线，加速逃跑了。潜艇在水下的航行速度还不足 10 节，"U-29"号潜艇只好望洋兴叹了。

舰长刚要命令潜艇浮出海面，突然，在潜望镜的左舷水平线上露出一个小黑点。原来是一艘航空母舰，整个潜艇内欢呼声一片。

它是英国海军的"勇敢"号航空母舰。"U-29"号潜艇悄悄地尾随在"勇敢"号的后边。约 2 个小时后，"U-29"号潜艇追上了航空母舰。突然，航空母舰改变了航线，暴露出长长的侧部。

"U-29"号潜艇马上浮出水面，照准航空母舰射出 3 枚鱼雷，然后逃进水中，以躲避护卫驱逐舰的攻击。

航空母舰连续发生了 3 次大爆炸，接着，引爆了弹药库和机库，经过一连串的大爆炸后，航空母舰缓缓地沉没了，舰上的 518 名官兵都见了上帝。这是邓尼茨"小铁皮船"的第一次战绩，它击沉的是大于其上百倍的航母。

"小铁皮船"潜艇上的德国士兵还来不及高兴，英国护卫驱逐舰纷纷向"U-29"号现身的海域扑来，投掷了许多深水炸弹。一颗颗深水炸弹

在"U-29"号身旁炸响，潜艇剧烈地摇晃，侥幸没有受到重创。历经重重磨难，"U-29"号艰难地游出了深水炸弹区，逃回潜艇基地。

"U-29"号的胜利，使希特勒第一次承认了"铁皮小船"的巨大威力。

9月21日，邓尼茨再次组织了几艘潜艇，向一支由41艘商船组成的护航运输队发动了突袭，击沉12艘商船。

对于德海军来说，斯卡帕湾真是耻辱的标志。

斯卡帕湾地处英国苏格兰北部的奥克尼群岛，是面积为340公顷的深水港。

斯卡帕湾与北海相连，西连大西洋，战略意义重大。湾内的斯卡帕军港是英国海军的重要基地。

第一次世界大战时，德国潜艇曾经两次进攻斯卡帕军港，但都惨败而归。1919年，德海军的舰只都被囚禁在斯卡帕港内，为了避免落入英国人手中，偷偷地自沉了。

邓尼茨一心想进攻斯卡帕湾，由于第一次世界大战时有过两次战败的惨痛教训。邓尼茨哪还敢轻举妄动，只能把突破口放在寻找斯卡帕军港的漏洞上。

通过不断的空中侦察得知，要进攻斯卡帕军港难度太大了：斯卡帕湾的流速达10节，德国潜艇的水下最高速度只有7节，潜艇无力逆流而进。而且斯卡帕军港的防卫力量强大。

9月11日，邓尼茨从空军那里又得到了许多重要的情报，空军拍摄了斯卡帕、弗洛塔、绥萨、里沙海峡内的英海军军舰。

"U-16"号潜艇通过水下侦察得知，潜艇可以趁霍克沙海峡启闸之机潜入斯卡帕湾。邓尼茨请求第2航空队想办法侦察斯卡帕湾各入口处的情况。

通过对大量情报的仔细研究，邓尼茨发现斯卡帕湾共有7个入口，除了霍姆海峡以外，其他 6 个入口处都设有防潜网、防潜棚和水雷场，还设有警戒舰艇，潜艇无法通行。由霍姆海峡南面到兰勃·雷姆有一条宽 15 米的航道，虽然霍姆海峡被沉船堵住了，但能够从缝隙中穿过。

邓尼茨派"U-47"号潜艇执行这个重任。10 月 13 日清晨，普莱恩艇长指挥"U-47"号潜艇潜入海中，向全体舰员宣布了此次航行的作战任务，水兵们全都欢呼雀跃起来。

傍晚，"U-47"号潜艇浮出水面，全速向斯卡帕湾驶去。月亮还未升起，但却发生了极光现象，极光把海面照耀得像白天一样。

"U-47"号潜艇在水面上继续航行。很快，霍姆水道突然出现了。根据德国空军的侦察，只有霍姆海峡防范不严。因为霍姆海峡水道狭窄弯曲，水流非常急，水下密布着巨大的礁石，是个险要之地。英海军在霍姆海峡内击沉了 3 艘破船。

"U-47"号潜艇成功地绕过了第一艘沉船，向湾内继续驶去。借助涨潮的水势，"U-47"号潜艇眼看就要绕过第 2 艘沉船了，没想到潮水突然把潜艇向右岸推去。

德国"U-47"号潜艇

普莱恩下令左舵停转，右舵低速前进，潜艇向左转，费了九牛二虎之力才摆脱了搁浅的厄运。

10月14日0时27分，"U-47"号潜艇缓缓驶进斯卡帕军港。"U-47"号潜艇在水中走了3.5海里，没有找到任何攻击目标。"U-47"号潜艇绕了一个大圈，向梅茵岛驶去。

渐渐地，"U-47"号潜艇前方出现了英战列舰的三脚桅和大炮塔，后方1海里处又出现了1艘战列舰。普莱恩欣喜若狂：前方的那艘肯定是"皇家橡树"号，后面的那艘是"力伯斯尔"号。

"U-47"号潜艇发射了3枚鱼雷，只有1枚鱼雷击中了"皇家橡树"号战列舰，但没有给"皇家橡树"号造成损伤。

第一次攻击结束后，"U-47"号潜艇向后撤退了一段距离。鱼雷兵忙着装鱼雷，准备攻击。

午夜1时16分，"U-47"号潜艇驶入发射阵地，发动了第二次攻击。有3枚鱼雷射中了"皇家橡树"号战列舰。

被炸坏的"皇家橡树"号的碎片到处飞扬，"皇家橡树"号呈40度大倾斜，舰体缓缓地沉入海中，舰长以下833名官兵全部葬身海底。

斯卡帕军港中的其他军舰知道大难临头，连忙出动舰艇寻找德潜艇。普莱恩立即下令以最快的速度返航。

忽然，一艘驱逐舰用探照灯向海面四处照射，随后朝"U-47"号潜艇下潜的海面扑来。普莱恩和水兵们紧张地看着英驱逐舰。

意外的是，英国驱逐舰竟忽然改变了航向，在距离潜艇很远的地方投掷了大批深水炸弹。

"U-47"号潜艇绕过沉船和大量的险礁，撤出了霍姆海峡。

事后，英国在柯克水路狭道的沉船旁，又击沉了一艘旧船。英国舰队撤到军港内的其他停泊处，加强对斯卡帕军港的防卫。

10月17日清晨，"U-47"号潜艇回到威廉港。码头上，德国海军总司令雷德尔和邓尼茨赶来迎接。

在表彰"U-47"号潜艇的同时，雷德尔宣布邓尼茨晋升海军少将。

希特勒批准了邓尼茨加快建造潜艇的计划。潜艇造船厂由 3 个增为 16 个，潜艇建造速度由每月 4 艘增长为每月 20 艘。

希特勒让邓尼茨放手大干，进行无限制的潜艇战。至此，邓尼茨喜出望外，认为其大显身手的机会到了。为此，他命令部队改变行动计划，不断扩大攻击商船战果。

在对商船的攻击方面，很多德国潜艇都创造了辉煌的战果。尽管它们不像"U-47"号、"U-29"号、"U-30"号那样家喻户晓，但也很厉害。

邓尼茨出动的这些"独狼"，十分狠毒。潜艇的官兵们明明知道有生命危险，但毫不畏惧。因为他们知道：更多地击沉英国的商船，会使英国早一天投降。

"U-48"号先后共击沉盟国船只 10 万吨。

一天，一支拥有 25 艘舰船的英运输船队驶进"U-48"号潜艇的射程。"U-48"号进攻了 2 艘货船，一艘货船沉没了。

英军护卫舰立即扑了上来，"U-48"号赶紧躲藏。

半小时后，"U-48"号潜艇再次浮到水面上，英护卫舰又扑了上来。

舰长跳上舰桥，跑进甲板升降口，大声命令："潜航！"

海水灌进压载舱，为了让艇首立即下潜，艇员们都跑到潜艇的前部保持平衡，以避免翻船。当海水淹没潜艇的指挥塔后，猛烈的爆炸声响了起来。

突然，传来驱逐舰驶近的巨大马达声，又响起潜艇探测器的音波遇到潜艇后被弹回去的声音。

潜艇探测器是英国于 20 世纪 30 年代发明的超声波回音装置。英舰的深水炸弹投下来后炸响，"U-48"号潜艇剧烈地摇动起来。

第二枚深水炸弹投下来了，这次比第一枚投得还要近，"U-48"号潜

英国海军正在投放深水炸弹

艇摇动得更剧烈了。

修尔杰命令改航，进一步下潜。20分内没有听到爆炸声。

突然，第三枚深水炸弹爆炸了，震坏了潜艇舱内的深度计和通信装置，不过舰体没有遭到损伤。

修尔杰命令沉入海底，关闭发动机和一切发音装置。

英国驱逐舰正在探测"U-48"号潜艇，潜艇上的水手们能听见英军舰巨大的发动机的声音。

一会儿，深水炸弹又发动了攻击，在潜艇的前后左右不断地爆炸，舱内的很多物品都被震坏了。

潜艇在海底一直躲到天黑，才浮上60米的深度。潜行约4公里后，浮回海面上。

类似的厄运，德国潜艇在海战中经常遇到。

1940年6月22日，法国向德国投降。

这时，德国吞并了大半个欧洲，能够与德国抗衡的，只有英吉利海峡对岸的英国和东方大国苏联。

法国的滨海小城洛里昂，位于比斯开湾的北端，从洛里昂出发航行200海里就能到达英国海运最繁忙的北海和北大西洋海域。

德军控制了比斯开湾，法国的大西洋港口——布雷斯特、圣纳泽尔、拉罗歇尔和洛里昂港都被邓尼茨改建为潜艇基地，使潜艇到达大西洋的航程缩短了800公里。

德国潜艇再朝大西洋深入一点，就可以攻击运送阿根廷肉类和美国小麦的英国运输船队了。

由于敦刻尔克大撤退期间，大量英军驱逐舰被击沉，负责警戒的军舰在挪威战役中遭受重创，导致英国护航军舰的严重不足，从而对德国潜艇的威胁小多了。

1940年7月8日夜晚，"U-99"号潜艇在英国北海海峡浮出了水面，监视着海面。

舰长奥托·克里奇默尔少校靠在指挥栏上，叼着雪茄，吸了起来。忽然，哨兵向克里奇默尔报告："有情况。"

克里奇默尔举起双筒望远镜，一支英国护航运输船队分为两组，在3艘驱逐舰的护卫下向西驶去。

"U-99"号潜艇两小时后追到了英船队的前边。克里奇默尔下令只露出潜望镜，等待英船队的到来。

一艘英驱逐舰迎面扑来，"U-99"号潜艇刚要躲进深水中，英驱逐舰忽然从艇尾方向冲过去了。接着，英船队分为两组贴近"U-99"号潜艇。

"U-99"号潜艇发射了2枚鱼雷，水手们等待着鱼雷爆炸的巨响。一会儿，英船队安全地从海面上驶过去了。

克里奇默尔气得大骂："真倒霉！鱼雷又没有响。"

"U-99"号潜艇的尾发射管立即发射鱼雷，鱼雷又没有响。"U-99"

又瞄准一艘大船，发射鱼雷，这枚鱼雷不是哑弹，击沉了大船。

克里奇默尔下令："立即潜行！"与此同时，英军驱逐舰正高速扑来。

潜艇刚刚下潜到45米处，周围不断响起深水炸弹的爆炸声，潜艇剧烈摇动起来。一颗深水炸弹击中了近舷。

潜艇不断地下跌，跌入110米的深度。

英舰发出的呼呼的巨响声不断传来，螺旋桨声震耳欲聋。很快，噪音完全消失，可是四周又响起了深水炸弹的爆炸声。

"U-99"号潜艇艰难地恢复了平衡，仅受到轻微损伤。潜艇的航速大大降低。"U-99"号在水下的最大航速仅为8节，比水面舰艇30节的速度慢几倍。

"U-99"号潜艇毫无办法，英舰持续追击2个多小时，一颗深水炸弹又在潜艇的近舷爆炸，海水把潜艇艇壳压得嘶嘶直响。

为了减少氧气的消耗，克里奇默尔下令舰员躺倒，戴上呼吸罩。6个小时后，英舰停止了攻击。克里奇默尔发现蓄电池组的电能快耗光了，他只剩两个选择：一是让潜艇浮出水面，进攻驱逐舰；二是让潜艇沉入海底。

克里奇默尔下令沉入海底，连续6个小时不准采取任何行动。

厕所冲水后臭气熏天，舰员们改用马桶，但各舱内的空气更污浊了。后来，舱内的二氧化碳含量在逐渐上升，有些舰员已经喘不上气来了。英军舰艇发出了巨大的呼呼声和螺旋桨的巨大轰鸣声。舰员们感到死神就快来临了。

9日凌晨，英驱逐舰逐渐远去，"U-99"号潜艇在下潜18个小时后，浮出了水面。

克里奇默尔打开升降口盖，登上了指挥台。发动机启动了，风扇将清新的空气抽进舱内。舰员们钻出了潜艇，贪婪地呼吸着空气。

7月12日，"U-99"号将一艘希腊货船击沉。随后，"U-99"号召唤一架德国轰炸机炸毁了苏联货船"默里萨尔"号。

7月15日,"U-99"号又将英货船"沃德布里"号炸沉。

事实上,以上德国U型潜艇的战绩都是单艇作战取得的,可见"独狼"之厉害。尽管其小,但在水下,水面舰艇对它一点办法都没有,那时只有雷达作为探测设备,可雷达对水下目标无能为力,声呐又没有广泛应用。一时间,德国U型潜艇横行大西洋,暗中控制着大西洋的制海权。

"狼群"开始捕食了

就这样,两天内"狼群"就击沉盟国舰船41艘,总吨数约35万吨,创造了辉煌的战果。

虽然单个潜艇的战果辉煌,但邓尼茨仍然感到潜艇单独作战毕竟力量太小了,决定采取"狼群"战术对付盟国的护航舰队,而用小型潜艇进攻盟国的交通线。

为此,邓尼茨决定把潜艇部队调到挪威各港口附近。

1940年7月至10月,是德国海军潜艇作战的"黄金时代"。整个夏季,德国潜艇击沉的船舶取得了惊人的数字:

6月,58艘,284000吨;7月,38艘,196000吨;8月,56艘,268000吨;9月,57艘,295000吨;10月,63艘,352000吨。

大西洋上肆虐的"狼群",使英国维系运转的生命线开始动摇,运往英国的成千上万吨的货物,常常在途中就沉入大海。

商船的损失、航线的改道以及运输日期的增加,使英国的进口量锐减,每星期货物输入量从120多万吨(不含石油)骤减至75万~80万吨。

石油每月的进口量减少了一半左右,远不能满足英国的需求。

更加危险的是,德国潜艇攻击商船的月吨位数已大大超出了英国新建

船舶的吨位。

就在邓尼茨不断命令"狼群"攻击英国商船队的同时，1940 年 5 月，丘吉尔当选英国新首相。他上任后的最大难题就是，如何驱散或歼灭德国"狼群"，使英国不致因物资匮乏而丧失战斗力。

丘吉尔认为，仅靠英国是对付不了"狼群"的，因此频频向美国求援。

丘吉尔在给华盛顿的急电里，提出将英国在大西洋西部的 8 个海空军基地租给美国 99 年，以换取美国的 50 艘陈旧驱逐舰。

当时，美国仍处于中立，如美国向交战国英国交付 50 艘驱逐舰，德国人将视之为帮助英国，因而改变其中立立场，这恰好与美国人不想卷入战争的愿望相悖。

但罗斯福克服重重障碍，于 1940 年 9 月 2 日，促使美英就美国用驱逐舰交换英国在美洲基地问题达成了正式协议。

4 天后，英国海军在哈利法克斯港接到了第一批 8 艘驱逐舰。1941 年 4 月 10 日，除 50 艘驱逐舰外，美国还为英国提供了 10 艘 76 米长的海岸警卫艇。1941 年 4 月，美国把泛美安全区从西经 60 度延伸到西经 26 度，美国海军在 9 月开始提供护航，这使德国潜艇受到了极大限制。

1940 年 10 月 16 日子夜，德"U-48"号潜艇舰长修尔杰少校在罗克尔岛西北方向发现了英国护航运输队，马上向洛里昂的邓尼茨报告护航运输队的位置、航向、航速、船数与护航兵力，并准备对船队进行攻击。

修尔杰指挥潜艇悄悄靠近商船队，向 3 个重叠的目标发射了鱼雷，然后掉头撤离。

"U-48"号调头之后，传来两声巨大的爆炸声。一艘油轮起火，一艘货船中雷。两船开始下沉。

早 7 时，就在"U-48"号艇准备下潜之时，瞭望哨传来惊呼：前方发现飞机！修尔杰还没反应过来，一架英军飞机便直扑而来，向潜艇扔下两颗炸弹。好在没命中，潜艇立即下潜。但是，英军飞机却引导两艘英国护航舰追来。

此时，"U-48"号潜艇只有潜在水中低速蠕动。从早 7 时到下午 3 时，英舰不断在潜艇周围投掷深水炸弹。

但英军将深水炸弹爆炸的深度设定为 120 米，而"U-48"号潜艇却在水下 200 米处航行，因此并没有受到重大威胁。

"U-48"号潜艇被困水下时，邓尼茨也是心急如焚。在接到"U-48"号潜艇的第一次报告以后，邓尼茨就命附近的潜艇迅速向"U-48"号潜艇靠拢。

此时，"狼群"正纷纷向集结点驶去，而"U-38"号潜艇却中断了报告。

终于，正在前往集结点的"U-38"号潜艇发回报告："发现英国护航运输队，船队正向南行驶。"

邓尼茨目送德国潜艇出海

得到这一消息以后，邓尼茨喜出望外。

18日日落时分，潜艇先后抵达作战水域，"狼群"开始"捕食"了。

遭到潜艇攻击以后，英军护航舰只四处逃窜。因为英军舰上并未装备雷达，瞭望哨不能用肉眼在夜幕中发现这群行踪诡秘的幽灵。

"狼群"向护航运输队发起了疯狂的猛攻，在这场激烈的混战中，四处都有商船在燃烧、爆炸、沉没。有的缓慢下沉，有的一折两断。

最终，这支英国护航运输队的35艘商船，有20艘被"狼群"吞食，仅有15艘侥幸驶达港口。邓尼茨的7艘潜艇则无任何损伤。

天亮时分，德潜艇返航。

10月19日晨，"U-47"号潜艇与正向英国航行的一支船队相遇。

邓尼茨马上唤来"U-38"、"U-46"、"U-48"及"U-100"号潜艇。

夜色降临后，"狼群"向"群羊"发起攻击，前半夜，这5艘潜艇击沉盟军舰船14艘之多，后半夜，"狼群"袭击了其他船队，击沉7艘。

狼贯于捕食时表现出狠和准，尤其是饿狼。德国U型潜艇组成的"狼群"，达到了疯狂的地步，两天内，"狼群"就击沉盟国舰船41艘，总吨数约35万吨，创造了"辉煌的战果"。

北海狂飙起

英国人得到了急需的武器，更重要的是，孤立无援的英国得到了新盟友——美国。

1940年9月2日，英美两国签署了正式协议："英国把在巴哈马群岛、牙买加群岛、安提瓜岛、圣卢西亚岛、特里尼达岛和英属圭亚那等地的海空军基地转让给美国99年，以换取美国的50艘旧驱逐舰。纽芬兰的阿根夏和百慕大基地无偿送给美国。"

美国人深信因转让 50 艘破驱逐舰而得到了巨大的好处，一家报纸称那些英国基地为"美国东部的钢铁堤防"。

英国人得到了急需的武器，更重要的是，孤立无援的英国得到了新盟友——美国。

英美签署协议的消息传到德国，希特勒明白：这些破旧的驱逐舰用来进行水面作战不堪一击，但装上声呐以后对付潜艇却是轻而易举的。更令希特勒无法容忍的是，美国从中立国转为非中立国，站到了英国一边，随时都有对德宣战的可能。

希特勒发现，只要美国由罗斯福领导一天，德国与意大利、日本瓜分世界的计划就无法实现。

雷德尔要求把潜艇部队派往美国去报复时，希特勒生气地说："不，我们早晚要对付那个瘸子（罗斯福）。"希特勒伸出右手转动地球仪，指着英国和苏联说："我们打败英国和苏联后，德国、日本和意大利就会联手瓜分暴发户美国。"

1941 年 1 月 30 日，德国首都柏林。希特勒向全国发表演说："到春季，德国将在海洋中发动潜艇战，英国会发现，德国没有睡大觉。"

在希特勒的大力支持下，1941 年第一季度，造船厂每月生产 10 艘新潜艇，后来每月增加到 18 艘潜艇。潜艇的型号和性能大大改进了，主要有两种：一种是 500 吨型潜艇，巡航能力为 1.1 万海里；一种是 740 吨型潜艇，巡航能力为 1.5 万海里。

邓尼茨请求雷德尔元帅，希望他向希特勒要飞机，装备潜艇部队。1月 7 日，希特勒亲自把一队远程轰炸机调给邓尼茨。

德国潜艇因为艇体低，哪怕从指挥塔上瞭望，可视距离也很小，但在海面上空盘旋的飞机很远就能找到目标，并召唤潜艇攻击目标。

几乎同时，英国海军部下令扩充了空军海防总队，改用海军与空军共

同猎潜的战术。那时，英国海军还没有航空兵部队，便由英国空军总部成立了海岸轰炸航空队。就这样，无限制潜艇战与反潜战导致交战双方在海上演绎了一出"烽火大西洋"。

1941年4月15日，海岸轰炸航空队正式并入英国海军部，改称海军航空兵。

英国海军航空兵的飞机加强了空中警戒。但是，在大西洋上有一片几百里宽的海域，那片海域位于格陵兰岛通向亚速尔群岛的方向，因为英海岸的飞机作战半径无法到达而出现了巡逻的空白区。

为了填补空白，英国在很多大型商船上加装弹射器，载运飞机。这些飞机的任务是进攻德国的远程侦察机并攻击德国潜艇。这些飞机完成任务后降落在商船附近，再由海员们把飞行员救上船。

17名美国海军飞行员秘密到达英海岸司令部空军中队。他们是驾驶美式巡逻机的飞行员。

美式巡逻机成了英国护航船队的保护神，给潜艇造成较大的威胁。美式巡逻机发现德国潜艇后，通知护航船队改航，同时向潜艇投掷深水炸弹。

早在1941年1月，英国在一些海军护卫舰和海岸航空部队的飞机上加装了雷达。护卫舰上加装了无线电方位测定仪，能够捕捉德潜艇发出的电波，从而找到德潜艇的位置。

这样，英国护卫舰在夜里也能看见德潜艇，并进行疯狂的报复。

1941年3月6日傍晚，一支英国船队满载着为北非英军提供的补给品，在8艘驱逐舰的护航下向非洲驶去。

当英国船队到达冰岛西南部时，被德国"U-47"号潜艇发现了。舰长普莱恩立即用无线电向邓尼茨通报。邓尼茨马上命令"U-70"号和"U-99"号潜艇立即赶往冰岛西南部海域。

"U-47"号潜艇是德国潜艇部队中赫赫有名的"王牌潜艇"，舰长普

"U–99"号潜艇舰长奥托·克里奇默尔与舰员们在一起

莱恩是德国的"民雄英雄",而"U–99"号潜艇的舰长克里施玛尔少校也是击沉 10 万吨以上舰船的"王牌潜艇"的"民雄英雄"。

"U–70"号和"U–99"号从东面向护航运输队靠近。"U–70"号潜艇的舰长迫不及待地向舰员们下令:进入战斗状态。

"U–70"号潜艇尾随英国护航船队尾部的几艘商船。鱼雷发射器已经准备好了,舰长焦急地等待着潜艇靠近商船。

"发射!"舰长下令。两枚鱼雷由舰首飞出。

"轰"的一声,鱼雷将一艘商船击沉了。"U–99"号潜艇也连续向英国商船发射了几枚鱼雷。很快,英国运输船队少了几艘商船。

英国驱逐舰飞快地冲向潜艇。克里施玛尔和斯普克立即慌了手脚,都下命下潜,以躲避驱逐舰的进攻。

183·

英军驱逐舰用声呐套住了目标，深水炸弹似雨点般投向潜艇。随着炸弹的爆炸声不断地响起，"U-70"号潜艇被炸沉了。

"U-99"号潜艇被炸得被迫浮出了水面，克里施玛尔指挥潜艇拼命东躲西藏，艰难地逃脱了。

"U-47"号潜艇尾随在英护航运输船队的后边，准备进攻。没想到，"U-70"号和"U-99"号潜艇抢先进攻，立即遭到了英国驱逐舰的攻击。

幸亏"U-47"号没有暴露，普莱思心想。普莱思不想受到邓尼茨的训斥，也不想让舰长们看笑话，决心趁英国护航驱逐舰不注意时，进攻英国商船。

3月7日清晨4时24分，暴风雨降临，狂风卷起巨浪，扑向在海上航行的运输船队。普莱恩暗暗窃喜，下令向前靠近。

这时，英国"黑獾"号驱逐舰利用雷达发现了"U-47"号潜艇。驱逐舰投射的深水炸弹将"U-47"号的推进器炸毁。

"黑獾"号不停地投射炸弹，直到深水炸弹用光为止，"U-47"号潜艇沉入了海底。

3月中旬，气候变暖，阳光笼罩在广阔的大西洋上，映出道道金光。

"U-110"号潜艇好像在海洋上到处巡逻，经常浮出海面四处瞭望，寻找英国商船。3月16日中午时分，舰长林柏少校指挥潜艇浮出水面，水兵们爬出潜艇晒太阳。

林柏用望远镜到处观望，发现远方冒出滚滚浓烟。林柏马上回到舱内，利用无线电召唤在附近海域的"U-99"号和"U-100"号潜艇。

三条"老狼"白天不敢下手，远远地跟在英国护航船队的后边，等待天黑以后再吃"羊"。

黄昏，负责护航的5艘驱逐舰和2艘护卫舰向附近海域搜寻。舰上的声呐发现了"U-100"号潜艇。3艘驱逐舰马上扑了上去，用深水炸弹发动攻击。

克里施玛尔少校趁机指挥"U-99"号潜艇冲进船队，用鱼雷进攻商船。6 艘商船被击中后沉没，其他商船连忙向驱逐舰呼救。

正忙着轰炸"U-100"号潜艇的英舰接到呼救信号后，被迫赶去救援，但为时已晚，海面上已看不到商船，只偶尔看到海面上漂浮着一些船上什物和死难者的尸体。"U-99"号潜艇在击沉了 6 艘商船后，悄悄地藏了起来。

"U-100"号潜艇的舰长斯普克不愿空手回去，指挥潜艇尾随英护航船队。第二天凌晨，"U-100"号偷偷地浮出海面。

斯普克没有料到，一艘英国驱逐舰冲了上去，锋利的舰首把"U-100"号拦腰撞断，斯普克以下全体舰员葬身鱼腹。这恐怕是德国潜艇遭受到的最为惨重的损失。

一会儿，英国"徘徊者"号驱逐舰的声呐找到了藏在海底的"U-99"号潜艇，大量的深水炸弹炸得"U-99"号潜艇浮出了水面。英军舰俘虏了"U-99"号潜艇。

在不足一个月的猎潜战中，德国失去了三位王牌舰长，严重遏制了德海军春季潜艇战的攻势。由此看来，声呐是德国潜艇的克星，有了它水面舰艇就有了耳目，神出鬼没的德国潜艇再也不敢横行霸道了。

1941 年 6 月 22 日，希特勒出动 166 个师向苏联发动了全面进攻。

6 月 23 日，罗斯福总统授权国务卿塞姆纳尔·威尔斯发表声明。声明宣布：哪怕要给共产主义国家提供援助，也要阻止法西斯。美国把冻结的近 4 千万美元的苏联资产还给苏联，宣布《中立法》不适用于苏联，将向苏联提供援助。

美军已经进驻冰岛，即将代替坚守冰岛的英军。这是罗斯福的一招妙棋，目的在于通过某种事件惹起希特勒先进攻美国，以促使美国国会宣布向德国宣战。

7 月中旬，希特勒向日本提出一项建议，要求日本不要再与英国、美

德国潜艇返回基地补给

国保持中立。希特勒说："美国和英国永远是我们的敌人，英美两国会永远反对任何一个已被孤立的国家。只有我们的利益不会有冲突，我的意见是，我们必须把它们消灭。"希特勒还表示，欢迎由日本去分割苏联在远东地区的领土。

日本早就决定不进攻苏联，而是进攻越南。很快，日本占领了越南。7月26日，罗斯福下令冻结日本在美国的资产，向日本实施禁运政策。

日本政府认为，这是美国、英国、中国和荷兰包围日本岛国的最后一步，对日本的生存构成了巨大的威胁。

1941年12月7日，日军偷袭了美国珍珠港，太平洋战争爆发。希特勒愤怒地把拳头砸到桌子上，大骂："这帮日本猴子连招呼都不打，就在暴发户的屁股上扎了一刀……"12月11日，德国和美国几乎同时向对方宣战。这样一来，美国加入盟国，成为盟国的中坚力量，大大改变了大西洋的战略态势。

"狼群"的快乐远征

不管怎样，美军已经把战争初期的不利局面扭转过来，美国将使用飞机和军舰对付数量不多的潜艇。

1941年12月，德潜艇部队在大西洋开展潜艇战一年多了。

邓尼茨采用灵活机动的潜艇战术，曾经对英国的海上运输线造成巨大的破坏。由于英国在大西洋采取了更加严密的海空护航体制，几个月以来，德潜艇的战绩不断下降，邓尼茨认为必须选择新的"幸运之海"了。

二战爆发以前，邓尼茨就认为美国将是德国最大的敌人。德国和美国远隔大西洋，一旦战争爆发，德国能够马上对付美国的兵力，就是潜艇部队。

早在9月17日邓尼茨与希特勒的谈话中，希特勒就再三强调避免与美国发生冲突。

邓尼茨辩解道：如果德国与美国开战，大西洋的德国潜艇部队无力两面作战，会给潜艇部队带来灭顶之灾，请求战前秘密部署潜艇，等战争爆发后，德潜艇立即进攻美国舰船。

当时，希特勒正忙于准备进攻苏联，对邓尼茨的说法不屑一顾，拒绝了邓尼茨的请求。

现在，邓尼茨一想到这里，心里就感到一种悲哀。作为下属，邓尼茨必须服从元首的命令，但作为将领，他却为潜艇部队的命运担心。

在一次会议上，邓尼茨对舰长们说："在美国海域发动潜艇战给我们带来了有利的条件。在那些辽阔的海域，无数的商船都将成为我们进攻的目标。我们可以把进攻的重点由一个地区移到另一个地区，使美护卫舰队

被迫在我们面前围追堵截，疲于奔命。美国海域，是德国海军潜艇尚未开发的'处女地'，我们必须在美海空军强大以前先下手为强。"

会后，邓尼茨向雷德尔建议，马上出动12艘潜艇赴美洲作战。然而，邓尼茨的请求没有得到批准。雷德尔元帅不敢削弱地中海的潜艇力量，害怕引起希特勒的不快。

为了掩饰作战意图，邓尼茨决定，将攻击区选择在圣劳伦斯河和哈特勒斯角之间。邓尼茨指示舰长们，由比斯开湾驶向美国东海岸时应隐蔽，途中只能攻击万吨以上的商船。

长期以来，德海军潜艇的舰长们对美国一直憋着一股劲，如今，他们终于如愿以偿了。

12月16日，5艘德国潜艇陆续离开德军基地，横越大西洋，前往美国海域。这5艘潜艇是邓尼茨能派出的最大限度的兵力。

1942年1月中旬，德国潜艇抵达预定的攻击海域，即圣劳伦斯湾（加拿大东南部）和哈特勒斯角湾（美国东岸中部）的中间位置。

德海军舰长们从潜望镜中看到，美国东部沿海一片和平的景象。美国人没有吸取日军偷袭珍珠港的教训，没有料到德国潜艇像饿狼一样扑来了。

大西洋沿岸地区的灯火通宵达旦，用作航海的信号灯、灯塔和灯标的光芒照亮了所有进出港湾的航道。无数商船在航道上亮灯航行，船长们用无线电开玩笑，自报船位……

潜艇舰长们欣喜若狂，可见，美国还没有发动猎潜战。

对于吃过英国猎潜战苦头的德国潜舰来讲，真是大好时机，能够放手"吃羊肉"了。

白天，德海军潜艇在距商船航道几海里的地方潜入50～150米深的水中。黄昏，它们靠近海岸，浮出水面，在商船之间往返攻击。

1月18日夜，乌云密布，海面上飘来刺鼻的腥味。在北卡罗来纳州的哈特勒斯角海域，商船在航道上忙碌着。

在航道外侧附近，海面下升起一个黑色"幽灵"，能够看到上边的标记——"U-123"。德"U-123"号潜艇的舰长是哈德尔根上尉，哈德尔根在海面上，观察着往来的商船。

很快，哈德尔根从望远镜中发现一艘美国万吨级商船，亮着灯缓缓驶来，他马上命令潜艇追了过去。潜艇发射一枚鱼雷，瞬间，商船逐渐沉入海底，海面上又平静了。

随后，先后有 3 艘商船路过，只有 1 艘岸防巡逻艇护航。哈德尔根认为吨位太小，不值得浪费弹药。他在寻找更大的商船。

哈德尔根发现商船航道用灯光浮标作了标记，商船都在浮标的左侧行驶。哈德尔根指挥潜艇顺着浮标线前进，驶入许多商船的停泊地。这远远超出了哈德尔根的意料。

哈德尔根快打不过来了，又击沉了一艘巨轮。一会儿，又有 5 艘商船

德"U-123"号潜艇

亮着灯、排成队徐徐驶来，最前面的是 8000 吨的油船。哈德尔根马上下令射击，潜艇甲板上的火炮炮击油船。油船的冲天大火映照着德国潜艇，哈德尔根又发射鱼雷击中了几艘大商船。

"U-123"号潜艇离开锚地后，留下了不断的爆炸声和哭嚎声……

哈德尔根向邓尼茨发报说："如果有 2 艘大型布雷潜艇就太好了。或者有 10 艘、20 艘潜艇，那该多好啊！那样，每艘潜艇都能吃饱。我经常看到几十艘大货船，全都亮着灯，贴着海岸航行。"

同时，邓尼茨还收到了在美国东海岸其他地方攻击的潜艇舰长们发回的捷报。邓尼茨露出了微笑，几天中，指挥中心充满了欢笑。潜艇部队的士气不断地上升，邓尼茨为舰长们的战绩感到骄傲。但他知道，这与美国人的麻痹是分不开的。

1 月份，这 5 艘潜艇创下了引人瞩目的战果："U-123"号击沉了 8 艘商船（53000 吨），"U-66"号击沉了 5 艘（50000 吨），"U-130"号击沉了 4 艘（31000 吨）。被击沉的商船 70% 是油船，当时的情景惨不忍睹。

就像邓尼茨所估计的那样，派去加拿大沿海新斯科舍半岛——纽芬兰海区的潜艇碰到了重重困难。新斯科舍半岛——纽芬兰海区的天气恶劣，雾、大雪、风浪和寒冷阻碍了潜艇的活动，使鱼雷很难击中目标。

1942 年 1 月 18 日午夜，在布雷顿角岛以东 15 海里处，一艘德潜艇改航后向前驶去。商船已经发现潜艇将对其进行攻击，马上快速逃跑。

德潜艇努力与商船保持平行，冰冷的海水拍打着潜艇，甲板上结满了冰。德潜艇准备从很远的距离发射鱼雷。

结果，鱼雷擦过了商船。当德潜艇刚要向右转向、用艇尾的鱼雷射击商船时，一艘美国驱逐舰向德潜艇扑来。

德潜艇刚转过身来，美国驱逐舰几乎撞上了德潜艇。德潜艇立即下潜，由于柴油机气压阀门冻住了，8 吨重的海水进入舱内，潜艇沉入了海底。

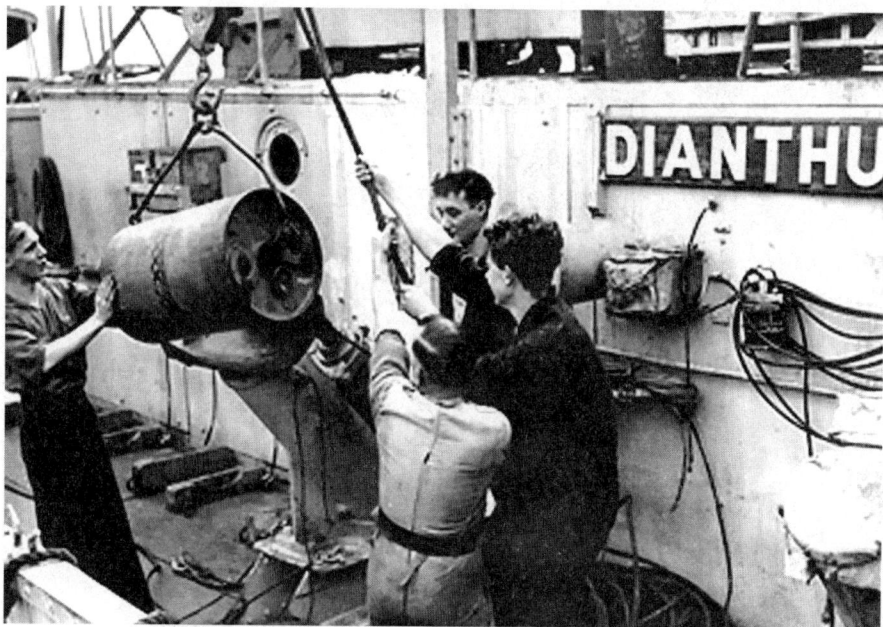

美国海军驱逐舰正在吊装深水炸弹

虽然坐在岩石上很难受，但只能下潜。总比被美国驱逐舰干掉要强。美国驱逐舰没有投掷深水炸弹，主要是因为深水炸弹投放装置被冻住了。

事后，德潜艇舰长回想起来还心有余悸，这种"猫捉老鼠"的游戏不知什么时候才会结束。

邓尼茨把满载燃料的中型潜艇由比斯开湾派往美国东海岸，直到纽约和哈特勒斯角附近海域。

德国潜艇在对付英国护航运输队时，需要保持高速运动。那时不需要节省燃油，可现在就必须考虑燃料的问题。

在大西洋上航行时，舰员们用过各种方法，根据各种速度，尽量节省燃油，一点一滴地省。当遇到风暴时，潜艇只能躲入水中节省燃油。

德潜艇的舱室本来就比其他国家的潜艇拥挤，可是舰员们又主动把舱室装满，就连床铺都堆满了食品，一些淡水柜装上了燃油。潜艇内部到处

潜艇舱内狭窄，舰员休息只能使用吊床

拥挤不堪，舰员们在狭缝中生存。一个个蓬头垢面，比海上的"难民"还要惨。

舰长们的胆子更大了，他们无法满足只在夜里作战，有时在白天，他们披着阳光在水面上发动攻击。

有时，舰员们对受害者们表现了某种"仁慈"。他们询问被救上来的海员，船是哪个国家的，货物是什么，等等；放俘虏走时总是说："应控诉罗斯福或丘吉尔，叫他们赔偿损失！"

与遭到德国潜艇机枪扫射的遇难者相比，这些海员真是太幸运了。德舰员们从海员的只言片语中得到了很多有价值的情报。

与此同时，邓尼茨把攻击的目标放在更远的加勒比海。

加勒比海有两个防御薄弱的地方：一个是荷属库拉索岛和阿鲁巴岛附近地区，每天出产汽油 6000 万加仑；另一个是特立尼达岛附近地区，大批货船从这里经过。

邓尼茨把 5 艘大型潜艇派往加勒比海。德国潜艇在加勒比海击沉了许多油船。加勒比海变成死亡之海。夜晚空气中经常弥漫着浓烟，海面上漂浮着遇难的海员尸体，精疲力竭的海员系着救生带，或者坐着小船上，拼命地在又浓又黏的重油层上划动，同时躲避着熊熊的烈火……

从 3 月中旬到 4 月末，是德军潜艇的"黄金期"，满载货物的商船仍然是它们的攻击目标。

"U-123"号击沉了 11 艘商船，"U-124"号击沉了 9 艘，"U-160"号、"U-203"号以及"U-552"号分别击沉了 5 艘。

这 5 艘潜艇凶狠无比，连逃生的船员都不放过。4 月 1 日晚，它们击沉"阿特沃特"号煤船后，对船员和救生舢板进行了扫射，血水染红了海水。

德国潜艇的行动，严重破坏了同盟国的海上交通线，同盟国的商船损失更是惨重：

1 月份，德军击沉运输船 23 艘、14 万吨；2 月份，击沉 10.3 万吨；3 月份，击沉 15.9 万吨。而德国没有损失一艘潜艇。

巨大的损失极大地震动了美、英和加拿大，美国开始加强其海域和大西洋沿岸的护航和警戒兵力，反潜战已成为美国大西洋舰队的首要任务。

迈阿密四季如春的景色，湿润的空气、成片的别墅、怡人的海滩和美丽的女郎，成为人们醉生梦死的天堂。美国国民一点战争警觉性都没有。即使德国潜艇闯进美国东海岸破坏了 3 个多月，令美国损失惨重，但当海军上将金提出在整个大西洋沿岸进行灯光管制时，人们都说这样做"破坏

了黄金季节"。还有人要向最高法院提出诉讼，要"制止有碍美国商业发展和人权的措施"。

仅仅一个海滨疗养区的霓虹灯，就能把半径6海里的海面照亮，映出了往来的商船。

在海军上将金的努力和罗斯福总统的支持下，美国于4月18日正式在美国东海岸实施了灯火管制，陆军负责在岸上强制性地实施。但这只是一种被动的应对办法，美国亟须出台一种行之有效的猎潜战。

一天，纽芬兰海域。美国飞行员威廉·提普尼中尉驾驶飞机，做例行的猎潜飞行。

很快，他在雷斯角附近海域找到了从水下刚浮出来的德"U-156"号潜艇。提普尼立即用无线电向总部报告，同时驾驶飞机立即抢占有利位置。

很快，提普尼投掷深水炸弹进攻德国潜艇。"轰隆隆"的巨响不断传来，潜艇在浓浓的水雾中剧烈地摇摆。

提普尼不肯放过德国潜艇，又驾驶飞机进入攻击位置，向潜艇发动猛烈射击。

突然，德潜艇上的德国水兵使用甲板的防空炮进行反击。"轰"的一声巨响，飞机剧烈地震动起来。潜艇发射的炮弹命中了飞机的副油箱，引发了浓浓的黑烟，连副翼都很难操纵了。

提普尼连忙调整飞机的位置，撤出了战场。

提普尼的攻击没有击沉德国潜艇，但德国潜艇已经无法下潜了。一个小时后，梅森上尉驾机飞来，看着伤痕累累的德国潜艇，他冒着防空炮火投掷了深水炸弹。

对于"U-156"号潜艇来讲，这是致命的一击。很快，潜艇带着舰员们，缓缓地沉入冰冷的海底。

这是美国海军在美洲海岸首次击沉德国潜艇，大大地增强了美国海军猎潜战的信心。

浮出水面的德国潜艇

当时，美国东海岸保护航运和对潜防御的陆空军，已经隶属于美国东海疆区司令海军中将安德鲁斯，担负对潜防御的飞机已经达 300 多架。

不管怎样，美军已经把战争初期的不利局面扭转过来，美国将使用飞机和军舰对付数量不多的潜艇。

4 月 13 日夜，美老式驱逐舰"罗珀"号在诺福克外侧海域以 18 节航速往返巡逻时，舰长霍斯少校接到报告："前方发现潜艇。"舰长命令加速，同时下令准备作战。

很快，舰上铃声大作，水兵们跑到各自的岗位，雷达锁定了潜艇，深水炸弹准备投射……

当驱逐舰距潜艇约 640 米时，潜艇发射了鱼雷，鱼雷飞快地向驱逐舰撞来，驱逐舰立即规避。鱼雷紧擦着舰舷飞了过去。

驱逐舰在距潜艇约274米时，用探照灯照射。驱逐舰上的水兵们清楚地看清了潜艇舰首附近的"U-85"字样。

驱逐舰的火炮和机枪同时向潜艇射击，当德国潜艇准备下潜时，很多炮弹命中了潜艇的水线部分。很快，驱逐舰投掷了深水炸弹。

第二天，驱逐舰发现了浮上来的29具德军死尸，随后找到了海底的"U-85"号潜艇的残骸。

4月20日，"U-701"号潜艇从法国洛里昂军港出发，冲向美国东海岸。"U-701"号潜艇的舱内装满了水雷。

5月12日，"U-701"号潜艇到达美洲海岸。夜间，潜艇在切萨皮克湾入口处投了15颗水雷。

这些雷阵严重威胁着进出诺福克港的商船，当一艘油船触雷沉没后，运输繁忙的诺福克港被迫停止使用，商船们都远远地避开它。在扫雷以前，又有3艘商船触雷沉没，就连美海军的1艘驱逐舰和1艘油船也触雷受损。

几天来，"U-701"号潜艇逃出了1艘警戒舰的攻击。当警戒舰发现"U-701"号潜艇时不敢靠近攻击，而是远距离地胡乱投掷深水炸弹，"U-701"号潜艇趁机逃跑了。

6月19日拂晓，"U-701"号潜艇在哈特勒斯角附近浮出水面，靠近1艘警戒舰。

德国潜艇用火炮和机枪发动进攻。警戒舰进行了还击，可是船上70毫米口径的火炮出现了故障，投掷的深水炸弹由于水浅而无法爆炸，很快，"猫"被"老鼠"击沉了。

后来，"U-701"号潜艇发现了两支护航运输队，它用鱼雷射击一艘英国油船。警戒舰利用深水炸弹驱赶潜艇，潜艇受到轻微损伤，"老鼠"再次逃生了。

6月28日中午，"U-701"号潜艇进攻有2艘警戒舰和3架飞机护航

盟军油轮被德国潜艇袭击后引发爆炸

的万吨级油船，油船受到重创。警戒舰和飞机向潜艇发动了进攻，但由于猎潜装备很差，没有炸沉潜艇。夜里，"U-701"号潜艇偷偷浮出水面，向受到重创的油船发射鱼雷，击沉了油船。

7月7日中午，美航空兵哈里·凯恩驾驶一架飞机，在北卡罗来纳州彻里角海域进行猎潜巡逻，他看到30海里远的地方有艘潜艇。

不等德国潜艇下潜，凯恩就俯冲投掷3颗深水炸弹，把"U-701"号潜艇炸沉。

5月份，在北美东部航线，同盟国被击沉的船只从4月的23艘降到5艘，6月份为13艘，7月份为3艘。

为此，邓尼茨只好把潜艇开到墨西哥湾和加勒比海。这些海区还没有护航体系。

于是，德国潜艇又大展神威。

5月份，德国潜艇击沉船只41艘，共22万吨。

6月份，德国潜艇击沉的船只比当月在北大西洋其他战区击沉的总和还多。

7月份，美国海军在墨西哥湾和加勒比海域建立了护航体系，并开辟了4条新航线，基本遏制住了德国"狼群"的肆虐。

但是，邓尼茨"打一枪换一个地方"，将部分潜艇开到巴拿马至里约热内卢海域，再度掀起袭击高潮。

8月中旬，"U–507"号潜艇击沉5艘巴西货船。这一下，同盟国认识到了向南美海域扩展护航体系的重要性，对近海护航体系进行了重大改组，南大西洋舰队组成护航兵力，建立起灵活的分段护航体制，从而有效地抑制了"狼群"对商船的袭击。

这样一来，德国潜艇在美洲海域的第二段"快乐时光"就结束了，邓尼茨只好命令潜艇部队重返北大西洋。

德国采用这种"小铁皮船"，使英美在大西洋上的运输船大伤脑筋、大受损失，应该说，它对德国在欧洲和北非的战局起到很大的作用。它每击沉一艘油船，油料就足够装备一个机械师，每击沉一艘商船，各种军用物资就足够装备一个团，就更不用说击沉满载粮食的商船了。前线的作战物资供应不上，那仗如何打下去？因此有人说，德国潜艇的作用不亚于德军的飞机和坦克，这就难怪邓尼茨如此春风得意了。

"非洲军团"的补给线

　　轴心国尽管有远征中东的庞大计划，可是其能够依赖的却只是一条往返于地中海的靠不住的海上运输线，还有一些吞吐量较小的利比亚港口和北非沿海的狭长阵地。

　　1941 年 1 月，意大利海军忙着为北非意军运送大量补给。随着战争日趋激烈，作战物资消耗激增，希腊—阿尔巴尼亚前线的补给活动又达到高峰。

　　在埃及，英军只有两个师 3.6 万人，抵抗利比业的意军 25 万人。虽然英军的兵力不足、装备和弹药匮乏，但却是精锐装甲部队。

　　英军急行军 800 公里，使意军装甲部队受到重创，意军全线崩溃，13 万意军成为俘虏。英军只伤亡 1873 人。

　　1941 年 1 月 11 日，巴迪亚失陷后的第 3 天，希特勒下达命令，派遣第 5 装甲师火速开赴北非，在 2 月中旬到达，全力阻止英国人的挺进。赫赫有名的"非洲军团"开始组建了。

　　德第 5 装甲师是新改编的，核心力量是第 3 装甲师，由约翰尼·斯特莱希担任指挥。德第 5 装甲师是"非洲军团"的第一支部队。

　　1 月 22 日，托布鲁克陷落，溃败的意军涌向的黎波里，德军救援北非意军的计划被迫提前。

　　非洲军团的运输开始于 1941 年 2 月上旬，1941 年 2 月 14 日，一支意大利运输船队驶进利比亚的黎波里港口。隆美尔的第一批部队——德国第 5 轻型装甲师第 3 侦察营来了。德军士兵们整齐地排列在船甲板上，兴奋地看着这块神秘的非洲大陆。这里有发光的白色建筑、掌形的植物、宽阔的林荫大道，这是个相对独立的战区。

1941 年 4 月 8 日，由 4 艘最先进的驱逐舰组成的马耳他打击舰队，在坎宁安的指挥下加强了对德意海上运输线的封锁。德意与英国对地中海制海制空权的争夺战更加激烈了。

隆美尔一直渴望第 5 轻型装甲师其他部队的增援。但是，第 5 装甲师计划到 4 月中旬才能被运到利比亚。

4 月中旬，"非洲军团"与英军经过多次殊死较量，终于杀回利埃边境，夺回了除托布鲁克以外的昔兰尼加省。隆美尔准备在意大利海军将增援部队运到后，率军进攻埃及首都开罗。当时，希特勒正准备集中兵力攻打苏联，不再向北非增兵。

隆美尔在北非的"闪击战"只用了几个月就使英军在北非战场上的优势丧失，获得了巨大胜利。

德国向苏联宣战后，隆美尔终于弄清楚了希特勒拒绝把大批装甲师和给养运往北非的原因。

5 月，德国空军第 10 军被调往其他战区。英国利用德国空军兵力转移的大好机会，向马耳他增派空军。

英军知道，只要封锁了意大利的海上运输线，就能够在非洲战区打败德意联军。英军发挥了非常有效的飞机与潜艇的协同战术，互相引导对方从事进攻或者召唤对方去干掉自己所破坏的舰船。

英军对意大利运输船队的攻势越来越猛，意大利被迫于 1940 年 10 月动用驱逐舰来运载军队，但却无力为数量庞大的运输船队护航。

1941 年 6 月，意大利送往北非的补给为 12.5 万吨。

8 月 15 日，非洲装甲兵团成立。8 月末，意海军将一个新编的德装甲师运到非洲，即第 90 轻装甲师。同时，德第 5 装甲师改编为第 21 装甲师。这样，隆美尔下辖有第 15、第 21 装甲师和第 90 轻装甲师。

隆美尔低估了英军的实力。在德军的推进过程中，英军顽强抵抗，德

北非战场上的英军士兵

军官兵们已经越来越疲惫，补给严重短缺。

10 月，意大利送往北非的补给猛减至 6.1 万多吨，损失率达 20%。

从 1941 年 10 月起，英国民航飞机也运载补给品到马耳他岛并运回伤员。飞机的起降和补给品的装卸都必须夜里进行。

英海军在冒险进行新的补给航行以前，曾做过许多试探性的工作，包括在亚历山大港附近举行了保护运输船队的军事演习。

11 月 8 日下午，一架英军侦察机在返回途中，侦察到由 7 艘商船、2 艘油轮、10 艘驱逐舰组成的"杜伊斯堡"船队，马上召唤马耳他舰队发动进攻。9 日零时过后，马耳他舰队拦截了这支庞大的船队。

英舰用舰炮和鱼雷发动了强大的攻势，意大利商船和油船纷纷躲避。负责护航的意大利海军驱逐舰队迅速向船队驶来，当灾难发生时，它们再回援已经太晚了。

在英舰攻击商船的时候，意大利驱逐舰经常刚一露面就遭到马耳他舰队的进攻，意大利驱逐舰连忙撤退，每次都在烟幕的掩护下逃跑。

这次战斗的后果对意大利是个大灾难。7 艘商船全部沉没，还有 2 艘驱逐舰沉没，2 艘驱逐舰遭受重创。

在意大利和德国方面，正要向英军发起进攻的隆美尔在海战后的第 2 天感到愤怒和沮丧。向北非战场运送补给的船队被迫停了下来，原本向隆美尔增援 6 万人的部队，只有 8000 人到达。

墨索里尼对"杜伊斯堡"船队的覆灭悲叹不已。

1942 年春，轴心国尽管有远征中东的庞大计划，可是其能够依赖的是一条往返于地中海的靠不住的海上运输线、一些吞吐量较小的利比亚港口和北非沿海的狭长阵地。

1942 年，轴心国还遇到了最大的困难：在巴尔干地区，德国缺少足够的兵力发起一场联合攻势。土耳其已经不站在轴心国一边了。地中海东部的阿拉伯国家，恢复了对英国的殖民依赖，阿拉伯国家把领土提供给同盟国作为盟军预备队休整的中心。

轴心国部队占领区以西的西班牙，日益倾向于同盟国。在轴心国占领区的翼侧和后方是法属北非，轴心国对法属北非的重要性没有重视。

1942 年 3 月 20 日上午，一支由 4 艘商船组成的英军运输船队在防空巡洋舰"卡尔利塞耳"号和 6 艘驱逐舰的护送下离开亚历山大港。

20 日晚，魏安司令率英巡洋舰"埃及女皇"号、"尤利阿里斯"号、"狄多"号以及 11 艘驱逐舰也加入到护航舰队之中。

21 日上午，英国驻北非第 8 集团军发动一次进攻，把在北非地区的意德飞机吸引到前线。这样，在北非的意德飞机就没有在海上执行侦察任务。

意大利和德国的其他侦察机的注意力，都被在巴利阿里群岛以南的英航空母舰和在突尼斯以北的两艘英鱼雷艇给故意吸引住了，英军施展的手

段都成功了。

21 日下午，在东地中海，意潜艇"普拉廷诺"号和"昂尼切"号发现了英运输舰队。意海军总司令部马上命令由"果里齐亚"号、"特兰托"号和"邦德尼尔"号组成的巡洋舰队率 4 艘驱逐舰从墨西拿港起航。同时命令战列舰"利托里奥"号率领 4 艘驱逐舰从塔兰托港起航。这次行动的总指挥官是伊亚金诺上将，旗舰是"利托里奥"号。

21 日晚，英巡洋舰"贞妇"号和 1 艘驱逐舰由马耳他岛起航去支援运输舰队。

22 日上午，英军舰船集结完毕，共有 5 艘巡洋舰和 18 艘驱逐舰，对付意军的 1 艘战列舰、3 艘巡洋舰和 8 艘驱逐舰。

当时，马耳他岛守军的处境很艰难，在整个航行期间英机都没有看见意舰。伊业金诺上将认为一定能够突袭英舰队。可是，一艘在意大利塔兰托港南面巡逻的英潜艇却发现了意舰队。

英舰队立即改走更加向南的航线以避免接触意舰队。与此同时，强烈的风暴由东南方卷起，驱逐舰受到海浪的威胁，意舰队被迫以不足 22 节的速度航行。

意驱逐舰"格勒卡勒"号的机器发生了故障，被迫返回塔兰托港，结果战列舰"利托里奥"号只剩下 3 艘护卫驱逐舰了。

14 时 24 分，位于"利托里奥"号以南 60 海里的意巡洋舰队发现了英巡洋舰。英巡洋舰以为对方是意舰队的 3 艘战列舰，赶紧施放烟幕。

意巡洋舰队连忙向西北撤退，目的是吸引英舰队与"利托里奥"号战列舰相遇。英舰队发现对手只是 3 艘意巡洋舰后，连忙向西北追击。

14 时 35 分，当英舰队刚冲出烟幕时，意巡洋舰队立即开火。英舰队只好撤退并施放烟幕。当英舰队撤退时，意巡洋舰队立即跟踪，当英舰队向前追击时，意巡洋舰队又向西北撤退。这样持续了约一个小时，双方都没有受到损伤。

从塔兰托港起航准备投入战斗的意大利"利托里奥"号战列舰

与此同时,英舰队趁机在"卡尔利塞耳"号巡洋舰和 6 艘驱逐舰的护送下向南航行。

16 时 18 分,战列舰"利托里奥"号率 3 艘驱逐舰与巡洋舰队会合,当时风力接近 50 节,再加上有浓雾。英舰队躲在烟幕中,不断地施放烟雾,直到 19 时 30 分天色完全黑暗为止。

在此期间,意舰队把双方的距离缩短到 1 万米。为了减轻意舰队的威胁,英驱逐舰多次发动攻击。

英驱逐舰每次都受到意战列舰"利托里奥"号的打击,但损失很小。英舰队的烟幕战在巨浪的帮助下成功了,他们躲在意战列舰的射程之外,并尽量拖住意舰队。

英舰队相信,天黑后意舰队会撤离战场,因为天气条件恶劣和意驱逐舰数量不足。

意舰队看透了英舰队的意图，于 18 时 30 分继续靠近并射击。英舰队的一些驱逐舰拼命向"利托里奥"号进攻，"利托里奥"号 381 毫米口径巨炮的强大火力给予英驱逐舰以重大损伤。不过，"利托里奥"号也被迫躲避英驱逐舰发射的鱼雷。

18 时 51 分，意舰队向西北撤退。

在这次海战中，英巡洋舰"埃及女皇"号后炮塔多处被击中。英驱逐舰"哈伏克"号被炮火击中，受到轻微损伤。英驱逐舰"罗马军团"号、"捕鲸枪"号和"泼妇"号受到重创，"金斯敦"号被击中后起火。

满载货物的 4 艘英商船及其护航舰队准备当晚到达马耳他岛，趁空袭还没有开始以前卸货，可是海战使它们到达马耳他的时间晚了 4 个小时。

德国空军第 2 天清晨发动空袭时，英军船队刚刚到达马耳他岛以南海域，1 艘被炸沉，1 艘遭受重创被迫搁浅。3 月 24 日、25 日，德国空军对马耳他岛发动大规模空袭，将英国驱逐舰"罗马军团"号，货船"布雷坎郡"号、"庞帕斯"号和"塔腊博特"号炸沉。25900 吨货物中，只有5000 吨交到了马耳他岛的英军手中。马耳他在以后的 3 个月中，没有得到给养。

马耳他英军顽强地抗击着德军的空袭。英国皇家空军驻守马耳他，为马耳他的生存而忘我地战斗着。在最危难的时候，英军守岛部队投入的战斗机很少。但仍然坚持空战，保证很多将马耳他岛作为中途基地的飞向埃及的飞机能够起飞。当战斗机起飞作战，地勤人员为下次战斗进行地勤保障时，步兵们忙着修理被炸坏的飞机场。

马耳他岛处于危难之中，守岛英军司令多比将军非常焦虑。3 月间，多比将军报告说局势危急；4 月 20 日，多比又报告说："如果再不给我们补充供应品，尤其是粮食和装备，那么，无法想象的一步就会来临，来得会非常快……这是守岛英军生死存亡的大问题。"

英王乔治六世授予马耳他人民乔治十字勋章，这是英国政府对在极端危险条件下表现出的英雄主义给予的最高奖赏。

丘吉尔对马耳他岛的存亡非常忧虑。马耳他岛是大英帝国在地中海地区所有希望的关键。丘吉尔命令海军部从距离马耳他岛 1000 公里的"鹰"号航空母舰上起飞"喷火式"战斗机增援马耳他岛，每次增援 16 架。

4 月和 5 月间，从美国"黄蜂"号和"鹰"号航空母舰上起飞的英国126 架飞机到达了马耳他岛，使守岛英军实力大增。

5 月 9 日和 10 日，马耳他岛英国空军多次升空，与前来袭击的德意空军展开了空战。凯塞林被迫下令放弃对马耳他岛的白天轰炸。

5 月 9 日，"黄蜂"号航空母舰又向马耳他岛增援第 2 批"喷火"式飞机。

这时，马耳他岛仍处于德意海空军的封锁和空中打击下。6 月中旬，英军运输船队在海空军的护送下，由东西两面向马耳他岛驶去，在德意海空军的打击下损失很大。

17 艘补给船中有 2 艘到达马耳他岛，其他运输船和护航舰队被迫回到埃及。马耳他岛仍处在危难之中。

这时，马耳他的厄运快结束了。

早在 4 月 29 — 30 日，希特勒与墨索里尼会晤，商讨北非地中海战场日后的战略目标。就在这次会晤中，希特勒作出了一项关于北非地中海命运的大决定：推迟攻击马耳他岛。

德国南线元帅凯塞林听说后非常失望，就像快到手的猎物又逃掉一样难受。

推迟攻击马耳他岛的决定，成为轴心国在地中海地区战争中最致命的错误。从此，轴心国在地中海地区开始走下坡路了。

5 月中旬，凯塞林被迫把第 2 航空队的主力部队调到东线。德国和意大利停止了对马耳他的攻击，解除了对马耳他的封锁。英国连忙加强马耳他岛的空、海军兵力。

同时，美国航空兵参加了地中海作战。5月底，盟军在整个地中海的很多地区都建立了空中基地，恢复了战斗力和防御力，特别是在马耳他岛。

从4月19日至6月5日，航空母舰给马耳他岛提供了178架战斗机。最重要的是，调到马耳他的新型鱼雷机的作战半径更大，由1939年的100海里提高到1942年的400海里，超过了地中海的范围。

结果，德国、意大利的运输船采取最远的迂回航线都无法逃过英国飞机的进攻，甚至巴迪亚、托布鲁克和马特鲁港内的德国和意大利舰船都很难逃过被鱼雷机袭击的厄运。

这时，轴心国已经无法保护运输船队免受英国飞机的攻击。凯塞林被迫集中力量轰炸马耳他岛的机场。在一次轰炸中，德机投了700吨炸弹，炸毁了17架飞机。然而，德国轰炸机遭到英国战斗机的围攻，损失65架飞机，英军损失了36架战斗机。

1942年10月，英国在地中海的海军力量迅猛发展，达到了惊人的程度，其舰艇比原来增加了近1倍，多达114艘。意大利的舰艇只增加了10艘，一共才78艘，各类舰艇比半年前仅增加2～3艘。这时，英国的海军占有绝对优势。

美国航空母舰进驻地中海地区，使英国能充分利用航空母舰的战斗机支援海军作战，还可为马耳他岛运送飞机。

10月11日，德、意空军再次向马耳他岛发动猛攻，妄想歼灭马耳他的空军。同盟国向马耳他不断增派战斗机，岛上的空军力量迅速壮大，战斗机从5月份的23架猛增至9月份的169架。

1周后，德意空军被迫放弃了空袭。此时，德国海军的主要兵力集结在大西洋和北极圈海域，艰难地进攻同盟国的庞大的护航运输船队。

在地中海，德国只有15艘潜艇。1943年1月以后，德军在地中海的潜艇数量减少。由于德国最关注的是大西洋和东线战场，同盟国在地中海

德国战机对马耳他岛进行了长时间的轰炸。图为"斯图卡"式俯冲轰炸机

战区的空军增长速度远远超过轴心国。

1943 年初，盟军飞机有 3000 架，轴心国只有 1700 多架。

由于同盟国在马耳他的海空军战斗力的迅速强大，德意军的不断衰弱，轴心国的航运损失迅速上升。10 月份，轴心国的航运损失率达到44%。运往北非德意联军的 3.2 万吨补给品，仅安全运到 2 万吨。对北非德意联军最重要的油料，运往北非 1 万吨，只有 4000 吨到达。

北非的德意联军经常处于弹尽粮绝、油料不足的绝境，而英国第 8 集团军却源源不断地得到部队、装备和物资补给。

在双方实力悬殊的情况下，英军向德意联军发动了阿拉曼战役。阿拉曼战役开始后仅 3 天，10 月 26 日，一支满载汽油和弹药的意护航舰队被盟军歼灭，这对德意联军是一次沉重的打击，使隆美尔无法得到补给。

没有燃油，隆美尔不能有效利用机械化部队发动他所擅长的运动战，隆美尔被迫多次放弃进攻。

盟军登陆北非

到 12 月 1 日，在北非登陆的盟军已达到 25 万多人，其中英军 10 万多人、美军 14 万多人。

法属北非包括法属摩洛哥、阿尔及利亚和突尼斯。

摩洛哥地处非洲西北端，东与阿尔及利亚交界，南与西属撒哈拉沙漠接壤，西临大西洋，北隔狭窄的直布罗陀海峡与西班牙相望，面积约 45 万平方公里。1912 年沦为法国的殖民地。另外，狭长地区和南部的一个地区沦为西班牙的殖民地。

阿尔及利亚地处非洲西北部，北临地中海，与西班牙、法国隔海相望，东与突尼斯、利比亚接壤，南与尼日尔、马里、毛里塔尼亚交界，西部与西属撒哈拉相邻，面积为 238 万平方公里。1830 年，阿尔及利亚沦为法国殖民地。

突尼斯地处非洲北端，北、东临地中海，隔突尼斯海峡与意大利相望，东与利比亚交界，西与阿尔及利亚交界，面积约 16 万平方公里，1881 年成为法国的殖民地。

早在 1941 年 12 月，丘吉尔访美时曾向罗斯福提出在北非登陆的计划，以求彻底歼灭隆美尔的德、意军队，控制地中海，巩固中东，为日后在意大利和德国的军事行动创造有利条件。

1942 年上半年，盟军在太平洋的作战，无法直接减轻苏联的压力，而且将会推迟一切对欧洲作战的计划。美英两国发现，如果两国不利用德国忙着对付东方苏联的机会，一旦苏联崩溃，就会发现西方面临的德国是如此强大。到那时，两国虽然还能和德国继续进行空战，但决定胜利的陆战机会已经消失了。这场世界大战将变得旷日持久。

1942 年 7 月，罗斯福和丘吉尔在商讨"火炬"计划时，已经紧锣密鼓地开始了选拔盟军总司令的工作。

1942 年 8 月 14 日，美英联合参谋长会议正式任命德怀特·艾森豪威尔将军为盟国远征军总司令，美国的克拉克少将任副总司令，史密斯任盟国远征军参谋长。

"火炬"计划的具体作战计划是：盟军攻占 3 个港口城市后，英军必须先于德军抢占突尼斯的港口城市；美军应从卡萨布兰卡向西班牙属摩洛哥边界挺进，防止一旦西班牙加入轴心国，西班牙海军会威胁到直布罗陀海峡的盟国远征军补给运输线。

在决定进攻的时间方面，考虑到从初秋开始天气会不断地恶化，还要在 3 个地点同时登陆，美英两军的参谋们都认为应该尽快抓住时机发动进攻。

为了实施"火炬"计划，盟军出动了 13 个师、300 艘舰艇、370 艘运输舰和 1700 架飞机，编成东部、中部和西部 3 大特混舰队。东部特混舰队，由英国海军载运英军 2.3 万人、美军 1 万人，从英国出发，在阿尔及尔登陆；中部特混舰队，从英国出发，由英国海军载运 3.9 万名美军，在奥兰登陆；西部特混舰队，从美国出发，由美国海军载运 3.5 万名美军，在卡萨布兰卡登陆。

占领以上港口后，后续运输船队不断地运送增援部队和物资，直到完全占领北非为止。盟军总司令艾森豪威尔将军担任总指挥，英国坎宁安海军上将担任盟军海军总司令。登陆战役的空中掩护任务由英国航空部队负责。

登陆后，从阿尔及尔登陆的英国第 1 集团军抢占突尼斯，盟军必须抢

在德国派兵增援以前占领法属北非。

"火炬"计划的策划者们知道，最大的障碍将来自法军而不是德军。法军尽管在本土已经战败，但他们仍然控制着法属北非。

法属北非不同殖民地国家的法军军官们对盟军的态度大不相同，一些军官热情地拥护盟军；一些军官支持美国，但却仇恨英国；剩下的军官完全被德国镇住或被收买了，他们把任何针对德国的行动都看成是损害他们在法属殖民地的既得利益。

"火炬"计划能否成功在很大程度上取决于驻守北非的法军是否抵抗。法国维希政府驻在北非的军队装备了 500 架飞机和 14 个师 20 万人。法军足够给登陆的盟军以致命的打击。在北非各港口还有法国舰队，只要北非法军决心抵抗，他们完全能够阻止盟军登陆。

罗斯福发动了政治攻势，希望美军的登陆会引起北非法军和当地人的反纳粹起义。

英军实施"火炬"登陆计划，图为英军士兵将装备运上阿尔及尔海滩

1942 年 11 月 8 日，"火炬"登陆计划开始实施。东路特混舰队负责攻打阿尔及尔，由英国海军少将哈罗德·巴勒斯率领，登陆部队由美国陆军少将查尔斯·赖德少将指挥。登陆部队由美英部队混编而成，使仇恨英军的法军误以为登陆的都是美军。

法军在奥兰的抵抗十分顽强，美军的先头部队是特里·艾伦少将率领的美国第 1 步兵师和美第 1 装甲师的一半兵力。

盟军攻占奥兰的计划是：从两翼攻占奥兰城和奥兰港口。艾伦少将指挥的部队在奥兰的阿尔泽湾海滩登陆；罗斯福准将指挥的部队在莱桑达卢塞海滩登陆。接着，一支轻装甲部队向阿尔泽内陆推进；一支较小的轻装甲部队从奥兰的布扎贾尔港登陆点出发，占领奥兰以南的各机场，再从后面进攻奥兰城。最重要的是快速占领奥兰城，因为城内只有 1 万名法军，若得到各驻地增援的法军，不出一天奥兰的法军将达到 2 万名。

可战斗一直持续到 10 日，奥兰的法军司令官听说阿尔及尔正在进行谈判，才无心作战。盟军由东西两面进攻奥兰城，盟军的步兵部队再次受挫。法军的火力被东西两面的盟军步兵吸引住了，盟军两支轻装甲部队趁机从南面攻入城内。中午以前，盟军轻装甲部队占领法军司令部。奥兰法军司令官投降了。

就在 11 月 8 日凌晨 4 时，巴顿指挥的西部特混部队开始在摩洛哥长达 45 公里的海岸上登陆。美军选择了 3 个登陆地点——南边的萨菲、北边的利奥特港和中间的费达拉。费达拉位于卡萨布兰卡以北 30 公里处，适宜登陆，靠近卡萨布兰卡城及其港口。

美国只能向巴顿提供 4 个没有参加过战斗的师，而且为了补足编制，其中一个师竟有 400 名士兵没有接受过任何军事训练。

尽管巴顿一直渴望参战，但没想到会指挥一支这样的部队进行大规模的两栖登陆，但他已经别无选择，在从美国出征前他就写好了遗嘱。

天色微明，美军在费达拉、萨菲和麦赫迪亚的登陆战早已开始了。

在萨菲，哈蒙少将指挥的登陆十分顺利，正在建立滩头阵地。

在麦赫迪亚，特拉斯科特少将遇到了法军摩洛哥土著步兵第 1 团和第 7 团的抵抗，还有法军岸防部队的 75 毫米口径大炮的轰击。尽管美军装备精良，但是登陆艇的水手们缺乏航海经验，造成了极度慌乱，第 9 师的伤亡不断增加。

巴顿所在的费达拉地区是主要登陆点，由第 3 步兵师、第 2 装甲师的第 67 装甲团第 1 营和特种部队组成。乔纳森·安德逊少将在巴顿的督战下指挥这支登陆部队。

凌晨 3 时 55 分，第一批登陆的 4 艘舰船出发。5 时 15 分左右，登陆部队到达海滩。6 时，在最不利于登陆的瓦迪内夫夫克小三角湾上站满了美军士兵。同时，第 30 团冒着炮火登上了海滩。

凌晨 6 时 10 分，特混舰队的舰炮向岸上的法军炮兵和机枪阵地猛轰。

当美军忙着登陆时，上午 7 时，法军的岸防炮台和法国现代战列舰"让·巴尔"号攻击了护航舰队。美军的护航舰队由"马萨诸塞"号战列舰、2 艘重巡洋舰和 4 艘驱逐舰组成。护航舰队凭借强大的火力压制住了法军的岸防炮台和"让·巴尔"号。

法国的 1 艘巡洋舰、7 艘驱逐舰和 8 艘潜艇趁机向费达拉方向扑去，攻击美国运输舰。美军军舰前去堵截，把它们赶跑。随后，护航舰队把法舰包围。法国军舰边战边退，到战斗结束时，共有 7 艘法国军舰和 3 艘法国潜艇沉没，"让·巴尔"号被烧毁，停在海滩上。

8 日中午，三个登陆地点的部队都建立了滩头阵地。在费达拉，安德逊少将控制了河流和高地，还抓住了 8 名德国人，但停战委员会的头子乌利希将军逃到了北部摩洛哥（西班牙殖民地）。

美军在扩展滩头阵地时遇到了麻烦，大量的装备和给养都堆在海滩上，向前线运送的速度很慢，严重地影响了作战。

最令巴顿无法容忍的是美军缺乏通讯联络设备，要与正向内陆推进的部队保持联系，通信设备是重要的。直至 11 月 10 日，一台庞大的 SC—Z99 型无线电差转机才运到了岸上。密码破译机被丢弃在沙滩上，很多通信设备零部件埋在成堆的物资中。

这样，特拉斯科特与巴顿失去了联络。11 月 9 日，特拉斯科特向巴顿求援，但巴顿手中的 4 个师都已经投入战斗了。

11 月 11 日凌晨 3 时 30 分，巴顿接见一位前来谈判的法国军官。巴顿告诉法国军官："你对米什利埃将军说，他再不投降的话，我会把卡萨布兰卡夷为平地。"

法国军官走后两个小时，仍没有消息。巴顿下达了进攻命令。6 时 25 分，美舰载机群呼啸着飞向卡萨布兰卡，美国舰队抬高了舰炮群。

正在这时，法国驻摩洛哥驻军长官诺盖听说达尔朗已经下令停火，宣布投降。

6 时 48 分，法军投降了。美军占领卡萨布兰卡。

盟军占领整个阿尔及利亚和摩洛哥后，立即向突尼斯进发。到 12 月 1 日，在北非登陆的盟军已达到 25 万多人，其中英军 10 万多人、美军 14 万多人。

在作战计划拟定者看来，盟军选择将北非登陆地点放在法军控制的地区，以为法国原为英国盟友，被希特勒侵占，国家濒临灭亡，对德国人有刻骨的国恨家仇，定会欢迎盟军进攻"非洲军团"，说不定还会加入盟军对付共同的敌人。但万万想不到的是，法军大部分已被德军所控制，为保住他们那点既得利益，竟大举向还未站稳脚跟的盟军进攻，尤其是法国剩下的为数不多的海军，他们对英国人的"弩炮"行动怀恨在心，决心与英军为敌，别看这些零星法军，作战还是很勇猛的，使盟军行动受阻、损失惨重。幸好，盟军在卡萨布兰卡一役中，说动法军放弃抵抗，不然双方伤亡会更大。

意军丧失制海权

　　1942 年，盟国从根本上扭转了地中海的战略形势，掌握了制海权。

　　1942 年 11 月，德国在北非地中海战区和苏德战区遭受 3 次大失败。11 月 2 日隆美尔从阿拉曼败逃利比亚，11 月 8 日英美部队的"火炬"计划成功，11 月 21 日德军在斯大林格勒城下被包围。

　　德国不是在斯大林格勒会战惨败才失掉战略主动权的，而是在 11 月决定德国命运的，在西线和东线同盟国军队的打击下德国已失去了战略上的主动权。1942 年 11 月 2 日至 21 日，德军的 3 次大失败，每次都使德国最高统帅部受到很大的刺激。

　　希特勒勃然大怒，11 月 8 日马上打电话给瓦利蒙特，任命他为德国国防军代表，想与法国最高统帅部共同抵抗盟军登陆。晚上，希特勒改变了主意，认为法国人是靠不住的，一定要迫使法国人抵抗盟军，否则就占领法国的南部。

　　11 月 8 日和 9 日，希特勒向法国要求提供军事援助，法国方面避而不答，这种态度引起了希特勒的怀疑。10 日，法国总理赖伐尔奉命匆忙来到东普鲁士。下午，希特勒要求突尼斯的各港口和空军基地交给德意部队利用。赖伐尔说法国无法答应意大利军队开入，这件事只有贝当元帅才能做决定。希特勒知道法国故意推拖，在会谈结束后不久，命令德军和意军于午夜攻占法国南部地区，并占领突尼斯的海空军基地。

　　德军机械化部队攻占了法国南部，6 个意大利师从东面进攻。希特勒长期以来对地中海北非战区漠不关心，这使隆美尔感到极其恼火，几乎在一夜之间就完全改变了想法。希特勒忽然想到，一旦盟军占领了突尼斯和比塞大，隆美尔的部队就很可能被全歼。这两座城市坐落在直布罗陀以东最狭窄处，假如盟军从南翼进攻欧洲的话，突尼斯和比塞大是最好的基地。

9 日下午，德机飞抵突尼斯附近的机场，同时德军空降兵抢占了机场，被法军包围了。11 日起，德军空降兵增加，附近的法军投降了。大炮、坦克、运输车辆和军需物资从海上运往比塞大港。

11 月底，德军在突尼斯已有 1.5 万人，拥有 100 辆坦克。从的黎波里经过陆路赶来的意大利军队近 1 万人。德意军由尼林将军指挥，不断推进。1942 年 12 月 9 日，希特勒派阿尼姆大将出任改称第 5 装甲集团军的非洲德意部队总司令，把突尼斯和比塞大用近 200 公里长的一连串据点连在一起。希特勒攻占突尼斯给盟军在北非的继续推进设置了巨大的障碍，成了难啃的"核桃"。

行进中的德军装甲部队

当德军赶到土伦港附近时，德军和法军达成了一项协议。根据协议，在土伦港附近设立自由区，由法军进驻。11 月 18 日，德军要求法军从自由区撤退。11 月下旬，土伦舰队的法国海军把军舰击沉，共有 73 艘军舰沉没。

一旦这些军舰落入德国之手，肯定会给盟军日后的海上作战带来巨大的威胁。盟国对法国海军军舰的沉没十分惋惜，法国海军本来可以把舰队开出来加入盟国海军，向法西斯宣战；缴获土伦舰队是"火炬"计划的目标之一，但却失败了。看来把希望寄托于法军将士们的觉醒，只是盟军的一厢情愿，也可说是一个失误。不过，盟军还是念在法国人已"国破山河在"，不忍心再撒一把盐而已，因此利用谈判机会以情劝说。

德军入侵法国南部，使北非的法国官兵十分愤怒。在法国贝当元帅的默许下，达尔朗与盟国的合作步伐加快了。11 月 13 日，双方达成了停战协议。

艾森豪威尔终于明白，只有达尔朗才能领导法军归附盟军。艾森豪威尔从直布罗陀飞抵阿尔及尔，立刻批准了这项停战协议。根据协议，达尔朗担任法属北非高级专员兼任海军总司令；吉罗出任地面和空军部队总司令；朱安出任东区司令；诺盖出任西区司令兼摩洛哥总督。艾森豪威尔的决定得到了罗斯福总统和丘吉尔首相的称赞。

在"火炬"战役中，西班牙始终保持中立。西班牙与北非只隔一条狭窄的直布罗陀海峡，而且在北非占有西属摩洛哥，假如西班牙出兵或者允许德军借道西班牙进入北非，将会对盟军造成巨大的灾难。

如果当时制订作战计划时登陆的地点选择了波尼，或者盟军的推进速度更快些，那么盟军就可以抢占突尼斯，希特勒就没有时间在突尼斯建立防御阵地了。

1942 年 10 — 12 月，英、美海军与德国潜艇不间断地战斗着。由于潜艇数量的增加，由 10 月初起，邓尼茨可以出动两个潜艇群在大西洋的东部和西部组成"猎网"。

10 月 10 日，德军大群潜艇潜入纽芬兰海域，等待着由雪利港驶出的英国 SC-104 护航船队，到了深夜仍未发现船队的影子。

12 日下午，1 艘德国潜艇发现了盟军的 1 艘小型护卫舰，德潜艇立即召唤其他潜艇。傍晚，尾随着护卫舰，德潜艇群发现了英国 SC-104 护航船队。

这支船队拥有 47 艘商船，只有 2 艘驱逐舰和 4 艘护卫舰护航。

暴风减弱了，但夜晚的波涛仍然汹涌，护航舰艇对潜观察非常困难。德国潜艇群趁机击沉了 8 艘商船，有一艘是万吨级的船队补给油船。

10 月 15 日夜晚，"派堪特"号驱逐舰发现德"U-691"号潜艇，并把该潜艇击沉。

驱逐舰"费姆"号用雷达锁定了德"U-353"号潜艇，投掷深水炸弹，"U-353"号潜艇被迫浮出水面，舰员弃舰逃生。

10 月 26 日，向东航行的 HX-212 船队靠近潜艇猎网的中央。猎网中央附近的潜艇主动撤退，侧翼的潜艇立即向船队扑去。

10 月 28 日夜，潜艇群同时向船队进攻，7 艘商船沉入大西洋。

几天后，德"U-509"号和"U-658"号潜艇在跟踪商船时被加拿大飞机炸沉。看来德国潜艇在大西洋东西部的捕猎行动就不那么得心应手了，不仅"快乐时光"不再，而且开局不利。

不过足智多谋的邓尼茨不会轻易放过每一次战机，他迭出恶招，令盟军头痛。11 月 8 日，当邓尼茨听说盟军已经在摩洛哥成功登陆时，马上命令所有潜艇分赴摩洛哥沿海和直布罗陀海域。

11 月 10 日，盟军的一支船队驶出飞机的警戒范围。德潜艇群立即扑了上去。短短两个晚上，15 艘商船沉没。

接着，德潜艇群进攻盟国的 SL-125 船队，经过 7 个晚上的进攻，击沉 13 艘商船，而德潜艇没有任何损失。原来，盟国将 SL-125 船队作为诱

饵，把德潜艇群调走，以实施盟军的北非登陆作战。

11 月 11 日，希特勒命令"抢在英军从阿尔及尔进入突尼斯以前进入突尼斯"。

这次，共有 3 个德国师和 2 个意大利师参加此次作战任务。为 5 个师的部队提供后勤补给的重担落在不堪重负的意大利海军身上。意海军被迫与英海军决一死战。

在此以前，意大利海军总部曾向其最高统帅部说明，由于盟军海军力量的迅速强大，除对利比亚进行补给外，意大利海军无法承担任何大规模的海上援助行动了。

由于盟军登陆北非获得了成功，意海军请求放弃对的黎波里的船运补给，支援突尼斯守军。

因为，突尼斯已经对轴心国变得至关重要了：突尼斯是地中海的门户，是在非洲发动反攻的基地。但希特勒却不准利比亚的隆美尔军队向后撤退。结果，意海军被迫承担无力肩负的任务——同时向的黎波里和突尼斯提供补给。

11 月 12 日下午，第 1 支意大利船队安全驶入突尼斯比塞大港。这支船队由 2 艘运输舰和 5 艘驱逐舰组成，运载 1000 名意军和 1800 吨军火。

为了保障军事补给线，意大利海军被迫在突尼斯成立了指挥部，从此开始了地中海海上补给战的最后阶段。在这个阶段，德意海军丧失了地中海的制海权。

在盟军主力没有进入突尼斯以前，英军继续向利比亚提供补给。

11 月 13 日，一支由英国巡洋舰和驱逐舰组成的 Q 舰队进驻阿尔及利亚的波尼港。

波尼港是通往比塞大和西西里海峡的据点，控制着撒丁岛以南的海域。波尼港与马耳他岛成为盟军用来对付西西里海峡的巨型钳子。在这种夹攻的态势下，德意对非洲的海上补给线几乎瘫痪。

盟军战机对意大利运输船进行轰炸

这给负责向突尼斯德意联军运送补给的意大利海军以严重的威胁。虽然具有决定性意义的突尼斯战役没有打响，但是非洲的德意联军已经快因给养严重不足而丧失战斗力了。

11月，意海军为空运到突尼斯的5个师运送了3万吨补给，包括油料、坦克和火炮等，还运送部队1.3万多人。德意联军凭借这些援军和军火，粉碎了盟军夺取突尼斯和比塞大的军事进攻。

12月，盟军在地中海只损失了16艘运输船。这时，缺乏补给的北非德意联军变成了强弩之末。

英军占领利比亚的昔兰尼加后，通向马耳他岛的海上交通畅通了。英军再次增调大量兵力和给养，加强了马耳他的英军战斗力，不仅向马耳他增援了潜艇和飞机，还派驻了水面舰队。

1942 年 12 月，3 艘巡洋舰、4 艘驱逐舰和 12 艘潜艇，开始在马耳他驻泊。除了巡洋舰和驱逐舰外，在马耳他岛还派驻了近海舰艇区舰队，由炮艇、鱼雷艇和小型舰艇组成，使马耳他的防御力和战斗力大大加强。

在德意海军的联合进攻下，同盟国凭借强大的经济实力和雄厚的资源，很快就恢复并壮大了实力。为了夺取地中海的制海权，同盟国向地中海地区增派海空军部队。1942 年，盟国从根本上扭转了地中海的战略形势，掌握了制海权。

围剿突尼斯

除几百人乘小型舰艇逃往西西里岛外，5 月 13 日，近 30 万人的德意联军向盟军投降。

意大利海军丧失制海权后，盟军海上行动增强，作战物资充足，盟军战斗力猛增，战火燃遍地中海。盟军攻占阿尔及利亚机场后，1943 年 1 月，美军第 12 航空队也加入了地中海作战。第 12 航空队高速低空轰炸的作战技能，给意海军以重创。盟军在地中海已经控制了制空权，作战飞机既能击沉海上的德意舰船，又能对港口和港湾内的舰船进行轰炸。

1943 年 1 月，盟国空军对墨西拿港发动了 8 次大规模空袭，意第 8 巡洋舰分舰队在多次损失惨重的情况下，被迫逃到塔兰托港。

盟国空军的大规模空袭使意主力舰队不断北撤，意海军基地距离地中海战场中心地带十分遥远。结果，意大利海军的主力舰只脱离了战争，意大利一向把海军视为地中海战区的中流砥柱。

从此，意大利海军只能用小型军舰替运输船队护航了。

意海军驶往突尼斯的必经之路是西西里海峡。过去，意海军为了封锁马耳他岛，在西西里海峡的东面设了一条宽阔的水雷带。

盟军在法属北非登陆以后，意大利海军在西西里海峡的西端又设了一条新的水雷带。这条新的水雷带从比塞大港东北至斯凯尔基沙洲，长 80 海里。

新的水雷防线建立后，驶往突尼斯和比塞大的意船队几乎躲开了来自盟国海军的突袭，意海军司令部为此而窃喜。盟国海军司令坎宁安上将想到了一条毒辣的计策：在意大利水雷防线里布设新雷区，堵死意运输船队的航道。

英国马耳他海军分舰队发现意两道水雷防线之间的航道宽仅 50 海里，于是在靠近比塞大和突尼斯城一侧设了水雷区。

不断有意船只触雷沉没的情报送来，意海军才明白上当了。意大利经过两年半的海战，扫雷舰已经不多了，无法适应大面积的扫雷作业。在英海军的雷区，英空军拥有绝对制空权。意海军试过消除水雷，但损失惨重，被迫放弃了。

由于英海军投设的水雷区越来越大，在埃加迪群岛与突尼斯各海港之间的地带，仅剩一条长达 40 海里的"胡同"，其宽度不足 1 海里。

意海军护送混编成的船队通过这条无航标的海上"胡同"，再加上盟军的大规模空袭，其艰难程度可想而知。

1943 年 1 月 30 日，邓尼茨升任德国海军总司令。邓尼茨上任时，突尼斯之战正打得火热。

邓尼茨认为，德意联军在突尼斯的战斗能否获胜取决于意大利海军能否从海上提供足够的补给。

邓尼茨对意海军没有提供足够的补给非常不满。邓尼茨向希特勒报告说：德海军准备对执行补给任务的意海军在人员和物资上给予支援。

当时，希特勒正为突尼斯的补给问题而头痛，突尼斯每天都吵着要补给。希特勒立即同意了，还给墨索里尼写了一封信。

1943 年 3 月 17 日，邓尼茨飞抵罗马。邓尼茨在意大利海军上将里卡尔迪的陪同下拜见了墨索里尼。

墨索里尼对德海军支援意海军的决定表示完全赞同。邓尼茨与里卡尔迪等意海军高级军官进行了会谈。意海军怀疑德海军想控制意海军，军官们对邓尼茨的指手画脚十分反感。

邓尼茨遭到意海军军官们的冷遇后，极力使里卡尔迪及其部下相信：德海军是为了共同的利益才主动提供援助的。

最后，双方达成了协议：由一个德国参谋部进驻意大利海军总司令部，德国参谋部由对指挥护航运输队很有经验的将军领导。为了掩护运输船队，由德国海军提供防空武器，意海军将 6 艘法国鱼雷艇送给德海军执行掩护任务。

3 月 18 日，邓尼茨向希特勒报告说，为了确保海上补给线的安全，急需空军的支援，只靠海军无法抵御盟军的空袭。

德国空军受损严重。图为一架德军战斗机残骸

斯大林格勒会战失败后，希特勒正集中兵力准备夺回苏德战场的主动权，已经没有空军可以支援意大利。当邓尼茨回到柏林时，希特勒向邓尼茨解释说："为了抵御敌人的空袭，海军可以采取低空防御措施。"

邓尼茨感到非常失望，没有空军的支援，德意海军是无法对付地中海盟军的轰炸的。

邓尼茨派卢格中将担任驻意海军总司令部的德国参谋部参谋长。卢格曾任德军驻法国北部和西部海岸地带保安司令，在指挥护航运输队方面经验丰富。

邓尼茨将卢格派往意大利，希望他能在对笨拙的意海军提供指导和德国对护航运输队进行护航方面取得战绩。

卢格来到意大利后，发现意大利至突尼斯的海上运输线是世界上最危险的"死亡之线"。在这条航线上，卢格还不如意海军同行懂得多。

卢格在罗马服役了不足两个月，当时意运输船照样被盟军的轰炸机炸沉，盟军完全掌握着制空权。

卢格报告说，意海军总司令部已经竭尽全力了，地中海的补给条件比法国北部和西部海岸诸水域差得太多了。最后，卢格说，西西里海峡是座"咆哮着的熔炉"！

后来，意舰船改道向邦角—埃加迪群岛雷区以东航行。这条航道宽度不超过 3 海里，在某些区段连半海里都不足。在盟国海空军没有对这条航道实行联合封锁前，意舰船宁愿走这里。

1943 年 2 月，盟军加强了对这条航道的封锁，这条航道也变成了"死亡航线"。

利比亚的隆美尔的部队已经弹尽粮绝了。隆美尔的部队每月最少需要 8 万吨的补给，可在 12 月仅得到 2.4 万吨，最后被迫撤离的黎波里，于 1943 年 2 月中旬逃到突尼斯马雷斯防线，坚守着突尼斯的门户。

3 月，盟军发动新攻势，决定首先摧毁马雷斯防线。与此同时，盟军

海空军再次联合作战，痛击意补给舰船和德意联军后方运输线。

盟军装备了大量的美式轰炸机，能够在白天对西西里岛、意大利和地中海地域的运输船只装载点和护航舰船编组进行大规模轰炸。

在一次轰炸中，22架美式飞机把西西里巴勒莫港的4艘商船击沉。4月10日，美国轰炸机向驻守在撒丁岛拉马达累纳港的意最后2艘重型巡洋舰发动突然袭击，击沉了"的里雅斯特"号，摧毁了"戈里齐亚"号。

后来，德意联军司令阿尼姆上将再次向希特勒报告弹尽粮绝的困境。南线的凯塞林元帅建议撤出突尼斯，把部队撤回本土，可是希特勒没有同意。这样，轴心国的陆海空军将继续在非洲垂死挣扎。

4月，被盟军空军击沉击伤的意补给船高达60％。4月30日，运送部队900人的3艘意大利驱逐舰也被击沉。

结果，在美国战斗机的围追堵截下，德意的空运被迫停止。德意不甘示弱，于5月3日夜晚派出1艘8000吨的商船，满载着弹药、炸弹和地雷，在1艘鱼雷艇的护航下向突尼斯进发。

结果，意商船和鱼雷艇在邦角附近被3艘英国驱逐舰击沉。无法得到补给的突尼斯德意联军，情况十分危急。

5月7日，盟军攻占了德意联军在北非的最后两个海港——突尼斯港和比塞大港。德意联军逃到突尼斯北部的邦角，向上级报告无力再接受船运补给任务。

希特勒下令派船增援。当天晚上，3艘德国运输船向邦角驶去，通过西西里海峡后却找不到能够靠岸的港口，被盟军飞机炸成了碎片。

在突尼斯之战的最后阶段，盟军统帅部认为德意联军会通过海路或者空运从邦角逃走。盟国海空军计划对突尼斯海岸的封锁，准备把德意联军歼灭在非洲大陆上。

为此，盟国地中海护航运输船队停止驶向马耳他岛，集中海军力量封锁突尼斯。在突尼斯海岸上，盟军进行了第一次严密封锁，参加封锁的驱逐舰、鱼雷艇和小型舰艇在邦角海岸呈半圆形展开。

盟军炮舰向邦角半岛的德意联军开火，牵制向实施封锁的舰艇射击的德意炮兵部队。盟军的轰炸机和战斗机支援和掩护舰艇，歼灭了德意联军的飞机，使德意联军无法乘运输机逃走。

除几百人乘小型舰艇逃往西西里岛外，5 月 13 日，近 30 万人的德意联军向盟军投降。就这样，盟军的海上作战促成了非洲战争的结束。

反攻西西里岛

盟军在地中海战场的步步紧逼，导致意大利人四分五裂，动摇了墨索里尼的统治基础。

1943 年 5 月 12 日，突尼斯战役胜利后，在罗斯福和丘吉尔的主持下，盟军联合参谋长会议在华盛顿召开，目的是根据地中海战区、东线苏联战区和太平洋战区的大好局势确立盟国的新战略。

会议最终决定，攻打西欧的行动，即"霸王"计划（登陆诺曼底）定于 1944 年 5 月 1 日实施；在意大利西西里登陆的时间定于 1943 年 7 月 10 日。

为了发动登陆战役，盟军组建了第 15 集团军群，总司令是英国的亚历山大将军，下辖英国第 8 集团军（蒙哥马利任司令）和美国第 7 集团军（巴顿任司令），总兵力达到 47 万人。

英国海军上将坎宁安出任盟军海军总司令，盟军海军拥有战斗舰艇和登陆船只 3200 艘。英国空军中将特德指挥空军，拥有 4000 多架飞机。盟军统帅艾森豪威尔将军出任总指挥。

经过反复的论证后，艾森豪威尔批准了一个大胆的登陆计划。

计划规定：突击部队分为东线的英军和西线的美军，英军在西西里岛南部登陆，美军在东南部海岸登陆。上岸后迅速向北发动进攻，从而夺取西西里岛。运送两支登陆部队的海军舰队是美国休伊特海军中将率领的西部特混舰队和英国拉姆齐海军中将率领的东部特混舰队。

西部海军特混舰队运载美军登陆部队，分成 3 个编队，负责在西西里岛东南部杰拉湾海岸线长达 60 公里的海滩上强行登陆，占领利卡塔港、杰拉港和斯科利蒂渔村，作为登陆场。

东部海军特混舰队运载英军登陆部队，分为 4 个编队，占领西西里岛南部的帕基诺半岛和诺托湾沿岸。英军的登陆正面长达 160 公里，英军面临着巨大的挑战，这也是第二次世界大战中界面最宽的一次登陆战。

参加登陆的部队共 47 万多人，美军和英军各占一半。美军拥有 580 艘舰船和登陆舰，搭载 1124 艘登陆艇，由比塞大以西的北非各港口出征；英军拥有 818 艘舰船和登陆舰，搭载 715 艘登陆艇，从东地中海和突尼斯出征。

另外，英海军出动 6 艘战列舰、2 艘舰队航空母舰、6 艘轻型巡洋舰和 24 艘驱逐舰组成掩护舰队，由英国海军中将威利斯率领，以防止意大利海军给登陆舰队造成巨大的威胁。登陆时间定为 1943 年 7 月 10 日凌晨 2 时 45 分。

5 月 19 日，亚历山大将军下达作战指令，把西西里战役分成 5 个阶段：第一阶段，海空军摧毁德意的空军部队和空军基地，夺取制空权；第二阶段，在空降兵的支援下，于拂晓前发动两栖突击，保证海岸机场、利卡塔港、锡腊库扎港的登陆阵地；第三阶段，扩展巨大的阵地，以阵地为跳板攻占奥古斯塔、卡塔尼亚和杰比尼的机场；第四阶段，攻占以上地区；第五阶段，占领整个西西里岛。

亚历山大将军要求英军全速向墨西拿推进，并控制墨西拿海峡，切断西西里岛德意军队的海上补给线。

1943 年 7 月，盟军与德意联军在西西里岛展开激战

同时，美军在保护英军侧翼的同时攻占重要的机场，英军和美军发动机动战，使德意军队在埃特纳火山附近陷入包围，防止德意军队逃回意大利。

从 7 月 3 日起，盟国空军向西西里岛、撒丁岛和亚平宁半岛南部的机场、港口、潜艇基地和工业中心发动大规模的空袭，炸毁很多目标，德、意空军部队被迫把基地撤回意大利北部。墨西拿海峡的 5 艘火车渡轮竟被击沉 4 艘，西西里岛与意大利的海上补给线多次被切断。当盟军开始登陆时，盟军已经完全取得了制空权和制海权。

7 月 9 日下午，从北非各港口出发的盟军特混舰队分别到达马耳他岛东面和西面的集结海域。海上刮起七级西北风，给盟军的登陆行动带来了困难，登陆艇在汹涌的海浪中摇摇欲坠，连大型运输舰的舰首都经常隐没在海浪中。

7月10日凌晨2时45分，美军和英军分别在杰拉和锡腊库扎地区登陆。

岛上的守军没有料到盟军会在这个鬼天气登陆，使盟军登陆部队占了便宜。

在盟军官兵源源不断地登陆时，为了支援海上登陆而发动的空降作战却很不顺利。

盟军突击舰队到达预定登陆点，在夜色的掩护下，第一批8个师在160公里长的海岸线上开始登陆。英军在锡腊库扎以南海岸登陆，美军在杰拉湾登陆。防守海岸的意大利部队忙着逃跑。

11日晚，盟军已经拥有纵深5～15公里的2个阵地，并不断向内地推进。

面对盟军强大的攻势和意大利部队的纷纷投降，希特勒不断地大喊："必须在意大利成立军事法庭来清除胆小鬼！"

局势严重，希特勒把墨索里尼请来讨论成立军事法庭的问题。7月19日，希特勒和墨索里尼在意大利北部的菲尔特雷附近的农舍里会晤。墨索里尼在大批意大利军官面前被希特勒训了一顿。

这次会晤像往常一样，都是希特勒一个人在发表意见，墨索里尼默默地坐在一旁。希特勒发现墨索里尼已经不中用了。在此次会晤以前，希特勒曾经派人物色取代墨索里尼的人。由于找不到理想的代理人，希特勒只好继续为墨索里尼鼓气。

希特勒说，德国人和意大利人必须在各个战场上坚持战斗，他们的任务不能留给"下一代"。如果意大利军队英勇抵抗，西西里岛和意大利是能守住的。德国军队会来增援意大利军队。到1945年5月，德国会有大批先进的潜艇参战，到时候德国潜艇部队就能够困死英国。

墨索里尼劳累过度，对希特勒的长篇大论听不进去，只好要求翻译记录下来。

正在他们进行紧张会晤时，盟军空袭罗马的消息传来。墨索里尼总是把最高司令部设在罗马的梵蒂冈，躲在天主教的大伞下，避免遭受盟军飞机的轰炸。但现在梵蒂冈也不能保护墨索里尼了。不久，墨索里尼失魂落魄地回到了罗马。

7月19日，一支美国轰炸机编队空袭了罗马火车站的停车场和罗马飞机场。轰炸造成了巨大的破坏，意大利人吓破了胆。德、意军队的节节败退便意大利人四分五裂。大多数意大利人主张向盟军俯首投降，但墨索里尼表示绝不投降，坚持要把战争打下去。

面对失败，意大利国王、议会、总参谋部、法西斯党都怪罪于墨索里尼，包括墨索里尼的女婿齐亚诺在内的许多资产阶级人士，想秘密整跨墨索里尼，企图恢复资产阶级在意大利的统治。墨索里尼的统治基础摇摇欲坠。

7月19日，巴顿正式下达总攻命令。美军快速向前挺进。21日，美军攻占卡斯特尔维特拉诺。22日，美军占领巴勒莫港，意军吓破了胆，约4.5万名意军举起了双手。美军的胜利严重地挫伤了德意军队的士气，德意军队仅剩墨西拿港了。

当天，巴顿随第2装甲师趾高气扬地进入巴勒莫，在豪华的王宫里建立司令部。

7月23日，美军第45步兵师攻入泰索米尼至梅雷塞以东海岸地带，把西西里岛拦腰切断。这给美军带来了很高的荣誉。美军第45步兵师只伤亡300多人，却俘虏5.3万名意军，击落190架敌机，缴获67门火炮，缴获了来不及逃走的大部分船只。

7月25日，亚历山大命令巴顿自西向东进攻。巴顿欣喜若狂，他呼吁美军抢在英军之前拿下墨西拿。巴顿把这个重任交给第2军军长布莱德雷将军。

当前的形势对蒙哥马利来说出现了讽刺性变化，西路巴顿的部队从助攻变成了主攻。

7月27日，凯塞林命令赫布尽快撤离西西里岛。

7月27日，向东推进的美军攻占了圣斯特凡诺和尼科西亚。

同时，英军在东、西两侧的攻势减弱，英军很多人染上了疟疾，战斗力下降。美军主力占领巴勒莫后于7月31日赶到圣斯蒂法诺，与英军会合。主攻任务由巴顿的美军承担。为了切断德意军队的退路，亚历山大决定在8月1日发动攻势，并从北非调来美军第9师和英军第78师。

8月初，各路盟军发动进攻，巴顿的美军在左翼，英军第30军在中央，英军第13军在右翼。盟军争先进攻西西里岛的东北角——墨西拿。

在8月7—16日，盟军就发动4次进攻，企图加速进攻，堵住撤退的德意军队。由于德军顽强阻击，盟军没有取得预期效果。8月17日，德意部队的主力10万人越过墨西拿海峡回到意大利。其中，德军3个师近4万

意大利巡洋舰在盟军的猛烈轰炸下被迫逃离墨西拿港

人，意军6万人。

8月17日晨，美军第3师抢先攻入墨西拿。英国一部也进入墨西拿。当天，盟军歼灭了岛上的残余德意部队。在西西里战役中，德军损失1.2万人，14万多名意军缴械投降。盟军损失2.2万多人。

盟国实现了西西里战役的大部分目标，虽没有取得全部胜利，但使盟国在地中海的交通线得到了保障。西西里战役的胜利，提高了同盟国在中立国中的威信。

盟军在地中海战场的步步紧逼，导致意大利人四分五裂，动摇了墨索里尼的统治基础。意大利1940年6月向英、法宣战后不到半年的时间，一向贪图享受、散漫惯了的意大利军队就十分厌恶作战，特别是，意大利军队在希腊和埃及的惨败使意大利军队变成了惊弓之鸟。

连续3年的惨败，使意大利经济接近崩溃。英国对地中海的长期封锁，使意大利进口的粮食越来越少，意大利的面包定量每人每天为150克，咖啡、汽油和肥皂等生活用品十分缺乏。意大利人民的反政府情绪高涨，反法西斯和反战活动多次发生。

意大利法西斯党的其他领导人认为必须让墨索里尼下台。

7月25日，墨索里尼入宫晋见国王，要求国王惩处投票反对自己的人，重新任命大臣，并继续参战。但国王却要求墨索里尼辞职，他已任命巴多利奥元帅接替首相职务。随后，墨索里尼被逮捕，监禁在马达莱纳岛。

7月26日，新首相巴多利奥组成新内阁，瓜里利亚出任外交大臣。意大利政府解散法西斯党，宣布全国进入紧急状态，禁止政治集会。这样，长达21年的意大利法西斯统治结束了。

1943年9月12日，希特勒派一支空军小分队空降到监禁墨索里尼的地方，救出了墨索里尼。9月23日，墨索里尼回到弗利市，宣布法西斯主义的意大利社会共和国成立。10月7日，意大利法西斯新政府把办公

地点迁到北部加尔达湖畔萨洛布。尽管墨索里尼名义上是萨洛共和国的政府首脑,然而在希特勒的控制下,他只是一个摆设品,只是德国控制意大利北方政治、经济、军事的一个工具。

1943 年 9 月,巴多利奥宣布意大利正式投降并退出战争。德军立即解除了大部分意大利军队的武装,把意大利人押送到德国做苦役,至 1944 年底,居住在德国的意大利人达 100 万。意大利人都害怕被征集到德国当苦役,这是墨索里尼无法在意大利国内组建军队的重要原因。

巴尔干半岛的意大利军队遭到当地游击队的不断袭击和德军的疯狂报复,损失惨重。在意大利,个人主义盛行,许多独立的意大利部队不受墨索里尼的管辖,甚至威胁说要逮捕他。

1944 年 6 月 4 日,盟军占领意大利首都罗马,德军在一片混乱中向北溃退。

1945 年 4 月 25 日,在意大利共产党的号召下,义勇军举行武装起义,接连解放了上百个城市。

1945 年 4 月 28 日,墨索里尼及其情妇贝塔西被意大利民族解放委员会处死。

第七章

德军兵败大西洋

"提尔皮茨"号在劫难逃

英国空军出动了 200 架飞机，海军出动了 400 架舰载机，对"提尔皮茨"号进行了 13 次大规模空袭。

决胜地中海直接导致意军的失败和地中海制海权的丧失。意大利军心动摇，墨索里尼的统治到了尾声，意海军大部分退出大西洋作战。至此，维持大西洋残局的只有德国海军了。1942 年 1 月 17 日，英国海军情报部门得知，德海军的"提尔皮茨"号战列舰已从德国基尔港到达挪威阿尔塔峡湾的特龙黑姆港。

丘吉尔下达指示："击沉或者击伤它，是当前英国海军一件最大的战略任务。"

"提尔皮茨"号是"俾斯麦"号战列舰的姊妹舰。1941 年，"俾斯麦"号进军大西洋，把英国新型战列舰"胡德"号击沉，重创英国战列舰"威尔士亲王"号。

英国海军集结了包括航空母舰在内的 46 艘军舰，前堵后截，把"俾斯麦"号团团围住，用无数发炮弹、航空炸弹和 30 多枚鱼雷才把它击沉。

"提尔皮茨"号战列舰排水量高达 4.17 万吨，航速为 30 节，装有 8 门 380 毫米口径的主炮。

"提尔皮茨"号停泊在挪威北部的阿尔塔峡湾，峡湾位于斯堪的纳维亚山脉深处，整日浓雾笼罩。峡湾向海的一侧设置了水雷区和防潜网，还有往返巡逻的巡逻艇。

德军在峡湾沿岸配置了很多高射炮。"提尔皮茨"号的周围设置了 3 道防鱼雷网。

1942 年，英国海军多次出动航空母舰进行空袭，由于"提尔皮茨"号的装甲太厚和不断施放烟幕，行动都失败了。

10 月，英国出动人操鱼雷攻击"提尔皮茨"号，"提尔皮茨"号受到重创，经过修复又恢复了战斗力。

这时，英国海军想起了继"鱼雷"之后研制成功的"X"型袖珍潜艇。

"X"型袖珍潜艇长 14.6 米，直径 1.7 米，甲板最高处为 1.38 米，重 39 吨，在水面利用汽车发动机带动螺旋桨前进，在水下由蓄电池组带动电机，从而带动螺旋桨前进。

"X"型袖珍潜艇有 4 个水密舱，第 1 个水密舱装蓄电池组；第 2 个水密舱是逃生舱；第 3 个水密舱是舰长、技师和舵手的控制室；第 4 个水密舱是主机房。

"X"型袖珍潜艇的两舷装有 2 吨可分离的烈性炸药，炸药上装有定时导火索。

"X"型袖珍潜艇的出发日期为 9 月 11 日，攻击日期为 9 月 22 日。

英国海军派出 6 艘"X"型袖珍潜艇，"X-8"号出现故障被击沉，"X-9"号、"X-10"号被盗了。

9 月 20 日，一艘潜艇拖引"X-7"号、"X-6"号、"X-5"号袖珍潜艇到达攻击海域。

"X-6"号的舰长卡梅伦年仅 26 岁；"X-7"号的舰长普莱斯年仅 22 岁；"X-5"号的舰长克里尔号称澳大利亚之虎。

英国海军制定的预案为：9 月 26 日夜，3 艘"X"型袖珍潜艇驶过水雷区，向南航行，21 日白天通过斯特杰恩海峡，黄昏到达阿尔塔峡湾附近，再向南航行，在勃拉特荷姆群岛附近充电。天黑后驶入阿尔塔峡湾。为了保证 3 艘"X"型袖珍潜艇都能攻击"提尔皮茨"号，不准在 22 日 1 时以前发动攻击。攻击应在 22 日 5 — 8 时进行，爆炸时间为 8 时 30 分。

"X-6"号于4时45分到达关闭的水下栅栏，它追随一艘巡逻舰通过了栅栏和防潜网。

由于潜望镜脏了，"X-6"号下潜18米，擦净潜望镜，继续航行。7时5分，"X-6"号靠近"提尔皮茨"号附近的防雷网。

正当卡梅伦无法通过防雷网时，防雷网自己打开了网门。原来，德军的小船和拖船将从防雷网进出。

"X-6"号随小船进入了防雷网，卡梅伦向"提尔皮茨"号驶去时，"X-6"号突然搁浅在礁石上，只好上浮。

"提尔皮茨"号的舰员们误以为是一条浮出海面的海豚。"X-6"号下潜后，在距离"提尔皮茨"号73米处搁浅，再次上浮。

这一次，舰上的水兵看清了"X-6"号，机关炮和深水炸弹像雨点一样砸过去。

"X-6"号紧急下潜，电罗经被打坏了，潜望镜也进水，但仍继续向敌舰潜行。

"提尔皮茨"号战列舰

当"X-6"号浮出海面准备攻击时，正好到达"提尔皮茨"号战列舰的左舷舰首处，由于距离太近，"提尔皮茨"号的舰炮无法攻击，德舰水兵用轻武器扫射"X-6"号。

卡梅伦下令毁掉机密的装置，靠近战列舰。"X-6"号再次下潜，朝"提尔皮茨"号的舰底下边钻。由于舰底离海底很近，"X-6"号钻不进去。

舰员解下两舷的磁性炸药，穿上潜水衣把炸药推进舰底。卡梅伦下令打开阀门，"X-6"号自行沉没了。

一艘德国摩托艇扑来，4名英国舰员被俘虏。这4名英国舰员没有供出此次行动的目的。

突然，海湾内响起警报声，驱逐舰和各种小型舰艇开始了反潜巡逻，7时36分，"提尔皮茨"号准备起航，转移到安全的地方。

在"X-7"号脱离潜艇以前，一个水雷的雷索套住了"X-7"号的拖缆，磁性水雷向"X-7"号冲来，普莱斯一脚踢飞了水雷。

脱离潜艇后，"X-7"号于4时通过了水下栅栏，又通过了防潜网，但陷入防雷网。原来，普莱斯想从防雷网下面通过。

德国人把防雷网从水面一直布到海底，"X-7"号陷入防雷网后，普莱斯下令倒车，又陷入另一道防雷网，不断地上浮和下潜，经过长时间的挣扎，终于逃出了防雷网。

经过这番生与死的挣扎，罗盘和其他机件坏了，"X-7"号被迫浮出海面。这时，"X-7"号与"提尔皮茨"号之间相距不到27米了。"X-7"号立即下潜，准备再前行26米。但它只航行了18米，就一头撞到战列舰的左舷上。

"X-7"号立即钻到舰底，挂上两个磁性炸药筒。起爆的时针指向7时22分。

这时，电罗经坏了，艇长凭记忆向外面逃去。"X-7"号不停地碰撞防潜网，只好浮出水面，准备从防潜网上撞过去。

"X-7"号刚刚露面，就遭到德军的疯狂攻击。"X-7"号立即下潜，可是舰体坏了。普莱斯刚逃出舰体，舰体就沉没了。另一个舰员靠逃生装置逃了出来，剩下的两个舰员丧生了。

"X-7"号逃出的两名舰员也被俘虏了，但他们不肯供出任何情况。

2艘"X"型袖珍潜艇上的4个磁性炸药筒几乎同时爆炸了，"提尔皮茨"号被炸起2米多高，又摔回去。

"提尔皮茨"号的舰长钦佩英国人的勇敢，好生款待英国俘虏。

"提尔皮茨"号爆炸后，在防雷网外侧约457米处出现一艘"X"型袖珍潜艇，"提尔皮茨"号的舰炮纷纷开炮。该艇是"X-5"号，被击沉了，4名舰员全部丧生。

海水涌入"提尔皮茨"号舰轮机舱和发电机舱，"提尔皮茨"号的主机被击毁，照明设备和电机装置全部被震坏，另外，舰上被炸死12人，伤40人。

"提尔皮茨"号整个冬天都无法参战。

1944年夏季，盟国飞机大规模空袭德国首都柏林。邓尼茨把海军总司令部迁到贝尔瑙郊区。

5月15日晚，"提尔皮茨"号的舰长荣格向邓尼茨报告，英机群又轰炸了阿尔塔峡湾的"提尔皮茨"号。

欧洲大陆的局势十分不妙，盟军正准备在法国西部登陆，德军将被迫发动在法国的大规模抗登陆作战。

希特勒把55个师部署在法国西海岸，命令戈林和邓尼茨，一旦盟军登陆，空军和海军要不惜一切代价攻击盟军。

此时，德国空军在法国作战的第3军团仅剩90架轰炸机和70架战斗机，已经没有多大用处了。

希特勒希望海军多出力。在西线，邓尼茨部署了400多艘舰艇，包括5艘驱逐舰、40艘鱼雷艇、209艘扫雷舰艇、116艘巡逻艇和42艘炮兵驳船。但是，用这些小舰无法与盟军庞大的舰队对抗。

邓尼茨手中的王牌是潜艇群，他决定用潜艇战来攻击航渡的盟军舰队。盟军反潜舰队已经严密封锁英吉利海峡，潜艇难以潜入登陆滩头。

但是，击沉一艘满载军火、燃油和其他补给品的舰船，哪怕用一艘潜艇和舰上的几十名舰员去换也值得。在法国海岸上，德国陆军要想使盟军损失同样的物资，就得损失相当于一艘潜艇几十倍的兵力。

邓尼茨下令组织 37 ~ 40 艘潜艇，组成潜艇群，准备抗登陆。

"要出动大型舰只吗？"一位参谋问。

邓尼茨摇了摇头，在英国海军和空军的围攻下，"格奈森瑙"号被炸毁，成了一堆废铁，"希佩尔海军上将"号和"科隆"号受到重创，正在大修；"舍尔海军上将"号、"吕佐"号、"欧根亲王"号等舰被炸伤后，躲进波罗的海，不敢动弹。

唯一能派上用场的就是"提尔皮茨"号战列舰了。"提尔皮茨"号只

"欧根亲王"号重巡洋舰

需再修一段时间，就能作战了。

邓尼茨知道，如果把"提尔皮茨"号留在挪威，它能够继续攻击北海上的英国船只，可以随时出现在北海，能够牵制英国海军的大量兵力；派"提尔皮茨"号南下法国抗登陆太愚蠢了，英国海军会把"提尔皮茨"号炸沉，再腾出对付"提尔皮茨"号的兵力用于其他海域；让"提尔皮茨"号返回德国，它就无法出海了，而且会增加英机轰炸德国的次数。

可是，"提尔皮茨"号留在挪威，英国机群还是会轰炸它。

邓尼茨对参谋说："通知荣格抢修'提尔皮茨'号。然后，出海走一趟，吸引英国舰队的兵力，就算完成任务啦！"

当英国海军忙着准备诺曼底登陆战，把数以千计的舰船集结在英吉利海峡时，盟军舰队司令坎宁安抽调英国舰队主力，严密封锁挪威海岸，并出动航空母舰，对"提尔皮茨"号不断地进行轰炸。

4月24日，坎宁安又出动6艘航空母舰进行轰炸。由于天气恶劣，舰载机难以起飞，才没有轰炸"提尔皮茨"号。

5月15日，27架"梭鱼"式轰炸机自"胜利"号和"暴怒"号上起飞，在大批"海盗"式、"喷火"式战斗机的率领下，扑向阿尔塔峡湾。峡湾上空乌云密布，机群投掷了炸弹，但没有成功。

7月17日，坎宁安出动"不屈"号和"可畏"号航空母舰，发动"吉祥物"空袭。94架飞机飞到阿尔塔峡湾上空。

防空炮火非常猛烈，再加上近百部发烟装置喷出的烟雾，抢在英机攻击以前罩住了峡湾。44架"梭鱼"式轰炸机胡乱地投掷了炸弹，德军的一艘油船和一艘拖船被炸沉，"提尔皮茨"号幸免于难。

8月22日，坎宁安出动5艘航空母舰，98架舰载机分成两个机群，轮番攻击"提尔皮茨"号。烟雾笼罩，防空炮火猛烈，"提尔皮茨"号损失轻微。

坎宁安非常恼火。此时，盟军在诺曼底登陆成功。150万盟军向法国巴黎扑去，一鼓作气，攻下了巴黎。太平洋战场传来捷报，日海军在马里亚纳海战中惨败，美海军锐气十足，准备攻打菲律宾。

英国海军竟然被"提尔皮茨"号绊住了后腿，使坎宁安无计可施。

坎宁安决心炸沉"提尔皮茨"号，割除"提尔皮茨"号的障碍有两点：一是烟幕，二是"提尔皮茨"号的装甲。

只需安排巧妙，空袭时英机就能赶在烟雾散开以前轰炸"提尔皮茨"号。"提尔皮茨"号的中部主甲板下，有长约 150 米的装甲带，其厚度达 203 毫米，把弹药库、主机舱、主锅炉舱等部位都盖住了。哪怕英机群把"提尔皮茨"号的首尾部分炸毁，它也照样不沉。

坎宁安叫参谋们想办法。参谋们说：只要"提尔皮茨"号出港，就用鱼雷机把它击沉。可是，"提尔皮茨"号非常机警，就是不出来。阿尔塔峡湾水很浅，两岸还有陡峭的悬崖，鱼雷机无法攻击"提尔皮茨"号的水线以下的薄弱部分。

"梭鱼"式轰炸机用 720 公斤的穿甲弹进行轰炸，几次空袭已经证明，无法炸沉"提尔皮茨"号。最好的办法就是用特制的炸弹进行轰炸。

9 月初，坎宁安请英国空军帮忙。英皇家空军派第 5 轰炸机部队的第 617 飞行中队出马，去炸沉"提尔皮茨"号。

第 617 飞行中队由重型轰炸机组成，以擅长轰炸而名扬盟国。第 617 飞行中队曾炸毁过几座大坝和潜艇洞库。

一架"兰开斯特"式轰炸机投掷的 5.5 吨重的特制炸弹，能够穿透厚厚的钢筋水泥层，在地下爆炸。中队长泰特中校认为，只要在高空投弹，用 5.5 吨的特制炸弹就能炸沉"提尔皮茨"号。

第 617 飞行中队轰炸机的投弹装置上，全部安装了炸弹自动瞄准器，能够进行"超前计算"，命中率很高。1944 年秋季，为了炸沉"提尔皮茨"号，英国空军派第 9 飞行中队配合第 617 飞行中队一起行动。

自苏格兰飞往阿尔塔峡湾再返航，"兰开斯特"式重型轰炸机的燃油

不够。英国空军请苏联空军帮忙,苏联空军为第 617 飞行中队提供雅戈德尼克机场。雅戈德尼克位于苏联的阿尔汉格尔附近,距离阿尔塔峡湾只有 1000 公里。在"兰开斯特"式重型轰炸机的作战半径之内。

9 月 10 日,第 617 和第 9 飞行中队出动 36 架飞机,飞往沃西默思。它们加满油后起飞,爬上高空,飞过北海。由于飞行员对地形不熟,一些飞机失散了。11 日黎明,23 架"兰开斯特"式重型轰炸机到达苏联的雅克德尼克机场,当天,7 架飞机陆续降落。剩下的 6 架,下落不明。

几天来,恶劣的天气使"兰开斯特"式轰炸机无法起飞。9 月 15 日,27 架飞机升空,其中 21 架弹舱朝下凸出很多,舱内装有 5.5 吨重的炸弹。另外 6 架挂有两颗 182 公斤炸弹,专门破坏"提尔皮茨"号的水线以下部位。

机群飞到 4800 米高空,飞越白海,向西北飞去,扑向挪威海岸。4 小时后,它们离阿尔塔峡湾不远了。距离"提尔皮茨"号还有 50 公里,泰特的座机一马当先,下降到 3350 米的高空。

英国"兰开斯特"式轰炸机

27 架"兰开斯特"式飞机分为 4 个小队，每 7 架飞机为一小队，最后一队只有 6 架飞机。4 个小队的间距为 1600 米，依次冲进阿尔塔峡湾。悬崖上的瞭望哨早已报警，泰特刚飞入阿尔塔峡湾上空，就发现锚地周围的黑烟正在翻滚。当进入轰炸航向时，"提尔皮茨"号上的 36 门防空炮、岸上的 93 门防空炮纷纷射击，在天空中组成了一道道防线。

德国炮手边打边校正防空炮，很快，英轰炸机附近都是炮弹爆炸的硝烟。

泰特到处张望，想确定炮弹是从哪里射出来的，好找到"提尔皮茨"号。可是峡湾漆黑一团，根本看不见"提尔皮茨"号上的防空炮口的闪光。

飞机不断地震动，投弹开关已经打开，只需按动一下投弹按钮就能投弹了。

在烟云中，泰特隐约发现一根高大的桅杆。泰特立即率队扑了过去，瞄准桅杆投掷了 5.5 吨重的特制炸弹。

炸弹消失后的瞬间，一道烟柱冲出烟雾，直朝上窜。

随后跟来的轰炸机无法瞄准，纷纷打开炸弹舱门，把炸弹投进峡湾。在阵阵爆炸声中，机群向雅戈德尼克机场飞去。27 架"兰开斯特"式重型轰炸机全部安全返航，依次追上泰特的飞机。

泰特有些遗憾，千里迢迢绕道苏联发动的空袭，就这样稀里糊涂地结束了。泰特希望能有几弹命中，至少是他投下的那颗炸弹。

事实上，泰特投掷的那颗炸弹击中了"提尔皮茨"号的锚链舱附近。钻入舰内，在艏柱后部 10.6 米处爆炸，把右舷炸开 100 多平方米的大洞。上甲板被炸得朝外翻卷，舰首吃水增加 2.4 米。为了避免沉没，舰长荣格下令向舰尾注水。结果，"提尔皮茨"号的进水量达到 1500 吨。

其他重型轰炸机投掷的炸弹没有效果，最后一队投掷的炸弹，落在"提尔皮茨"号以南 1500 米处。强烈的震动和冲击使"提尔皮茨"号的主推进器受创，大量光学仪器和火控设备被震毁。

阿尔塔峡湾集中了大批优秀的造船工程师。他们登上"提尔皮茨"号认真地检查伤情，并向荣格提交了一份报告：若不受干扰，用9个月的时间就能够修复"提尔皮茨"号。

荣格将情况报告给邓尼茨。此时，德军正在欧洲战场上节节败退。盟军占领了比利时重镇安特卫普和首都布鲁塞尔，苏联军队进军芬兰，一支盟国先头部队将战火推到德国边界。

9月23日，邓尼茨命令荣格：不要再修了，想办法把它开往特罗姆塞，当海岸浮动炮台使用。

特罗姆塞位于阿尔塔峡湾西南，距离约160公里。德军准备在特罗姆塞抵抗盟军在挪威登陆。"提尔皮茨"号的舰炮很猛，能够封锁住出入峡湾的航道。

荣格马上赶到特罗姆塞，在林根峡湾为"提尔皮茨"号找到了新的安身之地。锚地背倚吟科依岛，另一端水域开阔，便于射击。水深只有12米，海底是岩基，"提尔皮茨"号吃水为11米。一旦被盟军的飞机击沉，"提尔皮茨"号下降两米就能停在岩基上，不会影响舰炮射击。

10月15日，从特罗姆塞派来4艘大拖轮。4艘大拖轮驶进阿尔塔峡湾，驶过反潜网和防雷栅，拖拽"提尔皮茨"号。

"提尔皮茨"号升旗鸣笛，向避难3年的阿尔塔峡湾依依惜别。舰首的破洞已经焊好，在拖轮的前拖后推下，"提尔皮茨"号以7节的航速离开了阿尔塔峡湾。

到达开阔海面后，"提尔皮茨"号驶过狭窄的斯特杰恩海峡，夜间驶过马尔尼岛和范尼岛，穿越林伐胥岛和南克伐吕岛之间的航道，到达巴尔斯峡湾。

小镇特罗姆塞位于峡湾深处，"提尔皮茨"号驶入林根湾，安全到达哈科依锚地。

抛锚后，荣格立即在岛上组织防空力量，同时加紧设置防雷栅。半个月后，荣格突然发现，新锚地并不好。经过进一步勘察，防雷栅中的水深竟达 17 米，海底的淤泥下面是砂层，并不是岩基。可见，"提尔皮茨"号一旦进水，就有沉没的危险。

但是，"提尔皮茨"号又不能移位，移位后舰炮无法封死特罗姆塞的出海口。荣格与城防司令再三磋商，终于调来几艘挖泥船和驳船，准备用 2.8 万立方米的石头，把锚地填高。

回到英国后，泰特向司令部汇报了空战经过。英国空军和海军派侦察机到阿尔塔侦察，一连几天，侦察机都没有拍照成功。

直到 9 月 20 日，一架侦察机才拍到"提尔皮茨"号的照片。"提尔皮茨"号的舰首十分模糊，可见它没有受重伤。

10 月 15 日，"提尔皮茨"号刚离开阿尔塔峡湾就被英侦察机发现了。当时，北极海域没有英舰活动。坎宁安立即派"怨仇"号航空母舰出马。

10 月 18 日，"怨仇"号搭载 21 架轰炸机和 11 架战斗机到达特罗姆塞以西 120 海里海域。4 架战斗机前去攻击巴杜福斯机场。7 架战斗机负责搜索挪威海岸。

很快，在哈科依，英战斗机发现了"提尔皮茨"号。7 架战斗机冒着密集的高射炮火，拍摄了"提尔皮茨"号。

"怨仇"号的舰长是麦金托什，他向坎宁安要求用轰炸机进行轰炸。

坎宁安拒绝了。"怨仇"号搭载的战斗机太少，不能同时担负为轰炸机护航和保护航空母舰的双重任务。一旦德机反攻，轰炸机和航空母舰都很可能遭受重创。

在德国败局已定的时候，坎宁安想保存英国海军的实力，不想冒险了。

同一天，一架"蚊"式侦察机飞到哈科依上空，拍摄了大量的照片。飞机被炮火击伤，艰难地飞越挪威海，回到英国。

大量的侦察活动证明，哈科依锚地在"兰开斯特"式重型轰炸机的作

战半径之内，不用再绕道苏联了。

第 617 和第 9 飞行中队立即抓紧时间改造，卸下中舱顶上的机关炮，安装 300 加仑的油箱，用 1620 马力的发动机代替 1460 马力的发动机。

"兰开斯特"式重型轰炸机经过改装后，大大增加了续航力，能够直飞特罗姆塞了。

10 月 29 日晨，32 架重型轰炸机自英国的沃西默思基地出发，去轰炸"提尔皮茨"号。泰特把机群分为 4 个小队。锚地没有烟幕，但西风吹来大片乌云，盖住了"提尔皮茨"号。

"提尔皮茨"号只遭到一颗炸弹的攻击，距离左舵约 15 米。

英机撤退时，一架重型轰炸机被防空炮击中，飞往瑞典迫降。

一连十几天，哈科依上空乌云密布。林根峡湾内，巡逻艇不断地巡逻，驳船忙着运送碎石。

英国重型轰炸机投掷的炸弹把锚地炸得坑坑洼洼，到 11 月 11 日，填垫工程只完成了一半。

荣格通过邓尼茨与德国空军交涉，结果德国空军把一个战斗机中队自芬兰调到特罗姆塞附近的巴杜福斯机场，负责掩护"提尔皮茨"号。

荣格疏散了舰员，航海部门、机电部门只有很少的舰员值班，大部分舰员和伤员转移上岸。舰上的鱼雷、航空汽油和飞机备件，全部搬走。只有枪炮和观测部门舰员坚守岗位。

12 日晨，天放晴了。荣格不停地咒骂，他喜欢阴天，乌云是"提尔皮茨"号的保护神。天刚放晴，"贼鹰"就来"下蛋"啦！

8 时左右，雷达站发现一架英轰炸机飞越博多。15 分钟后，3 架英轰炸机飞越莫绍恩。荣格请求巴杜福斯空军基地出动战斗机拦截。但是，基地司令以英机作战企图不明为由，拒不出动战斗机。

英机群是泰特率领的 29 架"兰开斯特"式轰炸机。英机全部单独飞行，没有编队，以造成侦察机的假象。8 时 30 分，轰炸机群在特罗姆塞

"提尔皮茨"号船舱受到重创，弹痕累累

集结，编为4队，在3270米高空上向"提尔皮茨"号扑去。

荣格下令升起了蓝白相间的信号旗。炮手各就各位，脱去主炮、副炮和防空炮的炮衣。炮膛中装好了炮弹，炮口瞄准东南天空。9时5分，雷达荧光屏上发现一大群亮点，距离只有75海里。

荣格请求巴杜福斯空军基地出动战斗机支援，基地司令以保护机场为由，拒绝支援。20分钟后，巴杜福斯空军基地才出动飞机。9时27分，"提尔皮茨"号上的瞭望哨发现英机，距离只有25海里。

发烟装置开始喷放烟幕。林根峡湾水面宽阔，不像阿尔塔峡湾的两岸有悬崖，浓烟被吹散后，"提尔皮茨"号露了出来。9时38分，英机飞进主炮射程，距离13.5海里。A、B主炮塔同时发炮，把720公斤的巨型炮弹射向英机群，在英机附近炸开烟团。距离9.5海里时，150毫米口径的副炮和 105 毫米防空炮纷纷开火。它们的射速快、火力密集。英机继续靠近。

3 分钟后，第一队英机飞抵锚地上空。5.5 吨重的特制炸弹纷纷坠落。前几次，烟雾笼罩，荣格和炮手们看不清英机是如何投弹的。这一次，荣格和炮手们仰望天空，天空中出现了多个小黑点，越变越大。

瞬间，荣格被一颗颗巨型炸弹吓呆了。突然，两颗炸弹落在湾内爆炸。两根水柱升空，水柱还未落下，舰体在剧烈震动，炸出一道道炽烈的强光。

荣格跑进防护板下边，甲板上传来无数大铁块坠地时发出的咚咚声。

一颗炸弹落在 B 炮塔附近，把 B 炮塔炸碎，许多铅球大的碎块飞进 3 海里外的特罗姆瑟市区。一颗炸弹穿透水上飞机的弹射轨道，钻进左舷锅炉舱上面的甲板，把左舷外板炸开大洞，长达 14 米。海水涌进左舷主锅炉舱和主机舱，舰体立即向左倾斜。

两队英机接连投掷，炸弹纷纷扑向"提尔皮茨"号。第 3 颗炸弹把左舷 3 号副炮炸得大开。第 4 颗炸弹落在左舷 2 号副炮附近，摧毁了 2 号副炮和弹药室，炸毁了左舷的 2 号锅炉舱。

第 4 队英机到达时，翻滚的浓烟和从锅炉中窜出的蒸汽盖住了锚地。英机胡乱投弹，无一命中。

这时，"提尔皮茨"号左舷中部有 67 米长的地方大量进水，舰体不停地向左倾斜。

9 时 45 分，荣格下令弃舰。在甲板上，右舷炮的机关炮手打红了眼，仍在向天空疯狂扫射。可是，"兰开斯特"式的飞行高度远远超过机关炮的射程。

不到 55 分钟，左倾达 70 度。击中左舷 3 号副炮处燃起熊熊大火，大火烧到 C 炮塔的弹药库。一连串大爆炸炸碎了 C 炮塔。当烈焰翻滚上升时，"提尔皮茨"号的上空布满了钢块、碎片和肢体，很快又落入水中。

9 时 52 分，"提尔皮茨"号左倾 135 度，沉入海底。荣格舰长下落不明。

在德国海军司令部内，邓尼茨失眠了。德国海军最后一艘王牌战列舰沉没了。他一向偏爱潜艇，瞧不起笨拙的战列舰。后来，他当上海军总司令后，对巨舰大炮的威力深有感触。

"提尔皮茨"号没有参加过一场真正的海战，从它下水到沉没，连一艘小型舰艇都没有击沉过。但是，作为王牌战列舰，"提尔皮茨"号立下了大功。

德国空军之所以能够在北极上空攻击英国的运输队，最主要的原因就是由于"提尔皮茨"号出现在北极海域，英国海军不敢派护航潜艇为运输队护航。

为了对付"提尔皮茨"号，英国海军出动了大批战列舰、航空母舰、巡洋舰和驱逐舰，对"提尔皮茨"号前堵后截，狂轰滥炸。

英国空军出动了 200 架飞机，海军出动了 400 架舰载机，对"提尔皮茨"号进行了 13 次大规模空袭，终于得手。但英国动用如此兵力，损失也很大，仅轰炸机就损失了 10 多架，称得上是"不遗余力"了。

英国人这种不屈不挠的倔劲，不仅使"提尔皮茨"号在劫难逃，更令德国人生畏。

邓尼茨"黑洞"逃逸

从此，在大西洋战场，邓尼茨的潜艇战处于维持局面。

北大西洋亚索列斯群岛位于以英国为基地的飞机的作战半径以外，号称"黑洞"。德国潜艇在这片海域创造了辉煌的战果。

8月14日，德潜艇群一天就击沉了5艘商船，达到4.2万吨。

9月中旬，邓尼茨出动20艘潜艇，准备伏击英国的护航运输队。当SL-100护航运输队到达拉斯角东南约200海里海面时，突然起了风暴，德国潜艇无法继续进攻，只击沉了3艘商船。

从1942年7月至9月，英、美海军与德国潜艇不间断地战斗着。由于潜艇数量的增加，由10月初起，邓尼茨可以出动2个潜艇群在大西洋的东部和西部组成猎网。

10月10日，大群德潜艇潜入纽芬兰海域，等待着由雪利港驶出的SC-104船队，到了深夜仍未发现船队的影子。

12日下午，1艘德国潜艇发现了盟军的1艘小型护卫舰，潜艇立即召唤其他潜艇。傍晚，尾随着护卫舰，德潜艇群发现了英国SC-104护航船队。

这支船队拥有47艘商船，只有2艘驱逐舰和4艘护卫舰护航。

暴风减弱了，但夜晚的波涛仍然汹涌，护航舰艇对潜观察非常困难。德国潜艇群趁机击沉了8艘商船，有一艘是万吨级的船队补给油船。

10月15日夜晚，"派堪特"号驱逐舰发现德"U-691"号潜艇，将其击沉。

驱逐舰"费姆"号用雷达锁定了德"U-353"号潜艇，向其投掷深水炸弹。"U-353"号潜艇被迫浮出水面，舰员弃舰逃生。

10月26日，向东航行的HX-212船队靠近潜艇猎网的中央。猎网中央附近的潜艇主动撤退，侧翼的潜艇立即向船队扑去。

10月28日夜，潜艇群同时向船队进攻，7艘商船沉入大西洋。

几天后，德"U-509"号和"U-658"号潜艇在跟踪商船时被加拿大飞机炸沉。

11月10日，一支船队驶出飞机的警戒范围。潜艇群立即扑了上去。短短两个晚上，15艘商船沉没。

这支船队逃到以冰岛为基地的飞机的警戒范围后，美国飞机炸沉了"U-32"号潜艇，潜艇群连忙逃跑。

接着，德潜艇群进攻盟国的 SL-125 船队，经过 7 个晚上的进攻，击沉 13 艘商船，而德潜艇群没有任何损失。原来，盟国将 SL-125 船队作为诱饵，把德潜艇群调走，以实施盟军的北非登陆作战。

11 月 8 日，当邓尼茨听说盟军已经在摩洛哥成功登陆时，马上命令所有潜艇分赴摩洛哥沿海和直布罗陀海域。

11 月 11 日，盟军在登陆场有大批驱逐舰、护卫舰和飞机保护，陆上还设有雷达。

11 月 11 日，德"U-173"号潜艇越过盟军警戒线，击沉了 3 艘舰船。

11 月 12 日黄昏，德"U-150"号潜艇击沉了 3 艘运兵船。

11 月中旬，盟军把海军兵力集中到北非，为运输船和补给船护航。

11 月 17 — 18 日，德潜艇群进攻 ONS-144 船队，击沉 4 艘商船和 1 艘护卫舰。由于燃料短缺，德潜艇群等待接受"乳牛"（大型输油潜艇）的补给。

暴风雨过后，德潜艇群为了与"乳牛"接触，被迫使用无线电联系。没有燃料，潜艇群是无法潜航的，终于"乳牛"来了。

12 月 8 日清晨，德潜艇发现了一支护航船队。1 架飞机在远离冰岛1200 公里外为船队护航。德潜艇击沉了 1 艘商船。

不久，英国空军少校布诺克驾机赶到。布诺克发现机翼左侧下方，1 艘潜艇正在水面上追赶船队。布诺克马上投射 6 枚深水炸弹，很快，潜艇被炸沉了。

1 个小时后，布诺克发现 2 艘潜艇正在追击护航船队。布诺克瞄准 1 艘潜艇，投掷了 2 枚深水炸弹。很快，2 艘潜艇都逃跑了。

经过长时间的航行，布诺克与机组人员感到饥饿，但仍然继续巡逻。布诺克又看到 1 艘在水面上行驶的潜艇，立即发出战斗警报，盛着食物的

操纵高射炮射击的德国海军士兵

盘子滑了下去，机舱里也响起了盘子落地的声音。布诺克向潜艇俯冲过去，航空炮和机关炮不停地扫射，潜艇连忙躲进水里。

此后，德潜艇不断浮上来，布诺克不断攻击，迫使德潜艇不敢露头。

布诺克返航后，伊斯特德少校驾机赶来。伊斯特德发现 5 艘潜艇，进攻 4 艘。

邓尼茨在当天的日志中写道："今天作战失利，是因为盟军护航兵力太强大……"

邓尼茨做梦也想不到，强大的护航兵力只是 2 架飞机。

1943 年 1 月 6 日，雷德尔的海军总司令职务被解除了，希特勒让邓尼茨补上了他的空缺。同时，邓尼茨仍旧担任潜艇部队司令之职。

邓尼茨上任以后，立即组织批量生产新型的"瓦尔特"潜艇。

"瓦尔特"潜艇以燃气轮机为动力，水下时速达 23 海里。"瓦尔特"潜艇还配置了"T—5"式电动和自导鱼雷，射程达 594 米，时速为 25 海里。

"瓦尔特"潜艇配备了可伸缩的通气装置，可以一直在水下潜航，盟军的雷达测位器很难搜索到它。

"瓦尔特"潜艇在潜望塔四周配置了保护物，用于干扰雷达。同时，"瓦尔特"潜艇的防空武器也加强了。

邓尼茨对"狼群"战术作了进一步提高。他把潜艇布置在中大西洋、加勒比海、墨西哥湾海区，将原先在 200 ~ 300 海里的正面大艇幕作战改成 3 ~ 4 道的短艇幕，并依次在航线上展开，让航空兵搜索，引导潜艇进行攻击。

在邓尼茨试图重塑德军潜艇的辉煌，而盟国也加大了反"狼群"作战。

美国进一步加强了大西洋海域的空中力量，大量"解放者"式轰炸机从太平洋战场抽至北大西洋海域，4 月中旬，这一海域超远程飞机的数量为 41 架，5 月份为 70 架。

对此，邓尼茨不以为然，说："乌鸦抓不住鼹鼠，飞机也消灭不了潜艇。"

然而，这些"乌鸦"几乎要了邓尼茨的命。

仅在 1943 年 4 月 27 日至 8 月 2 日的 97 天里，同盟国在比斯开湾这个狭长水域，就击沉了德国潜艇 26 艘，击伤 16 艘，平均两天击沉或击伤一艘。

邓尼茨感到了飞机对"狼群"的威胁，准备采用一个新的花招。

在他的指导下，"诱击飞机的潜艇"改装成功了，编号是"U-441"。"U-441"拆除了 88 毫米口径的甲板炮，换成两座装甲炮台，放在指挥室的前后。

两座炮台装有两座四联装 20 毫米口径的机关炮与一座单管 37 毫米口径的半自动炮。这是一组强大的对空火力。

"U-441"潜艇开始了"诱击飞机"的任务，邓尼茨相信它在战斗中一定会有出色的表现。

驶出布勒斯特不久，就遇上了英国空军第 248 中队的 3 架"勇士"式战斗机组。

出人意料的是，英国飞机改变了攻击方式，并没有投弹轰炸，而是用 12 门 20 毫米口径的机关炮和 18 挺机关枪对"U-441"潜艇进行了快速俯冲扫射。

"U-441"潜艇相信自己的武器，根本没想采取最稳妥的下潜躲避办法，而是和飞机进行激烈的对射。

由于海上的风浪大，飞机的速度快，"U-441"潜艇的防空火力几乎是在乱放空炮，而英机在无线电的指挥下，从四面八方进行着轮番攻击。

在第二轮对射中，"勇士"式飞机击中了"U-441"潜艇的要害。机关炮弹射进了潜艇的指挥室和炮位，引起了一阵混乱。10 名德国水兵被打死，13 人受伤。

"U-441"潜艇立刻停止了射击。这时，英机大胆地俯冲下来。"U-441"潜艇一看大势已去，赶紧下潜，带伤逃回了海军基地。

看来，正如邓尼茨所说："潜艇不是打飞机的理想武器。"

邓尼茨又采取了一些加强潜艇自卫能力的措施。如在潜艇上配置四联装高射机枪，改进 37 毫米口径的高射炮，配置干扰雷达的设备，在某些潜艇的船体和指挥室上涂一层专用物质，尽量吸收电磁波。邓尼茨还改进了技术观察仪器，给潜艇装上了声呐自导鱼雷。

殊不知，同盟国的猎潜措施更绝。美英飞机和水面舰艇除装备了完善的厘米波和分米波雷达，改进声呐器材外，还完善民用护航队形的配系和护航勤务工作，尤其加强了护航舰艇和飞机的突击力量。

1943年3月，同盟国在大西洋被击沉的船只为92艘，53万余吨；4月为45艘，25万余吨。5月以后，损失明显减少。而德国潜艇的损失却十分惨重。

1943年1～3月，德国每击沉同盟国商船10万吨，要自损3.8艘潜艇；4—6月，这一比例增加到10.5艘。

4月28日至5月6日，德国潜艇虽然击沉了同盟国13艘运输船，却损失了6艘潜艇，还有4艘潜艇遭到了重创。在以后的14天中，损失同样严重。

5月，德军的118艘潜艇中有38艘被击沉，损失率达到30%。

邓尼茨不得不停止了潜艇在北大西洋的作战，将绝大部分潜艇撤到了亚速尔群岛的"黑洞"海域。

同盟国在大西洋战场完全占据了优势，掌握了制空权和制海权，用邓尼茨的话说就是"发生了根本的变化"。

从此，在大西洋战场，邓尼茨的潜艇战处于维持局面。

猎潜遭遇反猎潜

在"二战"中，盟国的护航舰艇共损失了2882艘，受到重创的有264艘。

1943年9月，回到北大西洋的德潜艇装备了音响自导鱼雷和两门四联装防空炮。

9月18日中午，38艘商船在6艘护航舰艇的护航下出现了。下午，根据"超级机密"提供的情报，这支护航运输队改航西北方向。19日黎明前，驻纽芬兰的加拿大空军开始了空中巡逻，一架飞机炸沉了一艘德潜艇。

19 日夜，德潜艇将护航舰艇"埃斯卡佩德"号炸伤。9 月 20 日，德潜艇击沉了 2 艘商船，被"拉根"号探测到。"拉根"号在准备投射深水炸弹时，被德军用一枚音响自导鱼雷命中，受到重创。

"加蒂诺"号立即前去支援，"加蒂诺"号和"波利安瑟斯"号遭到音响自导鱼雷的攻击，德国潜艇趁机逃走了。

天亮前，盟军的"解放者"式飞机赶来支援，发射了一枚"菲德"音响自导鱼雷，击沉了一艘德潜艇。

20 日下午，第 9 支援舰队赶来支援。

很快，德潜艇击沉了第 9 支援舰队的"圣克罗伊"号护航舰艇。就在"伊钦"号护航舰艇前来援助时，一枚音响自导鱼雷击中了"伊钦"号的尾部。

夜晚，德潜艇发射了多枚音响自导鱼雷，击沉了"波利安瑟斯"号舰艇。21 日，海面上出现浓雾，护航航空母舰上的飞机在浓雾的间隙中起飞迎战。

22 日下午，大雾散开，护航航空母舰的飞机全部起飞，同时加拿大空军的飞机前来支援。夜晚，一艘德潜艇用一枚音响自导鱼雷击沉"伊钦"号护航航空母舰。

在混战中，一艘德潜艇突破护航封锁线，击沉 3 艘商船。加拿大空军不断加派飞机支援，德潜艇于 23 日被迫撤离。

1943 年 10 月，第 2 支援舰队驶向北大西洋。由于恶劣的天气飞机无法起飞，在风暴中，德潜艇向"搜索者"号护航航空母舰发射鱼雷，但没有击中。在战斗中，2 艘德潜艇被击沉。

10 月，盟军飞机开始从亚速尔群岛起飞战斗，连续击沉 5 艘德潜艇，德潜艇被迫撤离了亚速尔群岛海域。

1943 年夏季，同盟国更改了密码，邓尼茨无法得到护航运输队的情报，很多潜艇返回基地。一些潜艇进行了改造，装上通气管。德潜艇群朝不列颠海域靠拢，潜艇战在护航运输队进出各英国港口必经海域展开。
"超级机密"向英海军提供了德国潜艇的动向，在 20 天内英军击沉了 6 艘
潜艇。

1944 年初，"超级机密"再次破译了德国最高统帅部的情报，得知德
国正在研制超过 25 节的水下高航速潜艇，引起了同盟国的不安。

盟国决定集中轰炸组装新型潜艇的造船厂。制造新型潜艇电动机的西
门子厂和舒克特厂，制造潜望镜的蔡斯厂遭受了大规模的轰炸。持续大规
模的轰炸严重影响了新型潜艇的建造速度。

德国普通型潜艇的建造速度仍有提高，1944 年建造的吨位比 1943 年
还要多。

英国海军在英吉利海峡和西部海防区布了许多深水雷区。这些深水雷
区能够保护诺曼底登陆舰队，还能对付德海军的通气管潜艇。

1944 年 2 月，印度洋的很多护航运输队受到德日潜艇的攻击。大西
洋的猎潜战缓和后，很多反潜部队赶往印度洋。

1944 年春，一些护航航空母舰在印度洋攻击了德日潜艇后，由于印
度海军护航兵力的支援，在有护航航空母舰的运输队中，没有损失 1 艘商
船。后来，护航航空母舰继续向东行驶，加入英国太平洋舰队。

1944 年 1 — 2 月，美军的一支巡逻机中队携带磁探仪转向直布罗陀
海峡水区。2 月 24 日，美机发现 1 艘德潜艇，驱逐舰"安东后"号和"威
沙特"号赶来击沉了德潜艇。另外，3 架装有磁探仪的美机，投射制动炸
弹，炸沉了 1 艘德国潜艇。

盟军的反潜飞机在北极海域，即挪威、设得兰群岛和冰岛间的海域上
空遭受重大损失。北极的德潜艇不仅用音响自导鱼雷攻击护航舰艇，还露
出水面用四联装防空炮攻击飞机。

从 1944 年 2 月开始，大西洋的很多护航航空母舰前去支援驶往苏联
的盟军护航运输队。护航运输队在几乎都是黑夜的冬季行驶，空中护航几

盟军空军对德国海军潜艇实施轰炸

乎都是在夜晚进行。

　　"文德克斯"号是第一艘专门猎潜的真正的航空母舰，能够搭载整个第 825 中队。但由于北极海城天气太冷，舰载飞机的火炮经常失灵，深水炸弹无法投放，结果损失严重。

　　在中大西洋海域，美国的"猎潜群"部署在亚速尔群岛至佛得角群岛。2 月，"布诺克岛"号航空母舰猎潜编队击沉了 4 艘德潜艇。"博格"号航空母舰猎潜编队和"瓜达尔卡呐尔"号航空母舰击沉 2 艘德潜艇。

　　德国潜艇部队改变了加油地点。根据"超级机密"提供的情报，"克罗坦"号航空母舰猎潜编队和"特里波利"号航空母舰猎潜编队等待德供应潜艇自投罗网。"克罗坦"号击沉了一艘德供应潜艇。

不久，"博格"号和"布诺克岛"号赶到接替。5月，德国潜艇击沉了"布诺克岛"号，炸断了"巴尔"号护卫舰的舰尾。

由于供应潜艇和战斗潜艇损失惨重，邓尼茨把剩下的潜艇撤离了印度洋、南大西洋和巴西沿岸。

1944年5月29日，德国潜艇击沉"布诺克岛"号后，"瓜达尔卡呐尔"号航空母舰猎潜编队前来报复。6月4日早晨，"瓜达尔卡呐尔"号发现一艘德潜艇。

两分钟后，"查特林"号驱逐舰发动了攻击。"瓜达尔卡呐尔"号航空母舰快速撤离，舰载机在上空护航。德潜艇浮出潜望镜深度，发现了护航舰艇，紧急下潜，但被"查特林"号击中。12分钟后，德潜艇在距离"查特林"号700码的海面上被迫浮出。"查特林"号发射一枚鱼雷，没有命中。舰载机连忙扑去，德潜艇投降。

盟军在法国诺曼底开辟第二战场，邓尼茨在英吉利海峡附近集结所有的潜艇，进攻通过英吉利海峡支援盟军的舰船。英国海军在英吉利海峡附近增驻了10个护航大队和3艘护航航空母舰。

邓尼茨出动25艘潜艇赴英吉利海峡进攻登陆舰艇，6月底，只有4艘到达英吉利海峡。另外的21艘中，有5艘被迫返航，3艘受创后返航，7艘被击沉，剩下的6艘设法突破封锁线。

德潜艇加装了通气管后，厘米波雷达很难探测到潜艇通气管的头部。飞行员只能用眼睛去发现通气管的头部或者它喷出的烟雾，错过了很多战机。德潜艇往往是在攻击了护航舰艇以后，遭到长时间的追击才沉没的。发现潜艇十分困难，许多护航舰艇不肯放过已发现的德潜艇。

英国海军部非常忧虑，担心德国航速25节的新型潜艇会服役。为了对付快速潜艇，亟须研制出快速护卫舰艇，但存在着声呐不能在20节以

上的航速使用的难题。

在战斗时，德潜艇只需把航速降为 15 节就能发射自导鱼雷，然后快速逃离。解决这一难题的办法就是占领德国造船厂和工厂。后来，盟军在德国高速潜艇大量服役以前占领了德国造船厂，德国投降时，已经建成了199 艘高速潜艇。

由于盟军在欧洲大规模反攻，德国建造了袖珍潜艇，专门对付登陆舰船。当盟军向欧洲海岸推进时，一些袖珍潜艇攻击英国东海岸和英吉利海峡的舰船。

1945 年 3 月 11 日，"托林顿"号护卫舰发现了一个雷达信号。信号很快就消失了，"托林顿"号驶往该海面，投掷了 30 颗深水炸弹。不久，1 艘德袖珍潜艇浮出了水面，"托林顿"号向潜艇开炮，2 名舰员投降。

3 月 13 日，"托林顿"号在古德温沙洲以南 1 海里处探测时，没有发现任何目标。"托林顿"号发射了 1 组深水炸弹，想把附近的潜艇都吓跑。不久，1 艘德袖珍潜艇浮出了水面，这艘袖珍潜艇更小，用雷达和声呐无法发现它。

袖珍潜艇的威胁日益严重，"大青花鱼"式和"箭鱼"式飞机专门对付袖珍潜艇。它们飞行速度很慢，对付袖珍潜艇很有利。战争结束时，水面舰艇共击沉 50 艘德袖珍潜艇，飞机击沉 16 艘。

1945 年 3 月，邓尼茨出动 6 艘潜艇去攻击美国的城市。美国海军得知德潜艇携带了 V—2 火箭，连忙在亚速尔群岛部署了两支猎潜兵力。北面的兵力由 2 艘护航航空母舰和 17 艘驱逐舰组成。

4 月 11—22 日，北面的兵力击沉了 3 艘潜艇。南面的兵力由 2 艘护航航空母舰和 22 艘护卫舰组成。

4 月 24 日，一艘德潜艇被舰载机发现，遭到了 9 艘护卫舰的追击。这艘德潜艇发射了一枚音响自导鱼雷，将"戴维斯"号护航航空母舰击沉。这艘德潜艇还向"弗莱厄蒂"号护航航空母舰发射了鱼雷，但没有击中。6 小时后，这艘德潜艇浮出水面后被击沉。

在二战期间，德国建造了 1900 艘潜艇，只有 1150 艘服役。有 807 艘被击沉，其中 614 艘是在与护航舰队作战时被击沉的，292 艘被飞机击沉，46 艘被飞机和水面舰艇共同击沉。

在 3.9 万名德国潜艇舰员中，有 2.8 万名死亡，死亡率为 71%。

1944 年底，盟国参加猎潜的远洋舰艇多达 880 艘，近岸舰艇多达 2200 艘。在二战中，盟国的护航舰艇共损失了 2882 艘，受到重创的有 264 艘。

追剿"沙恩霍斯特"号

19 时 45 分，"沙恩霍斯特"号沉入大洋深处。

1943 年末，在德国大型水上舰只中，"俾斯麦"号和"斯佩海军上将"号战列舰已被击沉，"提尔皮茨"号战列舰近期被击沉，"格奈森瑙"号战列巡洋舰受到重创，"舍尔海军上将"号和"纽伦堡"号在波罗的海到处逃窜，"欧根亲王"号重巡洋舰受到重创，"吕位"号战列舰正在大修。

德国海军总司令邓尼茨接到潜艇和侦察机的报告，由 19 艘商船组成的 JW-55-B 护航运输队正通过挪威海时，他手中仅剩"沙恩霍斯特"号战列巡洋舰了。

1935 年，"沙恩霍斯特"号战列巡洋舰开工建成，排水量为 3.1 万吨，航速为 31 节，续航力为 1 万海里。舰上装有 3 座三联装 279 毫米口径的主炮，首部 2 座，尾部 1 座。在高层建筑的两侧，分别装了 12 门 150 毫米口径的副炮。它的主炮口径小了一些，但射速很快。

1939 年 11 月，"沙恩霍斯特"号和"格奈森瑙"号合伙，在冰岛水

域击沉了英轻型巡洋舰"雷沃尔平迪"号。1940 年 4 月，"沙恩霍斯特"号和"格奈森瑙"号引诱英国海军主力舰队北上。在挪威战役结束时，两舰用舰炮击沉了英"光荣"号航空母舰。

攻击"光荣"号时，"沙恩霍斯特"号被一艘英驱逐舰用鱼雷击中。大修 4 个月后，"沙恩霍斯特"号与"格奈森瑙"号合伙进入北大西洋，击沉了 23 艘商船。后来，两舰躲进布勒斯特港。

英国海军对两舰恨之入骨，每天都派飞机去轰炸，还派去大批舰只监视两舰的行踪。雷德尔命令两舰和"欧根亲王"号重巡洋舰一起，通过多佛尔海峡，北上挪威。半路上，两舰在荷兰海岸触雷，返回德国。

"格奈森瑙"号停在船坞内遭到英机的不断轰炸，始终无法修复。"沙恩霍斯特"号孤独地北上，躲入挪威阿尔塔峡湾。

"沙恩霍斯特"号的第四任舰长是朱利叶斯·欣茨，他刚一上任，就接到进攻的命令。

陪伴"沙恩霍斯特"号的是 5 艘驱逐舰，由埃里克·贝海军少将出任这支舰队的司令。

贝海军少将身材高大，天生一副凶相，原先是德国海军驱逐舰队的司令。一年多来，贝海军少将转战北极海域，参加过击沉英国巡洋舰"爱丁堡"号的海战。

贝海军少将出任这支舰队的司令后，整天哭丧着脸。在驱逐舰上指挥，比在巡洋舰上要辛苦很多。但是，贝海军少将已经习惯了驱逐舰。

"沙恩霍斯特"号上高耸的桅楼使贝海军少将很不习惯。他第一次指挥巡洋舰，就像乡下佬第一次进城一样忐忑不安。

出征前，北风大作，扫荡着挪威的雪峰。大海在咆哮，雨雪交加，海天为之昏暗。贝海军少将不担心身躯庞大的"沙恩霍斯特"号，担心的是弱小的 5 艘驱逐舰。他请求邓尼茨等天气好转后再出海。邓尼茨命令他马上干掉 JW-55-B 护航运输队。

"约克公爵"号战列舰

　　隆冬季节，白昼只有两三个小时，浓雾漫漫。"沙恩霍斯特"号装了两部雷达，但性能远远落后于英舰。舰上竟有 80 名见习军官和 100 名新水手。经过贝海军少将的再三相求，邓尼茨调来一批老军官和老水手。

　　1943 年 12 月 25 日傍晚，贝海军少将率领舰队起航。22 时，"沙恩霍斯特"号到达斯特杰诺岛，一小时后，天空刮起西南风。贝海军少将下令向北行驶。

　　邓尼茨出动 8 艘德潜艇在挪威北角和熊岛间的水域组成了一道封锁线，U-601 号和 U-716 号潜艇于 25 日发现了盟国护航运输队。

英国海军早就盯上了贝海军少将的舰队。当邓尼茨派贝海军少将的舰队出击时，他以为 JW-55-B 护航运输队中只有 10 艘驱逐舰，想给德国水上舰艇补回一点荣誉。他不知道 RA-55-A 护航运输队正在返回英国，这两支护航运输队各自有实力雄厚的支援舰队。

直布罗陀舰队司令布鲁斯·弗雷泽正在冰岛的阿库雷亚，旗舰是 3.8 万吨的"约克公爵"号战列舰，他的舰队是 JW-55-B 护航运输队的支援舰队。

伯内特海军中将拥有"贝尔法斯特"号、"诺福克"号和"谢菲尔德"号巡洋舰，是 RA-55-A 护航运输队的支援舰队。

23 日，弗雷泽接到 JW-55-B 护航运输队的报告，护航运输队遭受德国轰炸机的攻击。弗雷泽认为躲在挪威峡湾中的"沙恩霍斯特"号巡洋舰可能会趁机拦截。

当晚，弗雷泽率领支援部队出航，向 JW-55-B 护航运输队驶去。支援部队以 24 节的航速前进，护卫舰只有"索马斯"号、"野人"号、"蝎子"号和"斯托尔德"号驱逐舰。

26 日清晨，弗雷泽命令 RA-55-A 护航运输队向右行驶，躲进熊岛北面的航道；RA-55-A 护航运输队的 4 艘护航驱逐舰——"无比"号、"步枪手"号、"凑巧"号和"泼妇"号加入伯内特的支援部队。弗雷泽命令伯内特赶去支援 JW-55-B 护航运输队。

就这样，伯内特的 3 艘巡洋舰从西面，弗雷泽的主力舰队从东面，对贝海军少将的舰队形成了包围之势。

弗雷泽占有绝对优势，旗舰"约克公爵"号战列舰拥有 10 门 356 毫米口径的主炮。

贝海军少将的"沙恩霍斯特"号巡洋舰率 5 艘驱逐舰向北猛插。德驱逐舰摇摆不定，在后面艰难地追随着。26 日 7 时 30 分，德舰队驶入熊岛东南约 40 海里处，没有找到 JW-55-B 护航运输舰队。

贝海军少将下令掉头，向南搜索。贝海军少将下令做好战斗准备，炮手就位，艰难地把重磅穿甲弹填入主炮炮膛。瞭望哨穿着厚厚的防寒大衣，浑身只露出眼睛。

8 时 40 分，伯内特乘坐的"贝尔法斯特"号巡洋舰捕捉到微弱的雷达信号。9 时 21 分，"谢菲尔德"号在西南方向发现了"沙恩霍斯特"号，相距约 6 海里。这时，弗雷泽的主力舰队在西南约 150 海里处。

这时，"沙恩霍斯特"巡洋舰号上的雷达发现 3 艘英国巡洋舰的微弱信号，那些信号很像海浪反射的回波。

贝海军少将只好登上了左舷极目远望。9 时 24 分，舰队上空突然发出信号弹的爆炸声。他看见头顶的浓雾变成了紫蓝色，将"沙恩霍斯特"号照亮了。

扑面而来的暴风雪，加上信号弹特别刺眼，使他无法发现英国巡洋舰。几分钟后，英巡洋舰"诺福克"号的 203 毫米口径的主炮开火了，舰炮喷出了火光。

"沙恩霍斯特"号马上转向躲避，主副炮纷纷转向左舷。这时，贝海军少将还没有发现英国巡洋舰的具体位置。北方浓雾中敌舰喷出的闪光越来越密，一颗炮弹落在"沙恩霍斯特"号的周围，掀起冲天的水柱。

很快，雷达兵发现了英巡洋舰。贝海军少将立即询问对方的距离和方位。一颗炮弹命中了主桅，桅顶被炸飞，雷达荧光屏上一片灰白。

贝海军少将不知道怎么办好，北方的浓雾中射来猛烈而又准确的炮弹。5 艘德驱逐舰正在搜索护航运输舰队，无法保护"沙恩霍斯特"号，雷达报废了，贝海军少将成了睁眼瞎。"快！向南撤退！"他紧急命令道。

"沙恩霍斯特"号的舰首向右转向，一发炮弹命中左舷，忽然，一发炮弹穿透舰首，钻入舰员舱。"沙恩霍斯特"号的舰尾主炮胡乱还击。

"沙恩霍斯特"号航速很快，9 时 40 分，逃出了追击。贝海军少将认真地测量了几个距离，然后下令："保持航向，10 时向左大迂回。中午，

截住护航运输队。如果护航运输队改变了航向,5艘驱逐舰能够找到它们。"

9时46分,太阳挂在天空的最低点,还有一段短暂的日照时间。当"沙恩霍斯特"号向左迂回改取东北航向时,伯内特猜出了德舰的真实目的,下令向西北航行,赶到护航运输队的前面,等待"沙恩霍斯特"号自投罗网。

10时,一架德国侦察机在北角西北方向100海里处发现了弗雷泽的主力舰队。

贝海军少将看完电报,盯着航海图看了很长时间,然后又分析电报。贝海军少将继续命令全速北上,不久,他又命令向左行驶。"沙恩霍斯特"号穿过迷雾和海浪向西驶去。

10时30分,为RA-55-A运输队护航的4艘驱逐舰呈扇面展开。11时,4艘英驱逐舰在正西方向发现目标,原来是向东行驶的JW-55-B护航运输队。伯内特率舰转向,赶到护航运输队的前边。此时,弗雷泽的主力舰队正在西南方向,距离约100海里。

12时5分,向东行驶的伯内特巡洋舰舰队雷达发现了贝海军少将的舰队,距离15.5海里。1分钟后,伯内特连忙向弗雷泽拍发了发现德舰的紧急电报。JW-55-B护航运输队立即改向东南躲避,伯内特仍向东行驶,迎接德舰的到来。

贝海军少将期待的午间阳光被风暴遮盖了,能见度很低。一连几个小时,瞭望士兵们盯着浪飞雾涌的海面,他们都是新兵,经常产生错觉。欣茨舰长一再提醒瞭望士兵们保持警惕,这时5艘驱逐舰也没有找到护航运输队。

12时20分,能见度只有12000码。一位瞭望兵通过望远镜发现了一团朦胧的暗影。他连忙揉揉眼,再去看那个可疑的暗影。

"正前方,敌舰!"瞭望兵大喊。

"沙恩霍斯特"号的两座前主炮抬起炮口,向右转。枪炮官大喊:"瞄

"沙恩霍斯特"号战列巡洋舰

准！瞄准！"欣茨大喊："开炮！"279 毫米口径的主炮喷出火球。

　　英舰连忙还击，203 毫米口径的炮弹落在德舰周围。伯内特命令驱逐舰扑上去，发射鱼雷。海浪翻滚，英驱逐舰无法到达发射阵位。双方距离约 6 海里，炮战持续了 20 分钟。

　　"谢菲尔德"号巡洋舰受到炮击，损失不大。12 时 33 分，"诺福克"号巡洋舰的上层建筑起火。

　　"沙恩霍斯特"号又中了几发炮弹。刚刚修好的雷达又报废了，5 艘驱逐舰不在身边，风暴太大，正在巡逻的德国潜艇在这种条件下也无法参战，一旦天色完全黑下来，将完全被动挨打。

　　贝海军少将只好甘拜下风，一艘没有雷达的德国巡洋舰和拥有先进雷达的英舰队较量，只能躲避了。

13 时，5 艘德驱逐舰还在夜空中向南搜索，与 JW—55B 护航运输队距离为 10 海里。14 时 30 分，贝海军少将通知 5 艘德驱逐舰返航。

"沙恩霍斯特"号的炮手们离开战位，回到了餐厅。炮手们狼吞虎咽地吃着面包。大部分人钻进住舱倒在铺位上。

贝海军少将不敢睡觉，他知道英舰队肯定会在后面跟踪。英"谢菲尔德"号出了故障被迫放弃，"贝尔法斯特"号、"诺福克"号和 4 艘驱逐舰正用雷达跟踪。由于"沙恩霍斯特"号航速很快，贝海军少将下令减速，准备掉头炮击英舰，再甩掉它们。

然而，英舰始终躲在夜幕中。贝海军少将非常生气，英舰没有开火，肯定是在等待援兵。

15 时 30 分，贝海军少将忧虑地望着航海图。几个小时前，德国侦察机发现了弗雷泽的舰队。弗雷泽的航线正好与"沙恩霍斯特"返航的路线相遇。

天空漆黑一团，极地风暴肆虐，海浪汹涌。贝海军少将命令瞭望哨提高警惕。

伯内特死死地盯住了贝海军少将，不断向"约克公爵"号报告着贝海军少将的位置。弗雷泽海军在航海图上找到了德舰。16 时 17 分，弗雷泽的雷达兵发现了"沙恩霍斯特"号，相距 22 海里。

"约克公爵"号全速向"沙恩霍斯特"号扑去，"约克公爵"号 356 毫米口径主炮转向右舷，由于有炮瞄雷达，可以进行瞄准。16 时 30 分，双方距离 12 海里。16 时 40 分，"贝尔法斯特"号向"沙恩霍斯特"号发射照明弹！

几分钟后，照明弹把"沙恩霍斯特"号照得通亮。

贝海军少将不知道英舰在哪个方向，欣茨命令左舷高射炮开火，击落伞上的那颗照明弹。

几分钟后，"约克公爵"号开火了。贝海军少将发现了"约克公爵"

号舰炮喷出的闪光，方位 190 度。"沙恩霍斯特"号的前主炮立即向右转
35 度，"约克公爵"号的 6 颗 356 毫米口径的穿甲弹在"沙恩霍斯特"号
周围爆炸了。

贝海军少将通过望远镜观察着右方的海面，终于出现了"约克公爵"
号的影子。

"哇！敌战列舰！左舵！左舵！"贝海军少将大喊。

"沙恩霍斯特"号向东撤退。贝海军少将向邓尼茨拍发电报："我舰正
与敌战列舰交战！"

"沙恩霍斯特"号高速撤退，躲避右侧"约克公爵"号的炮火。"沙恩
霍斯特"号的左侧是伯内特的舰队。当第一颗照明弹的光亮快熄灭时，从
北面和西面又升起两颗照明弹，使"沙恩霍斯特"号再次暴露了。

"沙恩霍斯特"号被英舰队包围了，只能靠速度甩掉弗雷泽了。"快速
前进！"贝海军少将大喊。

通过英舰炮口的闪光，德舰航海官绘制了英舰队的运动曲线。贝海军
少将看到伯内特的巡洋舰队在北面约 10 海里处与"沙恩霍斯特"号平行
航行。舰尾偏南方是弗雷泽的"约克公爵"号战列舰、"牙买加"号巡洋
舰和 4 艘驱逐舰。

"沙恩霍斯特"号的航速达到 31 节，仍未逃出"约克公爵"号的射
程。随着巨大的爆炸声，"沙恩霍斯特"号的一座主炮中弹。几分钟内，
大火烧到了另一座炮塔。炮塔下面的弹药舱涌进冰水，运弹兵跳进弹药
舱，抢运弹药。大火被扑灭了，但一座主炮瘫痪了。

"沙恩霍斯特"号边战边退，用另一座前主炮和尾主炮攻击英舰。每
次转向，"沙恩霍斯特"号左舷的副炮都同时齐射。

"约克公爵"号中了几发主炮炮弹，主桅被打断。但"约克公爵"号
继续追击，一颗 356 毫米口径的炮弹炸开了"沙恩霍斯特"号尾部的甲
板，大火烧着了上层建筑。

"约克公爵"号赶尽杀绝，向"沙恩霍斯特"号不断发炮。"沙恩霍斯特"号前主炮炮手已经无法发炮。几门 150 毫米口径的副炮被炸碎了，炮手们伤亡惨重。一颗炮弹钻入 1 号锅炉舱，炸断了蒸汽管。

舱面寒风刺骨，锅炉舱里滚沸的蒸汽把光着膀子、汗水湿透全身的锅炉兵烫得无处可躲。

"沙恩霍斯特"号速度降低到 25 节、10 节。机电长奥托·科尼格冲进锅炉舱，与助手一同堵死了蒸汽管。"沙恩霍斯特"号很快就恢复了航速，终于逃出了"约克公爵"号的射程。

18 时 30 分，贝海军少将盯着海图，准备逃向北角和阿尔塔峡湾之间的秘密锚地。"沙恩霍斯特"号上层建筑遭受重创，到处都是死伤的官兵。

但战舰水线以下没有受伤，仍然以 26 节的高速航行。

不久，左舷方向出现两艘英国驱逐舰，它们是英国驱逐舰"索马斯"号和"野人"号，正以 30 节的高速追击。"沙恩霍斯特"号尾主炮胡乱射击，左舷副炮也胡乱射击。

此时，右前方约 2 海里处，英国驱逐舰"蝎子"号和"斯托尔德"号挡住了"沙恩霍斯特"号。英国舰队围了上来。

"右满舵！"欣茨大喊。"沙恩霍斯特"号向右转向，刚掉头朝南，"蝎子"号和"斯托尔德"号在 2000 码距离上各发射了 8 枚鱼雷。

欣茨成功地使"沙恩霍斯特"号躲开了 15 枚鱼雷，但舰桥仍被一枚鱼雷击中，"沙恩霍斯特"号猛烈地摇晃起来。

"索马斯"号和"野人"号冲到"沙恩霍斯特"号右舷一海里处，冒着炮火发射了 12 枚鱼雷。有 3 枚鱼雷击中了"沙恩霍斯特"号的首部、中部和尾部。

冰水从十几个破口处涌入舱内，把舱内的舰员当场淹死。舰体上燃起了大火，把舰体上的海水烧得滚沸。舰员们在浓烟滚滚的通道上胡乱地奔跑。主机舱中，海水冲进底舱，使"沙恩霍斯特"号突然倾斜。

排水泵把成吨的海水排走，20分钟后，船体的倾斜控制住了。排水速度大于破口进水的速度。

"沙恩霍斯特"号的航速维持在22节，19时，"约克公爵"号赶来，用356毫米口径的主炮一阵狂轰。

"沙恩霍斯特"号变成了一艘火船。甲板上的死尸横七竖八，连炮管都变成了血色，挂着残肢，整个巡洋舰都被烈火包围了。

贝海军少将命令运弹手把279毫米口径的炮弹运到舰尾，用尾主炮反击。5海里外，"约克公爵"号不断地发炮。更多的海水冲进舰内，排水泵显得力不从心，航速降为15节。

"沙恩霍斯特"号航速降低10节。19时11分，贝海军少将收到邓尼茨的电报："潜艇部队和驱逐舰部队正赶往战场。"

贝海军少将随手扔了电文稿，这时"沙恩霍斯特"号只剩下两三门副炮了。弗雷泽命令各舰散开，让携带鱼雷的军舰击沉德舰。

英"牙买加"号巡洋舰和4艘驱逐舰冲了过来，19时30分，"沙恩霍斯特"号舰体倾斜，欣茨下令："弃舰！"

只有几百名舰员爬上倾斜的主甲板，许多舰员被大火和海水堵在舰内无路可逃。

英国海军驱逐舰

英海军的 3 艘巡洋舰和 8 艘驱逐舰监视着"沙恩霍斯特"号。"凑巧"号、"泼妇"号、"步枪手"号和"无比"号驶入近前,用机枪扫射。

"沙恩霍斯特"号左舷栏杆漫水,舰首开始下沉,以 3 节的航速航行着。几百名德军舰员在北极的冰水中挣扎着,躲避海面上燃烧的油火。英舰发射了鱼雷,鱼雷击中了"沙恩霍斯特"号,爆炸的威力将在海水中苦苦挣扎的德舰员抛向天空。

19 时 45 分,"沙恩霍斯特"号沉入大洋深处。

英军舰纷纷营救落水的德舰员,只救出 36 名冻僵的水兵。德舰水兵们痛苦地哼着古老的歌:《水兵的坟墓上不会开出鲜花》。

最后的英吉利海峡

邓尼茨向 49 艘潜艇发布命令:凡登陆的舰艇,都是重要的目标,无论冒任何危险必须攻击。

早在 1944 年 5 月,德国和盟国都在为法国之战做准备,那是最具有决定性的战役。

一旦法国登陆失败,同盟国的损失肯定会加大,甚至使德国寄予厚望的新式潜艇、新式飞机、轰炸机和准备轰炸英国的导弹将赢得时间投入战场。

一旦盟军登陆成功,德国将被迫进行大规模陆上决战。为了阻止盟军横渡海峡在法国登陆,邓尼茨被迫投入整个潜艇部队。

按照邓尼茨的作战计划,应把潜艇藏在比斯开湾各基地的水泥洞库中,等到同盟国进行的登陆轰炸结束、登陆开始后,潜艇再全部出动,不惜付出重大的损失。

邓尼茨认为盟军最可能的登陆地域就是加来海峡，其宽度不超过 300 海里。德国潜艇一夜就能在水面上航行 150 海里，会有几艘潜艇突破防御，摧毁易受攻击的运输舰船。

尽管造船厂尽了最大的努力，到 1944 年 6 月初，负责抗登陆任务的 49 艘潜艇中只有 9 艘安装了通气管。盟军对法国铁路进行了大规模的战略轰炸，许多改装用的配件堆在货场中。一些潜艇虽突破了空中巡逻网，但还会受到 300 多艘驱逐舰、护卫舰和拖网渔船的威胁。

1944 年 6 月 6 日，诺曼底登陆开始了。5 时 13 分，邓尼茨向 49 艘潜艇发布命令：凡登陆的舰艇，都是重要的目标，无论冒任何危险必须攻击。

6 日夜晚，15 艘德潜艇从布勒斯特出发，其中 7 艘安装了通气管，能够潜航到达英吉利海峡。剩下的 8 艘，被迫浮出水面充电，以便有充足的电能在天亮后潜航。

8 艘潜艇排成一路纵队，向西驶去。不久，德"U-415"号潜艇受到飞机的攻击。"U-256"号德潜艇击落一架飞机。

"U-415"号潜艇接收到很多盟军飞机的雷达信号，来自右舷的雷达信号最强。一架盟军飞机出现，从右舷发动攻击。潜艇还击，飞机投掷 4 颗深水炸弹。

"U-415"号潜艇的两台发动机都坏了，机械师修复了柴油机。受到重创的"U-415"号和"U-256"号潜艇返回基地。另外，盟军飞机还炸沉了 2 艘德潜艇。

天亮后，德潜艇陆续在水中潜航。"U-212"号潜艇没来得及下潜，遭到两架"蚊"式鱼雷机的攻击，"U-212"号潜艇几乎失控，摇晃着逃回基地。

在整个战斗过程中，盟军飞机都没有发现德国飞机。6 月 7 日夜晚，36 艘德潜艇浮出水面充电，继续向东航行。

8 日凌晨，加拿大的一架"解放者"式飞机关闭雷达后，用最大的速

盟军投放深水炸弹

度飞向一艘德潜艇。

　　飞机在潜艇上空 40 英尺的高度上掠过时，投掷了 6 枚深水炸弹，把潜艇完全炸碎了。

　　10 分钟后，这架飞机从月光处钻出，关闭雷达，用 6 枚深水炸弹击沉了一艘德潜艇。

　　6 月 6 日从布勒斯特出发的 8 艘没有安装通气管的潜艇，只剩下 4 艘。

　　4 艘潜艇在 8 日早晨遇到了英国飞机。"U–413"号潜艇与一架飞机展开了一场激战。潜艇重创了飞机，飞机也重创了潜艇，各自返回基地。

剩下的 3 艘潜艇在接下来的几天里，都被击沉了。

尽管遭受重大损失，没有装通气管的潜艇仍然无法靠近英吉利海峡。

剩下的 22 艘没装通气管的德潜艇，努力摆脱盟军飞机。又有 5 艘德潜艇受损，1 艘沉没。

至 6 月 23 日午夜止，盟军飞机击沉了 9 艘德潜艇，击伤 11 艘。6 艘带有通气管的德潜艇驶入英吉利海峡，另外 2 艘因为耗光了蓄电池能量而驶入圣彼得港。

6 艘德潜艇偷偷地击沉了两艘英军护卫舰，英军军舰立即报复，击沉了一艘潜艇。15 日，"U-621"号潜艇击沉一艘美国坦克登陆舰，攻击了两艘美国战列舰。盟军的军舰把它赶跑了。两周后，第二艘装有通气管的德潜艇进入猎场。

装有通气管的潜艇能够使用柴油机无限期地潜航，潜艇露出水面的是 3 英尺高的通气管的顶端。如果海面平静，潜艇正在航行时，能够在 5 英里远发现通气管的航迹。

对通气管的搜索就像在广阔的球场上寻找高尔夫球一样难。而且，雷达发现通气管的距离也不超过 4 英里。

6 月 18 日，一架美国"解放者"式飞机发现了一股德潜艇喷出的烟云，接着发现德潜艇的通气管。飞机投掷了深水炸弹，只对潜艇造成轻伤。

7 月 11 日，一架飞机发现了一艘潜艇的通气管。潜艇接收了飞机的雷达厘米波，连忙下潜，由于艇首下潜得太快，艇尾伸出了水面。飞机趁机摧毁了艇尾，潜艇沉没了。

与此同时，英国航空兵与从挪威和德国各基地出发的德国潜艇展开了空潜战。6 月间，英国飞机击沉 5 艘德潜艇，重创 4 艘。

8 月底，盟军几乎占领了整个法国。盟军共消灭或重创德军 40 个师，在此期间，德军有 3 名元帅与 1 名集团军司令被撤职或者离职，击毙与俘房德集团军司令、军长、师长等高级将领达 20 人，缴获摧毁德军火炮共

3000 多门，摧毁战车 1000 多辆。德军损失飞机 3500 架、坦克 13000 辆、各种车辆 20000 辆、人员近 50 万人。而在英吉利海峡水域，德国潜艇进行了拼死的狙击，战斗的激烈程度不亚于登陆之战。但"狼群"最终未能挡住浩浩荡荡的盟军，不得不退出英吉利海峡。

诺曼底登陆成功，美英军队返回欧洲大陆，第二次世界大战的形势发生了根本性变化。

沿比斯开湾的德潜艇基地被攻占或者包围。德国潜艇被迫向挪威基地转移，几乎每一艘都安装了通气管。

在广阔的水域上，德国潜艇几乎毫无顾忌地潜航。

德国潜艇在不列颠群岛周围的浅水区出现，围绕英国海岸行驶的船只变成了德国潜艇的猎物。

8 月底，"U–482"号潜艇没有被军舰或者飞机发现，击沉了 5 艘商船，然后偷偷地溜走，回到挪威基地。1944 年最后的 4 个月，德国潜艇在英国海岸只击沉了 14 艘商船。经过英国海岸的商船多达 1.2 万艘。

到 1944 年夏季，同盟国得知了德国建造新型潜艇的计划。对于潜艇建造来讲，最重要的是中德运河，因为巨大的潜艇装配组件只能通过水路运送。在 1944 年的秋季，中德运河反复遭受大规模轰炸。

9 月 23 日夜晚，盟国重型轰炸机炸毁了一个高架水渠，一段 6 英里长的运河河水通过炸开的水渠流走了，很多货船搁浅在河床上。经过抢修，11 月，运河重新开放，但盟军的轰炸机又来了，德国人再次抢修。1945 年 1 月初，这种情况又发生了两次。

总之，巨大的潜艇装配组件只能通过水路运送。由于许多地方的运河发生堵塞，建造潜艇的工作被迫转用铁路运输。

使用铁路运输必须把装配组件拆成零部件，这样做完全失去了预制件的优势。另外，向造船厂运送配件还不是最大的困难，为了增加潜艇的蓄电能力，共有 4 个工厂生产蓄电池。由于大规模战略轰炸，除了最小的工

英军布设水雷

厂外，其他 3 个工厂都被迫停产或者减产。盟军的轰炸机对德国造船厂进了连续的破坏性轰炸。

1944 年 12 月底，德国有 90 艘 XXI 型潜艇下水，其中 60 艘服役。31 艘 XXⅢ 型潜艇下水，其中 23 艘服役。

然而，新潜艇的艇员必须训练，训练地点位于波罗的海，那里是英国航空兵的主要布雷区。

英国使用的水雷入水后立即沉入海底，德海军测定水雷的位置非常困难，而且无法用扫雷艇把它拖走。新型潜艇经过水雷上方时，水雷就会引爆，常常把船体炸出水面，使潜艇折断。

英国的水雷专家们研制了水雷定时器，可以使水雷在水中休息几天后才"苏醒"，使德海军无法测定。水雷专家们可以设定水雷的爆炸日期，还能使水雷在预定日期以后失效。

1944 年，英国航空兵在德国潜艇训练区和潜艇基地周围撒了 7000 颗水雷。

1944 年，水雷炸毁 4 艘德潜艇。德国潜艇严格地沿着经常清扫的航道航行。新潜艇的试航区多次关闭。

1945 年 1 月，苏军推进到奥得河—尼斯河一线，距柏林 60 公里。苏联军队从东方发动进攻，加上布雷，以及冰封了波罗的海的一些港口，1945 年 1 月底，德国几乎没有潜艇训练用的海域。

新型潜艇在建造和服役以前，连续遭到盟军的破坏和摧残。1945 年 1 月底，第一艘小型 XX Ⅲ 型潜艇"U-2324"号才开始服役。

2 月 18 日，"U-2324"号用鱼雷击沉了一艘轮船，两枚鱼雷用光，返回基地。

在战争最后的两个半月中，又有 5 艘袖珍潜艇参战，击沉 6 艘商船。当时，潜艇只要发动攻击，盟军就会投入大量的海空军兵力包围进行报复。

1945 年的前 5 个月，有 30 多艘潜艇在英国附近海域被击沉。但是，小型潜艇却很难被发现，可见新型大潜艇参战后会有多大的威力！

1945 年初，双人驾驶的"海豹"型德袖珍潜艇重 15 吨，航程 300 海里。更小的是单人驾驶的"蝾螈"型德潜艇，仅重 10 吨，只有一个电动机，航程为 50 海里。最小的是"海狸"型德潜艇，重量为 6 吨多，动力为柴油机—电动机，航程为 100 海里。这三种袖珍潜艇都装备两枚鱼雷。

"海豹"和"海狸"型潜艇必须在水面上充电，"蝾螈"型潜艇无法在海上充电。

"海狸"型袖珍潜艇可以用大型飞机搭载。邓尼茨曾计划派大型飞机运载"海狸"去封锁苏伊士运河，"海狸"的任务是击沉大型货船，用沉船堵住航道，迫使驾驶员弃艇逃走。后来，这个计划因种种原因没有实施。

1945 年初，18 艘"海豹"型袖珍潜艇由艾莫伊登启航，去攻击安特卫普港的同盟国舰船。英国护航舰艇击沉了两艘袖珍潜艇。由于大风暴和舰员缺乏训练又损失了 14 艘。它们击沉了一艘拖网船。

运输车上的"蝾螈"型单人潜艇

3月11日，一架盟军飞机用深水炸弹炸沉了一艘在海面上充电的"海豹"型潜艇。

从1945年1月初到德国投降，有244艘袖珍潜艇参战。它们共击沉16艘商船，共19万吨。105艘袖珍潜艇无法返航，盟军的舰艇击沉了50艘，飞机击沉了16艘，剩下的袖珍潜艇因其他原因而沉没。同盟国凭借数量庞大的反潜飞机和海上护航舰艇，才使商船的损失降至16艘。

对同盟国的海上交通运输构成最大威胁的是普通的大型潜艇。1944年底，一种3厘米波长的雷达开始服役，搜索通气管比较灵敏，但在风浪大时，仍很难发现潜艇。磁力探测仪和声呐浮标可搜索潜艇，但它们的探测距离太短，不适用于广阔海域。

磁力探测仪狭窄水道上使用，或者在德国潜艇被其他方式发现后，使用磁力探测仪才会有效。声呐浮标在海浪4级以上时无法使用。目视和雷达是寻找通气管的重要手段。

4月30日，"U-2511"号潜艇从卑尔根港出发，它是德海军威力最强的新型大型潜艇。"U-2511"号通过北海时，与英国海军的一支反潜舰群相遇。"U-2511"号潜艇收回通气管，将航速提高到 16 节，迅速通过了。德国潜艇部队终于能够切断同盟国的海上运输线，但已经太晚了。不久，苏联大军攻占柏林的消息传到潜艇部队，人心浮动，战斗力大减，德潜艇从大西洋上消失了。

4 月 30 日中午，在地下室里，希特勒向所有在场者告别，感谢他们的忠诚。希特勒向人们告别，再一次宣布了命令：准备好足够的汽油用于焚毁他及爱娃的尸体。希特勒说："我不想死后让俄国人在陈列馆里展示我。"

不久，希特勒与妻子爱娃双双自杀了。当时，苏军的炮火异常猛烈。从下午 2 时起，希特勒的追随者就开始断断续续地焚烧希特勒的尸体，直到晚上 7 时 30 分。由于苏军不断地轰炸，使艾利赫等人一直喘不过气来，焚烧尸体的希望难以实现，再加上汽油烧尽了，希特勒和爱娃的尸体还没有烧焦。

5 月 2 日下午 3 点，德军柏林守备部队 70000 余人投降，对德战争正式结束。

5 月 8 日午夜，希特勒的继承人邓尼茨命令德国武装力量投降。